佛说因果偈云：
富贵皆由命，前世各修因，
有人受持者，世世福禄深。

——《因果经》

因果的真相

庄圆法师　著

甘肃人民美术出版社

图书在版编目（CIP）数据

因果的真相／庄圆法师著．－－兰州：甘肃人民美术出版社，2014.9
ISBN 978-7-5527-0302-3

Ⅰ．①因… Ⅱ．①庄… Ⅲ．①因果论－通俗读物 Ⅳ．① B025.5-49

中国版本图书馆 CIP 数据核字（2014）第 200020 号

原名：因果镜
©2006 静音文化事业有限公司首版
版权所有©庄圆文化事业有限公司
未经书面同意，不得以任何形式任意复制、转载。

因果的真相

庄圆法师 著

出版人／吉西平
责任编辑／袁尚
封面设计／紫图装帧

出版发行 甘肃人民美术出版社
地　　址：兰州市城关区读者大道 568 号
邮　　编：730000
电　　话：0931-8773224　8773348（编辑部）
　　　　　0931-8773112　8773269（发行部）
E-mail：gsart@126.com
网　　址：http://www.gansuart.com
印　　刷：北京瑞禾彩色印刷有限公司
开　　本：787 毫米 ×1092 毫米　1/16
印　　张：22.5
字　　数：260 千
版　　次：2014 年 10 月第 1 版
印　　次：2014 年 10 月第 1 次印刷
印　　数：1～15000 册
书　　号：ISBN 978-7-5527-0302-3
定　　价：39.90 元

如发现印装质量问题，影响阅读，请与印刷厂联系调换。

本书所有内容经作者同意授权，并许可使用。
未经同意，不得以任何形式复制转载。

镰仓大佛　　塑像　日本镰仓

　　镰仓位于日本关东靠近太平洋的海边，是历代佛教徒以及文学家、艺术家的云集蛰居之地，也是日本历史上镰仓时代的首府。大佛很高，但是是空心的。佛身的背面有两扇门，人可以进入。镰仓大佛看起来厚重、实心、凝固、却腹中空空，仿佛一切都是假象。佛陀一生都很强调"空"的哲学，因此当他被当做偶像崇拜时，也被称为"空王"。

芒果园
木刻 清代

　　黎民百姓成群结队去了芒果园，因为那里出现了一个神圣的王子。他面容丰润俊美，盛德敦厚。他抛弃了尘俗的王国和权力，因为他找到了另一个更伟大的王国，更空灵的权力。白描图的上端，阿难正在点化红尘中的美貌妇人。她们一开始都像阿末罗一样陶醉于自己的容貌，但见到佛陀后全都不可抑制地皈依了他的智慧。

佛陀弟子千余人
印度绘画　印度

　　与佛陀同时代有很多哲学教派，耆那教、拜火教、印度教等。佛陀曾点化拜火教的领袖优楼频罗伽叶，以及五百多弟子，使其皈依佛门。不久后佛陀就有了上千名门徒。孔子也有门徒三千，苏格拉底门徒无数。在英国哲学家汤因比所谓的"世界文化的轴心时代"，教育是哲学与宗教的第一途径，但这种教育不是我们现代人说的书本教学，而是教主本人以身作则，门徒纷纷走向行动的方式。"法"这个字还有一层意义，就是效法。

佛陀线描

线描　马玉米

　　这是一幅描绘佛陀在菩提树下悟道的线描画。佛陀闭合双目端坐于树下，面上荡漾着浅浅的晕纹，身下的吉祥草里零星开着几朵小花。整个画面简约素雅，引人遐想。史载，当年佛祖在悟道前曾在菩提树下提起正念，立誓说："我若不能了脱生死，到达正觉的境界，誓不起此座。"佛陀内心充满了法喜，求道的信心异常迫切。终于，在一个有星光的晚上，佛陀摒弃了万缘，心中豁然开朗，证得无上正等正觉，彻悟了本性，并具大慈悲智慧，最终成为了宇宙真理的觉者——佛陀。

坐佛
雕像　泰国

　　情欲与食欲的"军队"开始向悉达多进攻。他领悟到人体内部的危机才是最大的敌人。泰国的雕塑很准确地表现了两个释迦牟尼：右边的一个很瘦，左边的一个微胖。一个黑，一个白。正如书法的境界一样，这似乎是雕塑家有意在对"无色界"的佛法作出具象的解释。

婆罗树下的涅槃
印度绘画 印度

　　幽暗的原始丛林中，晚年的佛陀侧身而卧。他的身躯比一般门徒要硕大许多。花瓣正在纷纷撒落，如漫天星辰坠地。阿难还在引导一位外道弟子最后接受佛陀的度化。圆寂中的释迦安详，雄浑而光辉。他的智慧使亿万众生找到归宿，使一种精妙的出世哲学成为一门信仰人数最众多的宗教，并安慰了从帝王到乞丐，从男到女，从人类到一切动植物的生命苦恼。《五灯会元》载，佛临终时说："若谓吾灭，非吾弟子。若谓吾不灭，亦非吾弟子。"他逝世时80岁，一般认为是在公元前543年2月15日。

美貌的佛头
雕像　泰国

佛陀作为皇族，高贵的气质和生活环境的熏染使他有一副据说十分美的相貌。泰国的古代雕塑中能体现出这种传说的真实性：弯弯的眉宇，厚实的嘴唇，挺拔的鼻梁，与被唐代审美肥胖化了的佛陀大相径庭。不过这尊泰国佛头更接近马来人种的审美倾向，而非雅利安人种的。尤其那宽大的鼻翼，是东南亚男性美的见证。

千佛寺佛塔　雕像　公元772-830年　印度尼西亚

婆罗浮屠是世界石刻艺术宝库之一。佛塔基座上刻有160块浮雕，这些浮雕都是根据《佛经》故事刻出来的。中部5层塔身和围墙上也有1300块精美浮雕，描绘了佛祖解脱之前和日常生活的情景，还有一些反映的是民间传说故事。"婆罗"一词来自梵文，是"庙宇"的意思，"浮屠"是古爪哇文，意为"山丘"。在这座庙里，佛像有1000多尊，大型浮雕有1400余幅，而塔内众多的佛像、雕石亦均有深刻的含义。

作者序

了解宇宙一切现象的梁柱、根基——因果律运作的方式，才能让自己真正地掌握趋吉避凶的钥匙，而得以离苦得乐，解除身心一切的病痛及烦恼，甚至见到自己内心宁静、清净、清凉的空性，往究竟成道之路迈进，解脱六道轮回、生死苦海的束缚！

"因果经"是以心眼去观察、去透视宇宙万般现象赖以维持的架构——因果律！

对"因果律是如何运作"的了解，可以帮助我们实现身心的净化、身心病变及精神功能疾患的痊愈，改变自己的命运，甚或是前世今生。

因自己内心的邪曲、不善心念所造成的恶因缘，所结的梁子已反扑到我们眼前来报复我们时，可以真正掌握到化恶缘为善缘的契机之不二法门！

有缘能看到、接触到这本书的读者，又能摄受、感动而信受奉行，觉知自我的邪曲、不善心而生忏悔，且下决心斩断过去的惯性、习性、思维模式，往空性之路而走，自能登清净、自在的极乐圣域！

本书所阐述一切因果律运作的原理，读者如果与今生自己的境遇及心念作对照，就会拍案叫绝，甚或感动及为自己负性心念的前愆而后悔。请先放下自己的一切自我、成见、自大，敞开心胸来阅读本书，一一对照印证因果镜！

当能印证因果经的真实不虚，感动来自彼岸的声声慈悲叮咛与震天撼地的警钟。愿有缘接触因果经的人，能珍惜、把握此因缘而能朝蜕变生命，往清净、光明、自在的极乐净土方向而行。

有缘的读者，恳请您以敞开的心胸，放下一切批判、自大的成见来品尝因果经，当能感受甘露法雨的洒沐，而得清凉、畅快、感动而欢喜雀跃地往成道之路而行！

庄圆法师合掌

简体字版·编者序

庄圆法师1959年出生于中国台北，自幼即表现出深厚的佛缘，38岁时顿悟前世今生的一切因缘。时值末法时代，正法日趋衰微，与此同时，世人所面临的烦恼与压力却在持续加深。佛法的大智慧与慈悲心，对现代人而言，显然有着更为迫切与紧急的意义，足以借之舒缓心灵的矛盾与取舍之间的痛苦。

庄圆法师是由一名军法官转而成为以护持佛法为己任的居士佛子，并非满腹经纶，但由普通人的身份而领悟佛道的独特经历，却决定了他对世人及现实生活中的种种深切之苦更加关切，而乐于以一颗慈悲的佛心和嬉笑怒骂的方式开示世人对佛法的困惑，帮助他们求得一条清净自在解脱的路。

庄圆法师一度被评为中国台湾最受媒体欢迎的心灵法师，曾多次在台北敷设讲座，以最深入浅出的生活感悟来阐释佛法的真义，引起了极为热烈的反响。

"庄圆法师精讲佛经"系列（包括《庄圆法师讲〈金刚经〉》和《庄圆法师讲〈因果经〉》）即是根据庄圆法师的讲座录音编辑而成，行文略为偏重口语，未曾着意加以整理，力求保持庄圆法师论讲风格的原汁原味，同时也使读者能更真实地感受庄圆法师轻松写意的论法之道。

自 2007 年出版以来，本书受到了很多人的喜爱，应广大读者的要求，此次我们重新修订了原来的版本，使其更接近读者的阅读习惯，并能更准确地传递出庄圆法师对佛教经典的解读思路。愿更多的读者领悟佛法的智慧。

编者谨识

2014 年 7 月

推荐序

你的惯性决定你的命运

在经历了一场人生巨变后,我认识了张老师,有幸能接触到老师所说的法,心里多的是感谢。

人生的起伏,往往不是凡人所能预料,然而就如老师所说的"你的惯性决定你的命运"。轮回即是如此不断地重复某种行为模式,天堂与地狱之别不是死亡后才出现,当下心境就代表一切。我们也许不能改变客观环境,但我们可以改变思考模式。然而这样的改变不需借助座右铭或是刻意的勉强,你只要准备好一把心灵手术刀,对着"自我"开刀,诚心地观照,静下心来随着因缘走,看着内心的起伏及外境的变化,接受生命中所发生的一切,相信因果,有一天将会发现生命中的酸甜苦辣都是如此的有味,不再抱怨,只是尽情地享受生命的本来面目,原来生命是如此的美好与自在。

祝福所有有缘接触此书的朋友们自在快乐!

门徒 薇凡

台湾地区版·出版序

随顺因缘

从没想过自己有一天能有此机缘，成为出版社的发行人。又何德何能能将老师所口述善巧方便，以应现代人的机缘、观机逗教、千变万化又句句不离自性的说法来出版发行？觉得这个因缘很奇妙，也很殊胜，老师所传的法，真令人感动，衷心地赞叹！很感恩！

与老师结缘于论事的因缘，在与老师互动过程中，老师常给我一句话："你是在事业中修行。"现在真正能体会到老师的慈悲，他是以最自然、最应机的方式来引导我。

老师是透过心眼与众生论事的诸般因缘中，了解到现代人的痛楚之林林总总，而经过多年净化"自我"的历程直至圆满究竟，将无上甚深微妙法以现代人能了解、能摄受的方便法来做分享。本系列丛书是以老师讲课内容整理编辑而成。

老师就如一部活经典，举手投足间，佛法便自然流露，一接触，不自觉中就被吸引，而进入了自然、轻松、清凉、自在的生命清流中。

我常暗自观察老师的一言一行，却丝毫察觉不到老师一丝的自大或谦卑。我衷心赞叹一个与空性连接的人的自由自在，且没有一丝自我情结的慈悲，真令人感动、感恩！

我衷心发愿，愿将老师分享的一切法，倾尽生命之力广传流布，唯愿有缘人同沾法益，同登极乐净域。肝脑涂地，死而后已！

生命因缘如同一条河流，顺着流水，随它带引我们通往任何地方，全然地去接纳它，全然地去品尝它，你就能感受到它的宁静与美味。

希望借此系列丛书的发行，能与想追求生命蜕变、解脱的有缘同好、同修来分享，让我们狡诈的左脑自然消融，而皈依空性的右脑生活，进而使我们的身、心、灵回归清凉、清净、自在的本来面目，随心所欲而不逾矩。

门徒　宏祥

目录

第一章　指明因果断轮回 /1

　　　　这个世界有万般的现象，事实上，它是从存在的本体空无与我们内心的状况相会而产生的万般现象。

第二章　消除心中邪曲　才能彻底斩断痛苦 /19

　　　　邪曲不善的心会吸引同类的人及事物来伤害自己，来攻击自己。自我所作所为都会回到自己的身上，善有善报、恶有恶果，历历不爽真实不虚。

第三章　给别人一分幸福快乐，
　　　　自己就会增加十分 /47

　　　　外境的人或事，都是与我们有缘互动的众生，你带给他们的快乐与痛苦，在往后的日子里都会加倍地回报到你的身上。

**第四章　每个人的惯性中深藏着
　　　　自他不幸的种子** /65

宇宙间的一切都由因果律决定，逃也逃不过，只有进入真正的空性，才能从此与生命的苦海隔绝！

第五章　苦与乐的距离只在一念之间 /87

知道因果，相信因果，接受因果律而接受一切境遇，不论处于任何吉凶祸福的境遇当中，甘心接受因缘造化的安排。

第六章　放下才能得到 /105

当你能接受任何你生命历程的遭遇，你就能享受生命，自由自在，不会有问题，不会有焦虑，生命就会变得很宁静、很容易。

第七章　是福是祸，是苦是乐，
　　　　全看个人悟性／125

　　　　变化是这个世界的本性。而每个人都惯于把自己的经验、接受的价值观认定为真实不虚，不愿意接受丝毫的不同和变化。

第八章　怨敌的刁难是我们成就的
　　　　必备条件／147

　　　　批判心深、广者，诅咒心极为强烈者，会吸引破坏性的能量也就是降祸之神来阻碍人或事，而令运势阻滞。

第九章　成为"万人迷"，
　　　　也只能加剧内心的纠结痛苦／175

　　　　这世界就是一面镜子，你对它笑，它就对你笑；你对它愤怒、嫉妒，它就会显示令你嫉妒、愤怒的事情发生。

第十章　对他人的态度决定了你的境遇 /199

不论是自己故意或过失，而造成他人的不快乐跟痛苦，都依一个法则，也就是他人受伤一分，你自己就要受伤十分。

第十一章　心量决定命运 /225

心量狭小而易生报复心，甚至产生报复的行动者，会产生脊椎不正的一切病变而受苦，群医束手无策。

第十二章　你给世界带来什么，世界就回报你什么 /253

之所以不快乐，你消融不掉的自我，你的批评与感受，才是究竟的痛苦根源。

第十三章　自我净化是获得幸福的最终途径／283

要懂得体谅别人的难处，与人平等相处，学会感恩，并且信守承诺。

庄圆师父开示／316

第一章
指明因果断轮回

问：人人都想趋吉避凶，可决定命运的源头在哪里？

答：源头就在于你的内心状态，心中的善恶就是祸福的起源。

· 讲座纲要 ·

这世界是心的一面镜子，对待他人邪曲的心会吸引他人对待我邪曲的果。以慈悲、纯朴、宁静的心待人，会吸引他人或这个世界对待我宁静、慈悲的果。

这个世界有万般的现象，事实上，它是从存在的本体空无与我们内心的状况相会而产生的万般现象。

所以这个现象的本质就像一面镜子，倘若你的心是祥和的、宁静的、慈悲的、柔软的，你的世界或你的因缘就会与慈悲、祥和、宁静的事情会合，你也会常常碰到祥和的人来善待你，你会碰到很宁静的事物来让你享受到更深度的宁静，这就是我们今天要分享的因果镜原理。

机锋之一

你的境遇是心的映照，
内心什么样，世界就是什么样

这世界就像一面镜子，是你所看到、遭遇到的现象。如果你内心充满祥和的宁静状态，你的世界也会处处都是祥和的人、事、物出现；如果你的内心充满了愤怒、冲突、斗争、怨恨、不满、想要毁灭，这个毁灭情结通常都是想毁灭他人或外境的事物，你的内心状态如果累积了这么强大的负性情绪、负性能量在里面的时候，我可以说，你会碰到灾祸发生。

因为这个世界只是你心的一面镜子，你的心是"因"，而这个世界只是你内心状态的"因"而吸引的现象"果"，所以一切现象产生及感受的真正源头在你的内心状态。当你内心祥和时，你的天地也会变祥和；当你的内心很暴力时，你的世界也会有暴力的现象发生。

所以有人就常碰到伤害他的人，斗争他的人，感觉自己走路都很小心，可是为什么别人不小心会撞他，甚至会杀他，结果是杀错了对象，或者人家看到他，就很愤怒地想扁他，可是他跟那个人无冤无仇呀！

那是因为这个人的内心状态充满着不祥和情绪的累积。

所以每个人的世界是不一样的，纵使我们生活在同一个世界，可是我跟大家分享，你的世界跟我的世界是不一样的，没有两个人的世界是一模一样的。

我们虽然处在同一个空间，可是那是表面上的同一个空间，事实上，我们每一个人的世界是不一样的，所以每一个人的命运都不一样。每个人对生活的感受也不一样，如果我们的世界一样，那我们的命运应该一样，可是事实上每一个人的命运都不一样。因为每一个人的心境不一样，所以每一个人的命运不一样，每个人的遭遇也不一样。

凡人只怕祸害或者损失，所以只想趋吉避凶，殊不知吉凶真正决定的源头就在于你的内心状态。

所以有智慧的人很怕这个内心状态不善的种子，这种不善的种子人家或许不知道，但是老天爷知道，所以碰到泥石流，遭遇到海啸，遭遇到地震，遭遇到天灾，遭遇到人祸，事实上可能是我们内心有对他人及其他物类伤害、破坏、邪曲、不善的种子的心境存在，这个种子就是引力，来吸引不祥的事情发生。我们凡人要求神问卜，改变风水地理，或者多注意预防避免不祥的事情发生，可是古人就说一句话，"人算不如天算"。这个"人算"在哪里？其实就是你内心的计较、计算。

所以，每一个人都要为自己所处的境遇、所处的世界负责，没有人需要为你负责，老天爷也不需要为你负责，你就是你自己的上帝。

你的心就是业力的缘起，你必须要看透这个宇宙现象根源的因果镜原理，才能得到究竟的自在，才能远离痛苦，才能得到真正的幸福。

以前佛陀在传法的时候，他有一位弟子叫菩提达多。他是佛陀的堂弟，想要害死佛陀，得到法王的地位去统一教团。他跟一个国王串通，把一头很大很大的象灌醉以后，再用一些刺激性的东西来刺激象，然后让那头象在佛陀要经过的路上发疯狂奔,所以当佛陀经过那条路的时候,那头醉象就开始狂奔,当时佛弟子吓得面无人色,也就是说在佛陀旁边的弟子看到大象狂奔过来,已经吓得三魂七魄都要飞掉了。

佛陀是一个空性的人,他内心自然保持宁静状态,自然保持祥和状态。那一头发疯的醉象跑到佛陀的面前突然静止了。为什么?因为没有一个因缘可以伤害到佛陀,因为佛陀的内心里面,没有毁灭的种子,没有恨的种子,没有计较的种子,所以佛陀并没有被这头大象所伤害。

又有一次,菩提达多又要伤害佛陀。他跑到悬崖上面去,并在佛陀要经过的路上,准备了很大的石头,等佛陀要走过的时候,他把石头丢下来,要砸死佛陀。当时的佛弟子阿难就在佛陀的旁边,当那颗石头砸下来的时候,他已经吓得快昏了,可是佛陀一样面不改色,一样宁静,如他本然的状态,那个石头并没有严重伤害到佛陀,只伤到他的脚指头,流了一点点血,我们能说佛陀好运吗?

佛陀真的很好运,他真的是一个很有福德的人,因为他内心的杂质已全然清净掉了,他内心充满极致的祥和,极端的宁静,极端对人世间的慈悲,没有一丝的怨恨,没有一丝伤害的种子,所以那个石头没有因缘压到佛陀。这是《佛经》记载的故事。

这个世界有好几种不同层次的人。有的人前世已经累积了很多福德,是有善心跟智慧的人,他听到老师在分享这个正法的时候,他会很感动,而且他会全然摄受,他不只是相信的问题,他自然会知道就是这个样子;但是对一个业力较重的凡夫,或一个很邪曲的人,他只是用头脑来听,他心里想老师讲的好像很有道理,所以应该相信,但是应该相信的另外一面可能也有不相信,或者不完全相信,还会害怕相信错了;还有最低俗的人,业力最重的人,他会嗤之以鼻,还认为那是笑话，意思是说：那是疯话，哪有可能是那样？

　　所以，一个人对正法的摄受力来自于他的福德，如果福德不够，纵使再妙的法，听了也是有听没有到；但是如果福德很大的人，他连相信、不相信这个观念都没有，因为他听了会很感动，他听了会知道原来就是这样。

　　你相信而完全没有一丝的怀疑，真正地从全然的生命去体会它，而且知道"法当如尔"。你要知道，如果你已经产生这样的心境，那就对了。你要很珍惜这个感觉，因为你已经在走上回家的路，这路是返回你本来面目的途径。

机锋之二

去除内心的邪曲，
才可以根本杜绝灾祸上身

在这个因缘之下，老师要跟你分享：你的吉凶、祸福、痛苦，没有人需要为你负责，上帝也不需要为你负责，佛法也不需要为你负责，你自己要为你自己负责。你所遭遇到一切不祥的事情，是你自己内心的状态的投影，是你自己的无明，换句话说是你自己的心念、计较念、贪念、邪曲的心、不善的念头所产生的，那就是你的心业。

业力是怎么运作的，你知道吗？业力是从你的念头开始的，宇宙之间呀！祸事要产生时会让你跟它联结，那是你的内心的念头要有这样的因，也就是说你开始产生了贪、嗔、痴。

贪产生了计较；嗔产生了怨恨、愤怨，甚至想要毁灭；愚痴产生了遗憾、不甘心的情结。这些情绪就是祸害的种子！不论你过去造了多少的恶业，但是你已经真正地忏悔了，你真正地要远离了，远离这些邪曲的心、不善的心，那你这个灾祸的种子已经无从发芽，这个恶果就无从联结起来，这才是可以得到真正的幸福、真正可以得到生命的自在，能让你的生命可以全然蜕变的不二法门。

真正的、有效的离苦得乐之道是什么？就是对付自己这颗小心量的心、邪曲的心，拿着手术刀往自己这些自我的念头去开刀，你不一定要一天到晚在算命，然后再祈福，跟那些神明谈条件：你帮助我，让我事业比较顺，比较健康，让我赚更多的钱，以后我就买水果来回报你；或者，我就帮助将这个庙建起来。这是有限的福气，这都是谈条件，这些福都是非常少的，而且它能发挥的力量是非常短暂的。在生活中，我们可以细心地观察一下，或者你也可以把老师这一些话去印证一下。

有些人经过有恶犬所在的地方，那些恶犬呀，碰到这些人它就一直吠，甚至想咬他们、攻击他们；可是有些人经过那个恶犬所在的地方，那些恶犬看到这些人，它会摇摇尾巴，很祥和的态度，甚至会想去亲近他们，闻闻他们身体的味道，甚至想要对他们表示善意。为什么？

这只狗也是你的世界，也是你遭遇的世界，也是那些人所遭遇的世界，那这只狗对甲、对乙、对丙为什么产生不同的态度？因为甲、乙、丙的心境不一样，你觉得你没有对狗做什么呀！你觉得内心没有讨厌这只狗呀！为什么它要吠你？为什么它想要攻击你？然后你就很愤怒，这条臭狗为什么这样对我？

你要知道它想攻击你，是因为你内心有愤怒的种子，有恨的种子、想要毁灭人家的种子，有贪婪的种子、很计较的种子、一大堆的邪曲的念头的种子。我可以跟大家分享，如果你内心是全然地祥和，全然地宁静，一只老虎、一只狼，在偶然的因缘下跟你碰面，它对你还是产生了非常的恭敬，或许它肚子很饿，它也不应该攻击你，因为你内心没有那个种子——会吸引它来攻击你的种子。

有人说：鬼看到他也会怕，鬼见了都会忧愁，这不见得是件好事耶！这表示那个人多凶恶呀！凶恶到鬼看到他都会怕！人恶，人怕，鬼也怕，但天是不怕他的。一个恶人自然会吸引恶的种子来攻击他，一个真正内心很祥和、很良善的人，恶的种子是没办法攻击到他的。可是你也不要很愣头青地说："老师，我来试试看，我要到动物园去，跳到老虎的笼子里面看看老虎会不会咬我。"这就是很邪曲的种子，你的自我还在，你想证明什么？

我告诉你老虎绝对咬你，除非老虎吃饱了。我看老虎真的瞧不起你，你的肉够臭，或者它被打麻醉针了，不然它绝对咬你。自我永远就是那么的邪曲，想证明自己与众不同。

你的身体也是你的世界的一面镜子，你身体会有一大堆的病变，也是你内心里面有不善的念头所产生的，然后它投影在你的肉体。你要知道，这个世界就是这样运作，所以每一个人的世界都不一样，因为每个人心灵的世界不一样，所以我们要不欺暗室。在一个人独处的时候，好好地扪心自问，你内心有没有不善的心、嫉妒人的心、比较与计较的心，而产生了算计的手段？是否已经有了这些邪曲心？只是还没有使用？你内心有没有对人家满怀怨恨、愤怒、不满与不甘心？

诸佛菩萨来这个世界，分享怎样脱离六道轮回的方法，可是没有一个佛或菩萨真的可以让你离开六道轮回的，只有你自己可以让自己脱离六道轮回。你要抓住方法，那个关键点，你才有机会，才有效率。否则不管你做了多少善事，那都是短暂的福气，一下子会在天堂，因为你做善事嘛，但是这个福享完了，一下子就掉到地狱来了。在人间也是一样，一下子很幸福，因为事业都很顺，可是等你的福用完的时候，整个情况就不一样，你的判断力开始不准了。以前你的判断力都很准，现在不见了，以前那个直觉力让你随便在股市里面买卖就赚好多好多的钱，可是现在怎么买怎么亏。

你要知道，这是业力在运作，那这业力在运作的基准点在哪里？在你内心的念头里，也就是你内心有邪曲有不善的心。虽然你很善良，不见得你没有破坏性的行为；或者虽然你真的没有机会去报复，但是你很想做。这些心就像一团火，所以你会吸引火灾来攻击你；你会吸引泥石流来攻击你；你会吸引大海啸来攻击你；你甚至会吸引坐飞机就坠机；你甚至会吸引小人来对付你，在路上随便瞄人一眼，就被人家扁得半死。他人看错对象，以为你是他的仇人，那也都是有因果的，前世一定是跟你有因果的。

但是这个因果要运作是以你的心，也就是内心的念头、内心的心念为运作的起点，那是个引力，是个因。心才能吸引这个缘，然后产生这个果，善因吸引善缘；恶因吸引恶缘。

你的心是善的，这善因来自你的心量，你内心充满一片的祥和，你内心没有丝毫的计较念，你丝毫没有愤怨，则恶缘无从与你联结来伤害你！

如果你内心有计较，你有算计的手段，你那算计的手段是以贪念、以图谋自己的利益所产生的不正当算计手段，这就是恶因。而因缘会合时就会吸引恶缘而产生恶果。

你内心没有这些邪曲、不善的念头，就像春风那样祥和的时候，你过去的业力根本没有运作的空间，因为这个引力的关键点出不来，这是成佛的不二法门，唯一的秘诀。而不是做了多少的梁皇宝忏、大悲水忏呀，然后一直布施，你就可成佛作祖，那是痴人说梦。

机锋之三

心量越大命越好，
小心眼儿只能让自己在失败的轮回中打转

老师再继续念纲要："邪曲不善的心及行为就是自我，是因果律的基础、因果律的根源。有自我就受因果律束缚，自我是因果报应、六道轮回的种子，是不能解脱轮回的唯一原因。"

老师在前一个单元就谈到了所有邪曲不善的心运作的方式：看到这个人对我有利用价值，就对他很和气、很祥和、很尊敬，然后在他面前一直夸奖他这个人的好，他真是我的恩人。可是在他的背后把他骂得半死，把他批判得半死，甚至内心里面还会笑他好笨，中了我的计都还不知道，我把他耍来耍去，还以为我真的很尊敬他，很喜欢他，好笨！

你看这就是邪曲的心、不善的心。我们买东西，觉得这个东西不好用，有几种处理方式：把它丢在垃圾桶；或者把它送给别人，还特别跟那个人说，这个是我好喜欢的，还卖得好贵，但是你是我最好的朋友，所以我要把它送给你。你看这就是邪曲的心，如果你真是一个很有心量的人，你不会做这个事情，你会把你最喜欢的东西跟人家分享，而不是拿你不要的东西去做人情，你看看这些不善、邪曲的心，都理所当然地变成我们凡夫俗子的概念，这就是因果轮回的种子呀！

"你是我最好的朋友，有困难我会为你两肋插刀"，我一定要这样讲，因为我有求于他。讲完以后在他朋友背后说："才怪！"你看这个世界是不是充满了尔虞我诈的情结，这够不够邪曲？这叫善良吗？一点都不善良。然而那个人也相信了你邪曲的话，对你推心置腹。可是当他真的有困难，真的有求于你的时候，你说："对不起，我好想帮你，可是你怎么不昨天说呢？我昨天就有这笔钱，刚好我哥哥需要这笔钱，所以我先给他了，唉！怎么老天爷会把这个因缘安排成这样呢？"你看他多么会演戏，明明是无情无义的人，却把自己假扮成有情有义的人，那个戴假面具的人。

凡夫俗子呀，你这样怎么能脱离六道轮回，你内心有那么多邪曲虚伪的种子！

所以我跟大家分享，你要常常扪心自问，你有没有亏暗室、不欺暗室，彻底地把自己没有心量的地方全部揪出来看。因为心量不足是造成我们生命痛苦的根源，是我们生死轮回的根源。所以你要下定决心，决不跟一丝心量不足的邪曲心认同。

"人不为己天诛地灭"，这是什么？这是凡人的心，殊不知这样的心是吸引凶祸发生的种子，凡人还自以为聪明。事实上，在我看起来那真的是很愚蠢的人。

"唉！我的小孩子，我看他都没有读书，常常被我骂。结果他老师说很少看他在读书，可是他很优秀耶！他绝对没有作弊，他的老师这样讲，竟然每学期都是第一名。"这好像在讲一个事实，可是内心里面是想秀他儿子的与众不同。这些自我，这些邪曲的心，就是吸引过去、今生冤亲债主或天灾人祸现形的种子。

如何让你在这个三界里面消失，让鬼神、鬼差、阎罗王或降祸的神要降祸于你而找不到你，有没有这样的方法？有！"心量"，将你的"心量"显露到跟宇宙的虚空一样大的时候，你就可以得到这样甜美的果实。

你看看那个虚空，也就是那个天空，你骂它，它有没有跟你回音？你用弓箭射它，它有没有受伤？你用大炮打它，你也打不到它。但是，它养育了天地万物，产生了天地，有这个虚空才有这个天地，万物都在虚空里面，在天地的孕育中得到滋养，得到成长，甚至毁灭，在虚空里面生、灭。但是你知道虚空的存在吗？你知道上天为我们做多少事情吗？我们感激过它吗？

大道无言，我们从来不知道虚空的存在，你看它多有心量呀！可是我们为善唯恐人家不知，我们的优秀唯恐人家不知，我们好爱现哦！"唉！我是没有什么钱啦！只有五六栋房子而已啦！算算看一栋大概能卖两三千万。"这看起来好像在讲一个事实，可是看看我们内心的状态，我们就真的只有在讲事实吗？还是我们内心里面有自我爱现在运作。

你要知道，当你起自我的念头的时候，你就跟业力联结了，善业跟恶业，你过去所作所为的福与祸都会回到你身上。只要你的自我存在，不论你做多少善事都不是真正可以离苦得乐的修行，这跟修行一点都无关。

我说的修行是真正离苦得乐的不二法门——"让自我消融"。换句话说，你已经达到不在苦乐里面的究竟苦乐，你内心不需要再追求快乐，因为你已经得到真正快乐了，你真正的本来面目是很自在、很清凉。如果你内心已经找到了真正的满足，你就不需要去往外求取满足；如果你内心是快乐的，你就不需要往外去追求快乐。因为追求快乐就是造成自己不快乐的根源，想去追求更大的快乐，也是因为你内心不快乐，你才要追求快乐。

你追求快乐，永远不会有真正的快乐，所以你永远在追求更大、更大的快乐；因为你不快乐，因为那个自我、计算、计较、比较、贪婪、不甘心、很无聊、很空虚的感觉，造成你相当程度的不快乐，所以你才会追求快乐。追求快乐就是想让别人注意你，也会让你很快乐，别人仰慕你，也会让你很快乐，因为你的自我得到满足了。

别人比你强会造成你不快乐，所以最好的方式是打败别人，让自己比别人强，所以别人被我打败而不快乐，我却很快乐。你看这些就是自我运作的方式。

每一个人都有自我的种子在运作，因为业力要运作，一定要从内心开始。所以当你的心，也就是这自我的根已经断了，那你就在三界消失了。既然你在三界消失了，因果怎能束缚到你，那你怎么会痛苦？因为你的痛苦来自你的心量不足，就是这样而已，就这么简单。当你的心量跟虚空一样的时候，你怎么会痛苦？

机锋之四

空虚的心，会让人不停地追逐，然后幻灭

　　每一个人都是小鼻子小眼睛，尤其是凡夫俗子，只是这个小鼻子小眼睛在比较谁的鼻子更小，谁的眼睛更小而已。诸佛菩萨呢？他们的心量，已经不是小鼻子小眼睛的这些凡夫俗子可以体会的，还会被他们笑说，那个人真的很傻哦！也不会计较，也不会计算！可是你有没有听过，老祖宗曾经留下过这样的名言——"傻人有傻福"，真的是傻人有傻福耶！那个傻不是他笨耶！是他的心量，有心量的人才真正有福气。

　　所以你要知道，凡人呀！常常做些让自己沉沦于痛苦而很没有效率的事情，却自以为很有效率。他看不透这些宇宙的根源运作的法则，还用他自己的那种头脑、邪曲的心、自我在生活。因为你的自我把你的心量变狭隘了，所以你的心量就愈来愈小。

　　可是有些时候有些事情是很有意义的，即当你能将你的心量不足的地方予以观照，而令生命本质——心量——无限大地显现时。

　　事实上世间有很多事情是很愚蠢的，可是没有心量的人或心量不足的人，他们看不透这样的愚蠢；而心量跟虚空一样的佛菩萨，他时时刻刻都看透，看得很清楚，所以他活得很自在。看不透是痛苦的，看不透意味着很绝望，要不到想要的东西，所以放弃了。可是看透不是这个样，看透是自在的，因为看透世事的本质后，他会觉得那些很没有意义呀！那些追求不是他想要的，所以基本上他看透后，他也不会去追求。

我想到一个故事，让我们来体会：有一个心理学家，他到精神疗养院考察，他走到一个病房前面看见一个很年轻的病人，那病人手拿着一张照片，然后一直在那边哭。他就问疗养院的院长："这个人是怎么回事呀！怎么拿了一张照片在那边哭，他到底在哭什么？"院长说："他呀，被他的女朋友抛弃了，才会想不开呀！"想他女朋友想到发疯了，唉！这本来是一位非常有为的年轻人，怎么会这个样呀？这个心理学家就这样叹息："真的好可怜呀！"

他又走到另外一间病房，看到另一位年轻人发疯了，一直在撞墙，他又问院长说："那这个年轻人又是怎么回事？他怎么会这样一直撞墙？"那个院长说："这个年轻人更可怜，因为他娶了前面那位青年人的女朋友，把他的女朋友抢走了，结果却被那女人逼得发疯了。"你看前一个年轻人，他一直活在幻梦里，一直在悲伤，他没有娶到他的女朋友让他几乎进入地狱耶！虽然他没有进入真正地狱，没得到那个女人，他已经快进入地狱了，因为他想要得到那个女人的幻梦破灭，他一直在那边哭；另一个在地狱里面已经快死了，也在哭。这就是众生，昏沉的众生都是这样在运作。

一个有心量的人、心量跟虚空一样的人就是佛菩萨，就是我们的本性，我们本来面目都是佛菩萨。那些我们的自我、邪曲的心、不善的心，把我们这样清净的心眼都掩盖住了，变得很昏沉、愚蠢。

我要问问大家，请问你要进入那个疗养院病房的第一间还是第二间？我告诉你，你的生命里面每天在追求的事情，不是第一间就是第二间。所有事情都一样，没有孩子一天到晚想要有孩子，甚至去做试管婴儿，可能要打三四千次的针，一直打就为了能得到自己骨肉至亲的孩子。

可是有孩子的人，有人恨不得把孩子杀了，你知道吗？因为以前没有想那么多，没有想到孩子那么难带，养育孩子要付出那么大的代价；有人的孩子那么的不孝，那么的叛逆；或者这个孩子的身体状况怎么这么差，养育子女永远有忙不完的事情。

这个孩子来到这个世界的时候，你已经在他与你之间创造了一个生离死别的历程，你知道吗？你有没有看透，在没有孩子时你很悲伤，有了孩子你也很悲伤，所以，我跟大家分享，如果你不曾很深层地去观照这个道理的话，你永远只会在第一间病房跟第二间病房轮回不停，这世界的众生只有在这两间病房里面。但是佛菩萨或者空性的人，他们就不住在这里面，因为他们看透了，所以他们很自在。可是众生看不透，看不破，绝望而痛苦。

你或许每天都很忙，奔忙着寻求理所当然应追求的生活需要、财富或者你需要的资源，但是你必须要静下心来给自己一点点的空间跟自己独处，跟自己静静地对话一下：你到底目前所在追求或所在做的事情是不是你真正的需要，还是你自以为是已经很习惯理所当然地想要而从来不自觉？

你需要的不多，可是你想要的很多，追求不到就是满心的遗憾。追求到了以后却觉得很空虚，成功得很失败。换句话说，得到以后，你觉得不过尔尔，因为没有想象中那么有味道，但是你害怕这种生命的无力感、空虚、无奈，或者生命没有意义的感觉，所以你不断地设

第一章　指明因果断轮回　**17**

定目标，继续建筑你的梦想。

　　我们讲的梦想，或者叫理想，这些是欲望表象化的概念，不管你有多大的功业，如果你把它认为这是你的自我成就感的一部分，那你注定要带着遗憾，带着不甘心、失去的感觉离开这个世界，然后一辈子过去了又重来了，永远永远这样轮回，永不停息！永远没有止境耶！每天这样昏沉地过日子，然后每辈子也是这样昏沉地过日子，这只能用五个字来形容，"很没有意义"。但是众生却以为很有意义，这就是一场很愚蠢的游戏，我们却是看得那么的真实。

　　刚才老师分享的那个笑话，是真实的，也或许只是笑话，可是我看到里面有很深的悲伤，你们每一个人都是在第一间病房跟第二间病房而已，就是这样。

第二章
消除心中邪曲
才能彻底斩断痛苦

问：为什么无论得失，你在生活里都感受不到幸福？

答：虽然实际需要的并不多，可是你想要的很多，追求不到会满心遗憾。追求到了又觉得很空虚，换句话说，觉得不过尔尔。

· 讲座纲要 ·

邪曲不善的心会吸引同类的人及事物来伤害自己，来攻击自己。自我所作所为都会回到自己的身上，善有善报、恶有恶果，历历不爽，真实不虚。

开示之一

内心的虚荣恶念才是招灾引敌的罪魁祸首

世界是一面镜子，是你思维模式的镜子。当你的心情保持喜乐纯真的状态时，你的世界显露出来的样子，就是喜乐的事情源源不绝地发生。纯真的人、纯真的现象会常常出现在你的周围，这是一个宇宙的真相。

而要保持能永远处于喜乐状态的世界出现，唯一有效的方式就是你内心的态度——你的批判消失，一切你看不顺眼的人、事、物、情境、环境、心境就会彻底地消失！

当你内心一切批判的情结，也就是看不顺眼的思绪都融解的时候，你的内心的状态就是全然地真诚，你就不需要再演戏了！因为你要演戏是你表里不一，你内心看不顺眼，但你外在又要假装你看得很顺眼，你才需要演戏，你才需要戴面具，你才要把自己搞得这么表里不一。

而这个表里不一，就使你的真诚被掩盖了！你的真心、你的真诚是你生命全然的状态、本然的状态，而那个状态是不需要努力地去达到，或者说去追求那个真诚。

实际上你的本质是真诚的，而你的真诚显露不出来的原因，就是邪曲的心。而这个邪曲的心是来自于你内心有评价、有批判、看不顺眼，但是你又有所贪求。

你看不顺眼那个人，但是你又想跟他互动，而得到某种你需要的好处，所以你必须要演戏、矫揉造作、作假、虚伪，所以你的诚心就被掩盖了。而你的诚心被掩盖的时候，这个世界就是你的心的一面镜子。

你不真诚，你的世界就会吸引到不真诚的人来跟你互动，你可以跟一个人在外表上相处得很好，可是在那个人的背后，或者你的内心里面对他充满着不屑、嫉妒、不满、看不顺眼、批评、批判的邪曲心，而这就是因果报应的因。

当你有这样内心状态的时候，你的世界就会吸引出对你不坦诚的人来与你互动，甚至阳奉阴违，投你所好，对你极尽谄媚之能事。如果你有利用价值，他会对你卑躬屈膝，可是事实上他内心里面是对你充满着不屑、敌意或者嫉妒，甚至会扯你后腿，或者来伤害你！

你会碰到这样的人，而当你碰到这样的人的时候，你要知道，那是你的过去生里或这一生里，曾经对他人做过同样的事情。现在你自己又开启方便的大门，是你的邪曲心开启了这扇方便之门，让他有来报复你的机会。

如果你在今生或过去生曾经做过那些邪曲不善的事情，那就是所谓的恶业，而这些恶业到因缘具足的时候，就会回到你的身上，因果报应历历不爽，它绝对比计算机还精密，它永远不会死机，丝毫都不会！

在你自我还存在的状态之下，你绝对没有逃避这些业力反扑的机会。只是这些业力反扑你的因缘没成熟，也就是时机没到，时机到了，它必定会回报到你身上，不论你做了多少的化解或者逃避。

俗语说"冤有头，债有主，"你的冤亲或者过去生的债主，当因缘到了，绝对会找你讨报回来。

因缘会到，它里面有一个最重要的关键，那就是你的自我所产生诸般邪曲的心、不善的心，开启了过去生自己播种的不善恶业回报到你身上的大门。

而当我们这个因果报应的大门敞开的时候，你就会常常碰到有人来伤害你，事情不顺，又屋漏偏逢连夜雨，或者在顺心的时候，又有不顺心的一些事情缠住你，让你在圆满中又有遗憾。

而当我们在面对这些逆境的时候，我们就可以反观回来，是因为我们有这些邪曲不善的心，而开启了因果报应的方便门。

你所做的好事会回到你的身上；你所做的恶事也会回到你的身上，它是不能抵消的，它是同时或者是不同时地在运作而已。这就是老师在这个主题"因果镜"要分享的原理。

要趋吉避凶，要离苦得乐，要超越生死轮回的束缚，要让你的生命自由自在，要让你的生命常常处于恒久不变的喜乐宁静当中，让所有的冤亲债主无法跟你联机，或者跟你联机的时候可以得到你的宁静本质所产生的化解力，而可以让过去生的冤亲债主或这一生的仇人、仇敌得到感化，并找到让他的恶念化解、超越因果律束缚而蜕变成善因缘的不二法门，就是让你的自我融解，让你生命的存在全然宁静显露！

空性实相的本质显露，在那显露的片刻，你就具足了自由自在来去三界分享慈悲，而不受三界空间束缚的境界，所以趋吉避凶、离苦得乐的有效的不二法门，就是深度地看透自我的愚蠢。这个自我，事实上没有任何意义，但是我们却为了它拼死拼活，作恶业，甚至在作善业之中，都是在有限地计算里面的福德，而让我们不能真正得到生命自由自在的解脱状态！

有人肯定你、夸奖你、赞叹你、欣赏你，就会让你迷失了你的判断力，而去欣赏、喜欢或特别照顾那个人；而如果有人批评你，与你唱反调，甚至漠视你的存在或者看扁你、讥笑你、毁谤你，或者讲真话，但是他讲的真话是忠言，也就是对你真正有帮助的话，但是真话伤了你的自尊，然后你会为了你的自尊辩护，为你的愚蠢找理由，你不承认你的愚蠢，且讨厌、排斥那些伤了你自尊的人，因而错过了你可以蜕变的时机，或可以成长的空间，这就是自我运作的方式。

有一个人跟你说："你是我这一生中见过的最善良的人。"或有人对你说："你是我这一生中看到的最有智慧的人。"在那个时候你就像唐老鸭一样屁股翘得好高、好愉快，被人家的奉承、拍马屁，或者赞美你的话冲昏了头。所谓的真话是那个人的感觉而已，可是事实上有意义吗？

有人认为你很聪明，也有人会认为你很愚蠢。比你智慧高的人会认为你不怎么样；比你智慧低的人会认为你很聪明，你很有智慧。事实上这有意义吗？这就是自我的思考模式。

为了一句话我们可以恨那个人一辈子，或者对那个人一辈子留下不好印象，因为那个人竟然说我长得实在不怎么样，而事实上我认为我长得真的很好，他竟然说我长得不怎么样，所以这个人哦，我觉得他在嫉妒我，所以我很讨厌这个人。

又有一个帅哥对我说，我是他这一生中所碰到的最美的女人，他太欣赏我了，所以我就以身相许，然后人财全部都奉献给他了，到最后他竟然又另寻新欢，我受伤了，他不是说我是他这一生所碰到最美的女人吗？事实上他对每一位他要追求的女人都这么说。

从这里，我们就可以来评估、观察我为什么会受迷惑，我为什么会受诱惑？因为我喜欢被人家重视，所以我要把自己打扮得很漂亮，而打扮得很漂亮以后，我忘了我是美容出来的漂亮，我是打扮出来的漂亮，因为我的漂亮是要吸引人家的注意，因为我需要别人重视我，我需要别人爱我，我需要别人尊敬我，我需要别人捧我，却碰到一个爱情的骗子，为什么？

因为他投我所好，他看透了我的需要，而我竟然看不透我的罩门，以至于我被迷惑了，我被诱惑了，最终我怪那爱情的骗子。事实上我们怪爱情的骗子，我们就永远永远没有成长的空间。

事实真相是因为我大开方便之门，让爱情骗子可以登堂入室来玩弄我的感情，我内心那么的邪曲我自己都不知道，我根本不漂亮，是我把自己打扮得很漂亮，我就觉得自己很漂亮，我忘了自己的本来样貌是不漂亮，有人说我很漂亮我就被迷惑了，我就觉得他真的很被我吸引了。

开示之二

真诚地面对自己，当业报袭来时也能化解

> 你看我自己的心是那么的邪曲，我不漂亮还要把自己装扮得很漂亮，而忘了我自己本来就不漂亮，而我把自己装扮得很漂亮以后，我又忘了这是我装扮出来的漂亮。

或者我假装很有风度，很淑女，其实是假装出来的，我根本一点都不淑女。我在家里面是很粗线条的，讲话很大声，很没有修养；但是当电话铃一响，是个异性的电话，马上我的声音变得好温柔。如果有人说我好温柔我就好开心，我觉得他好了解我，我好像上是个温柔的女人，我自己在演戏，然后我自己忘了我在演戏，我大开方便之门，让别人或冤亲债主有乘虚而入的空间，然后我还怪别人是爱情骗子。

是你自己要受骗，否则没有人可以欺骗你的，所以你的感情就不断地受伤，伤痕累累，是你的自我、邪曲的心让你受伤，所以你受爱情骗子玩弄感情的历史会不断重演。而重演的源头是什么？在于自己的自我。

自己的心是多么的邪曲还不知道，因为对自己没有很深透的观照能力，竟然还说自己是个很正直的人、很质朴的人。所以老师在讲邪

曲的心时，有人说："不可能有这些妄心呀！老师，我是一个不邪曲的人，我很直啊！"那就是我们在分享的时候，不要被将老师讲的邪曲断章取义，而误认为跟你无关，我现在要很深入地来剖析你的邪曲心给你看。

我们凡人每个人都在演戏，所以我们会碰到跟我们一样在演戏的人，每一个人的世界真的都不一样，佛菩萨的世界和凡夫的世界不一样，纵使他们同处于一个空间里面，每个人的命运都不一样，而每个人对他自己命运的感受也不一样。

真正的真诚就是表里如一，请大家扪心自问，你对待你的朋友跟对待你的家人一样吗？你在家里跟你在外面一样吗？你在家里轻声细语像你在外面一样吗？如果你在外面轻声细语，那请问你在家里是不是也这样呢？

通常不会，因为你在外面轻声细语是在压抑。你在外面人缘很好，在公司所有同事都喜欢你，你看起来好有耐心，脸上充满了笑容，遇到任何他人唐突的状况都说没有关系，但是回到家，因为你在外面与他人互动是靠忍耐压抑，因为你的自我要塑造好形象而受他人尊重、欣赏或喜欢，而你回到家一定要平衡一下，不再演戏、不再自我压抑。

你在家里面如果是一个魔鬼的话，你在外面通常很可能会假扮天使，而假扮天使久了总是要流很多的汗，总是要回来洗洗澡，所以把天使外衣就放在你们家门口，回到家就变成魔鬼，露出你真正的习性、个性。因为这样才能平衡呀！为了那个自我，为了戴那张面具呀！如果不平衡，不把面具拿下来休息一下，你会发疯啊，你会崩溃呀！这是凡人的自我在运作的模式。

我不要你的作为表里如一，是你的本质应该要表里如一。如果你的本质不能表里如一，那是因为你的自我所造成的，因为你有所求，你要求得好形象，或者你要求得权力，或者你要求得金钱，或者你要求别人爱你，或者你要求别人尊敬你，或者你要求让别人觉得你很重要，或者你还另外有所求。而那个所求事实上不是你生命的本质，根本不是你真正的需要，而是你自我想要的。

但是你有没有很深入地去观察，纵使你得到了这些你认为很需要的东西以后，你真的会快乐吗？你没有钱的时候你想要有钱，你会做白日梦，你现在一个月收入可能是四五万，但是你会想如果你中了彩票，有五千万或者一亿的时候你怎么样去生活？或者你已经变成一个实业家，像台塑集团的老板王永庆先生这样多的财富的时候，你会怎么样？

我告诉你，你不会怎么样！你还是只要衣食住行，你生活的需要就是这样：吃，还有穿衣御寒，还有一个可以挡风遮雨的地方，还有你要走路。你生活中的需要就只有这四种而已，剩下的都是你的空虚，你因生命的无趣而产生的追求，而追求到了你一样很无聊。只是追求的过程可以暂时麻醉你无聊的感觉，但是为了这个追求，你却需要去造恶业，可能要踩到别人的肩膀上面，或者要靠演戏去得到你所想要的东西，却伤到别人，而因缘到了，曾被你伤害的人或者动物又回到你身上，他来跟你讨报，要来伤害你。

当你被伤害的时候，你一定是无力抵抗，才有可能被他伤害，这是因果报应运作的法则。当你被伤害的时候，你虽然无力可以抵抗，但是你内心充满了怨恨，那这个怨恨又累积了种子，在下辈子又去把他伤害回来，然后永远在那个原点转来转去地轮回。

你的生命是为了报复所生的，因果轮回的生命是为了报复而生的，而报复的方式是追求，不想你要追求什么。你要追求成功，你要追求情爱，你要追求权柄，你要追求好名声，或者你要掌握别人，希望他人听你的,照你的方式去做,或者你要什么时别人必须要配合,否则他就是你的敌人、绊脚石,你就会去攻击他。

当你得意的时候势如破竹,当你失意的时候兵败如山倒。你只能乖乖地受人家欺负摆布,或者有永远忙不完的事情,欲哭无泪。因为你过去生把事情推给别人做,让别人很痛苦,这一生人家把事情推来给你做,感觉别人很浑,然后你很痛苦,因果法则就是这样运作。

它运作的根源在哪里?在自我。所以当你的自我融解掉的时候,这些过去生所造的恶因缘就没有附着的点。所以老师在分享这些如何离苦得乐的方便法的时候,我就一直强调这个自我,它是我们生命唯一的包袱。

我用了一些善巧方便的方法,事实上是要给你一把手术刀,还有给你怎么开刀的秘籍、方法,但是你愿不愿意拿起这把手术刀,按照老师所说的使用手术刀的法则,把自我一层一层地剥落,当你的自我在你自己动手术而消失后,你的真诚就会出现了,当你的真诚出现,你的净土、你的极乐世界就出现了,而不需要等你死了以后才有机会到极乐世界。如果你活着的时候不在极乐,你相信你死之后会在极乐吗?

开示之三

能自然而不求回报地做好事，
就活出了生命的本色

　　死是未来，活着是现在。未来是现在的延续，现在是过去的延续，过去和未来能产生蜕变而不再联结的关键是在现在。所以生命没有准备好才开始的时候，拿着心灵的手术刀，去把自己的自我切除。自我是一个毒瘤，是最可怕的肿瘤，它造成你生命的厄运，造成你生命的痛苦，造成你沉沦在三界里面没办法出离，是生生世世被束缚在生死轮循环里面的根源。

　　把老师分享的一切方便的法门，来跟自己的习性对照，有落差的地方就是你自我潜藏的地方，是你邪曲心所在的地方，是你不善现形的地方，是你痛苦的根源，你不需要欺骗自己。
　　你可以欺骗自己，你可以欺骗别人，但是欺骗别人真的没有任何意义，而欺骗自己更没有意义！暗室莫欺，为了什么？为了生命的清凉，为了生命的极乐世界要显露，为了生命的自由自在，为了趋吉避凶，为了打破这个因果镜的束缚，你的因果镜消失的时候，你的世界就是净土，就是佛土。

邪曲、不善的心，老师在上个主题就谈到所有邪曲的心让我们对照，你要对照才能观照，你要对照才能知道你的习惯与空性落差在哪里，你的邪曲的心躲在哪里。你看清楚它躲在哪里以后，才去抽丝剥茧地来观照。在观照的过程中，你的命运就会开始改变，那个恶因缘渐渐地没办法跟你联结上，从你的身体到你的命运，都会产生不可思议的改变。

我们对自己不善的心要很深入地检视，而不只是说我从来不讲人家的是非呀，我从来不跟人家计较呢！那没有任何意义！更深刻而有意义的事是要看看你的内心状态有没有不平不满的心，有没有嫉妒心，有没有愤怒的心，有没有批判心，有没有产生"我原谅你，我不跟你计较"的心。

我不跟你计较里还有"计较"成分，而原谅他并不是体谅。如果是原谅，你一定会记得，如果你会体谅，那说明你是心量很大的人，你根本就忘了他人伤害你，或让你损失的仇恨，或忘了他人伤害你的事情，你也根本不会记得你做过任何好事，你根本不会记得你对人家怎么好的事，你也不会去记住人家给你带来什么伤害。人家对你的攻击，你不会去记住它。

但如果尚能记住那件伤害你的事情，那是因为你有记忆体，但你不见得会记得仇恨的感受，或产生仇恨的感觉。如果说你还记得那个仇恨的感受，这就是不善的心，是因果的种子，是吸引恶因缘来反扑我们的种子。所以我们要很深入地跟自己对话，对照诸种邪曲、不善的自我心而产生观照，看透了就会自在。

如果你拥抱这些自我，这些邪曲不善的心会让你快乐，那你当然要去拥抱啊！但是它是造成你堕落、沉沦与痛苦，或活在地狱炼狱深渊的原因，你为什么还要去拥抱它？如果你还是拥抱它，那代表你对痛苦的感受还不够深刻，没有真正看透造成你痛楚的根源，看透就不需要告诉你们要怎么做才能远离痛苦。

在那么寒冷的冬天里面，火炉会让你取暖，那真的好舒服，但是你有可能把你的手放到火炉里面让火炉去烧吗，去毁灭你吗？不可能，因为你看得很清楚。如果说你会把手放到火炉里面让火炉来毁灭你，那就代表你看不清楚，你是昏沉的！所以你必须要透过你自己深度的觉醒，才有好命、幸福、喜乐、清凉、宁静、清净、解脱、自在的出现。

一个人有所计算有所计较，所做的不论是好事还是不好的事，都会回到自己的身上。当你计算着你做好事有好报，或者你做好事故意要让别人知道，甚至是以为你自己用无名氏的名义在做好事，虽然别人不知道但老天爷知道，这样的好事所产生的福气是相当有限的。

你只有在计算的时候才做好事，没有计算时你就不会去做好事，这是你用力量很努力地在做好事！努力做好事会有放松的时候，就如同握住拳头，你握住这五个指头的时候，就形成一个拳头，但是你能握多久？

你一定会有力量用尽而放松的时候，所以那都不是生命本然的状态。当你用力在做好事的时候，好运会回到你身上，那它一定有限，一定会用完，做好事的好运用完的时候，也就是好命用完的时候，就是不好的命出现的时机。

所以有所计较、有所计算而做的好事，它的力量是相当有限的，而借助它的力量让你开智慧，让你跟你自己存在的本性联结，事实上是很不容易的，没有什么机会的。

生命真正的好事，生命最大的福德，是来自于你根本不知道你在做好事。

只是因为你在警觉你的自我,而产生跟人家互动、待人接物中时时心存仁厚,常常都能替人家着想,然后你的心量跟虚空一样完全没有所谓的计较的痕迹,而能深刻地时时体谅一切众生、一切有缘与你互动的人或动物。

比如讲一句话的时候就会想我讲这句话会不会伤到别人的自尊心,会不会造成人家心里的痛苦,而不是说我讲这句话是要赢得他对我的好感,或者我要卖他某种东西,或者我先建立好人际关系,要用的时候就用得到。

一个心存仁厚、常常替人家着想、有体谅心的人,他会在停车的时候考虑到停的位子,先跟前面及后面的车子比较看看,保持一个完整的距离,让他们开车子出来时比较方便。

走路的时候看到一块大石头或者一枚铁钉放在路边,那可能会被人家的脚踢到,或将人家的轮胎刺破,所以我把这些石头搬到旁边,把铁钉收起来,或者把碎玻璃想办法丢到垃圾桶去,只是因为存在一个不忍有人受伤害的心!

看到自己的亲人常常发脾气,我们要想到他的压力一定是很大,我们不要再激怒他了,我们要看到他本来情绪就比较浮躁,加上工作压力又很大,或者他的身体不太好,甚至可能是有忧郁症或躁郁症,抑或是他可能碰到很不如意的事情。

所以我们真的要能体谅,想到可能是因为我自己的疏忽、不小心讲话刺激到他,而不再计较谁有道理、谁没有道理,只有一份诚心,心存体谅、仁厚的慈爱。这个就是要跟空性联结,找到你的纯真、你的善,让它显露的一个最有效的方便法。你要去对照。

你要记住,执着于任何真理及观点就是自我。认定我是绝对的真理，其实是真正道理的自我，不管你的道理对或不对，不管你的道理是否符合公益，都是不善的心，都是邪曲的心。

　　一个进入自己空性的人，他会渐渐地不再争执于道理，只有一份慈爱的流露，不断地观察自己的心量够不够，自己的慈爱有没有不足的地方，而不再计较于任何对或错、谁有理谁无理了。

　　这就是远离因果镜，让你得到生命之自由自在的不二法门。只有往这个方向走，你才能远离一切邪曲不善的心，不再辩论，不再争论，不再计较谁对谁错，只有一份全全然然的无尽的慈爱。这是我们生命的本质，那个本质会让我们幸运；那个本质会让我们远离业力；那个本质会让我们超出三界，虽然我活在三界里，我们的肉体停留在三界里，但是我们不受三界束缚。

开示之四

学会换位思考，体谅他人，你和对方都会蜕变

老师继续念纲要："你给别人幸福快乐，你的内心自然就会快乐，自然就会幸福。是不需要任何外在的条件发生才会有幸福的感觉产生，而别人也自然会回报你快乐幸福，且令你快乐幸福的事情也会自然发生。"

不可思议，当你的自我融解掉的时候，或者你开始下定决心往融解自我的路上走去的时候，你会愈来愈贴心，你会愈来愈细腻，你会愈来愈慈悲，你会愈来愈能体谅别人的苦。

当别人跟你讲他很苦的时候，你不会再说自己也很苦，你只会看到他的苦，你会进入他的苦的感受，而跟他的苦合一，然后你内心就充满着可以解决他问题的妙智慧。

可是我们凡人不是这个样子，当你的朋友或者亲人说他很苦的时候，你会跟他说："你抗压性真的很低耶！我也很苦啊！我的工作也不比你轻松，我也比你忙啊，你那么会抱怨！"当他生病了，你就跟他说："你去看医生啊！活该啦！为什么不去看医生？"

你看这就是你的自我，这就是邪曲不善的心。他的身体状况从生下来以后就跟你不同，你身体本来就是比较强壮，他却常常生病，你每天都在做运动，或者做健身操，或者是瑜伽，可是他并没有像你这样，或者你工作可能比较轻松，他工作本来就比较忙。

又或许他的习性与你也不太一样，他很容易紧张，而你很散漫，你也看得很开，你怎么能用你的标准去看他？这就是你的自我。

你认为你会给别人幸福吗？你认为你会给别人快乐吗？你要对照，对照之下你才会发现自我的存在！如果你不对照，你永远永远认为自己没有问题。

自我是生命最大的问题，也是唯一的问题。那个自我就会吸引业力来找上你。

你不体谅别人，别人也不会体谅你，很奇怪的，宇宙因缘就是这样运作。

你会碰到不会体谅你的人，当你遇到这样的人的时候，你要扪心自问，你会体谅别人吗？

你不要在嘴上体谅，可内心一点都没有体谅，你只是在做卡耐基的口才训练，甜言蜜语，表里不一，内心完全没有那种诚心的品质，只是嘴巴很会讲，老生常谈，说："我好爱你呀！我知道你好辛苦呀，老公！"体谅就是心要进入对方的世界。

你是很勤劳的人，可是你生出的小孩他就是很懒散，懒散就是他的习性，你真的不能用你的勤劳习性来压迫他的懒散。

你要知道，你要体谅他就是那么的懒散，要他动真的很困难，他控制不了自己，他也很可怜也不想这样，可是他控制不了自己。或许你以前也是这样子的人，或者你小时候也是这样，可是你蜕变了，因为生活环境、一些偶发的因缘刺激你而让你改变你过去的一些惯性。

你的孩子很懒，是因为他还没有吃到这样的苦，或者刺激他改变的因缘还没有到，那你能体谅吗？

就像你看到你的孩子吃饭时，桌子上全部都是他掉的饭粒，你就开始骂他："怎么会这样？你看爸爸妈妈吃东西多么干净，你怎么会这样，我不断地跟你讲，可是你为什么还是那么邋遢啊！"

你有没有想想你的年纪？你吃了四十年的饭，他吃了七八年的饭而已，你真的有体谅心吗？这就叫对照。

所以，你要给别人快乐跟幸福，就要进入他的世界而忘掉你的世界，忘掉你的思维模式。你尽量往那个方向去做，尽量去体谅对方习惯跟你习惯的不同。你说老师，你能透视他人的心，所以你能知道他人的苦啊！其实不是这样！是你能设身处地进入他的心去体谅他，而不要用你的心去批判他的心，这就是要远离因果、让自我融解的不二法门。

这样你才具有一些能力，才可以真正给别人幸福、快乐，你才有本事教育好你的儿女，否则你的教育是很无力的，你的教育只会造成你的孩子缺乏爱，到最后作奸犯科。我告诉你，缺乏爱的小孩才有可能会变坏；爱得到满足的小孩子，绝对不会变坏。

但是要怎样才能让他得到满足的爱？也就是爸爸妈妈给他的爱，是他认为需要的；而不是爸爸妈妈给他的爱，是他根本不接受的，或他不认为那是需要的。受到这样对待的孩子有可能是叛逆的小孩，有可能会变成问题少年。所以给别人幸福，要从身边的人开始做起。你的孩子很粗心大意，那你怎样去面对他的粗心大意呢？难道你就一味地谴责他怎么那么笨，怎么那么粗心大意，你看爸爸妈妈做事情都这么细心，怎么会生出你这样的孩子，是我们家里的风水不对吗？还是我们祖先缺德、造业呢？这是爱吗？这是给他快乐吗？

如果你能去掉你的一切思维，进入他的世界去体会他的粗心大意，不要让他的粗心大意变成他的挫折感，你就会有善巧方便的智慧，那种源源不绝和存在联结产生的智慧，这个爸爸妈妈自然就会知道怎么跟孩子沟通。

比方说爸爸想到自己以前真的是愚蠢到家了！我曾经有一天晚上在学校打完球回到家，然后跟我的母亲说："妈妈，我们家脚踏车被偷了耶，怎么找不到？"妈妈就跟我说："刚才你不是把脚踏车骑到学校去打球吗？""哦！对哦！"然后，我三更半夜摸黑到学校，再去把脚踏车骑回来。

这是老师小学时曾经发生过的事，但是你知道孩子们一听就会觉得"爸爸你怎么那么笨"。"对啊！爸爸就是很笨，爸爸一直努力地改变自己，不要让自己的愚蠢不断地重演，所以现在愚蠢就已经减少很多，现在我告诉你我是怎么改变的。"

我们要这样去对待孩子，以慈悲的爱心、无量的慈悲。因为我希望他快乐，希望他幸福，而不是造成他的挫折感，孩子的心就敞开了，从我的故事中去学习。你要知道这就是真正带给别人幸福快乐的智慧跟体谅的心，这就是爱心呀！教育要从这里做起，把你的自我这个毒瘤切除掉，你就会教育了！

溺爱没有用的，有自我、有掌控欲的管教也没有用的，你要以身作则。对你的朋友也是这样，你看到他痛苦，因为他失恋了，但是有人的自我就是那么的强，竟然还自以为是地安慰人家说："我当时就跟你讲，那个男人不是好东西，你还是这样，活该啦！今天怎么办？自杀也不能解决事情啊！"你看，这不是真正的爱心！

真正的爱心不是这样，你会这样对朋友说："你好好哭一哭吧！事情总会过去，而且我觉得最美的是我们在生命中学到经验。我被抛弃了九次，自杀了三次，我现在都还活着，你比我还坚强，我很佩服你，没有关系，事情都会过去，我陪你一起哭。"

开示之五

善良才能拥有好心情，
好心情带来无敌的好运

你不需要讲什么大道理。当你拥有那种从生命中油然而生的体谅心所产生的智慧时，你就已经跟存在联结上了。如果你能这样，你的自我已经渐渐在融解了。算命先生帮你算的命过去可能会很准，现在开始不准，因为你时时刻刻都能心存体谅、仁厚，那是生命的本质，它不需要练习，它是把那个不善、邪曲的心揪出来看。

对照出来观照它，它自然会消失，然后你自然拥有这样的智慧。你如果能这样的话，你的心就能渐渐地宁静，那个一刻都不得闲的空虚感就会渐渐消失，然后你的生命就会觉得很满足。满足是由内心发生，而不是从外在追求到的。你不用追求什么东西，就会满足。只是因为你空虚、无聊、生命寂寞难耐，所以你才追求自我实现，追求成功，追求生命有意义，追求生命开心，追求出名以得到人家注意、重视的目光。

你为什么要把自己打扮得很漂亮、很招摇，还看看有没有异性在欣赏你,然后假装很镇定,事实上一直用眼睛的余光在看有没有异性在看你,如果有异性在看你,就会觉得很满足?因为你的内心很空虚、很无聊。

这就是吸引业力跟你联结的大门。你的大门是敞开的,让业力可以进来。你的内心有邪曲的种子、自我的种子,业力、因果才有运作的空间。你的厄运在哪里?在于你欲望的种子,在于你自我的种子,在于你邪曲心的种子,在于你不善心的种子,它们都来自于你很空虚无聊,所以你产生了一个自我,而要去追求。

不管追求什么,追求权柄、追求快乐、追求好名声、追求别人的尊敬、追求让别人欣赏你而讲很多幽默的话,或者背了很多睿智的语言说出来给他人听,只是为了追求别人尊敬的眼神、目光。这些都是邪曲、不善的心。这些东西会让你踢到业力的铁板、恶因缘,会让你的生命有痛苦的因缘发生。

当你尝试把注意力从自己身上转移到跟你有因缘互动、相处的人身上,去体谅、去体会他们的痛苦,渐渐地你的自我自然会消失,然后你的幸运就会来临,你真的会碰到很多快乐的事情、幸运的事情发生。存在是生命最美的、最具有威力的守护神,这是不可思议的,它不需你刻意在计算:我要建庙或去护持一个道场,得到多少功德,或者我要捐钱给孤儿院,让我比较平安比较安心,或者觉得我做了有意义的事情。

事实上,你只要认为在做有意义的事,这个有意义都是有计算的,只是你计算的点在哪里?这个意义的定义在哪里?分享本身就是去享受那个分享,而不是带有达到某种目的的企图、动机。

事实上,若只有分享,它是没有任何意义和目的的。你把东西给某某人,潜在的意义是我一定要拿回什么东西。给你东西,我要拿回你对我的感谢，你不跟我说谢谢，我心里就很不舒服，内心说："你这个人真的是不知道人情世故，这个人没有爱心，我对你那么好，你连说谢谢都不会。"你看看，凡人之间我给你东西，然后我要拿一些东西回来，是不是都在这样计算、在计较，凡人的心邪不邪曲？很邪曲的！

分享不是这样的，分享是你家里有一些东西，家里仓库没地方摆，最好的方式是跟你的亲朋好友一起分享，然后你会好舒服，物尽其用。你要感谢那个愿意让你分享的人，你感激他都来不及了，还要他说谢谢吗？你应该要谢谢他！要感谢那个愿意让你分享的人，感谢那个因缘，因为那个因缘会把你的自我融解掉，会让你得到生命的蜕变，会让你找到回家的路，回到你的那个很清凉、很宁静的本性的路，因为这样的因缘能融解你的自我。

你要知道当你开始这样做的时候，宇宙有很多的神，就是神明，宇宙的善神、福神，都会赞叹、会感动，会不请自来来守护你。

你内心的能量会开始蜕变，那种蜕变就像你看到一个人，这种人在这世界是比较难得看到的——空性人。你看到那个人你就很放松，你的烦恼好像就不见了！然后恶鬼看到那个人它的恶念也会暂时消失了，它还能伤害到他吗？它看到他后都被他感动、感化了。

但凡人不是这个样子啊！他们有太多的邪曲、不善、紧张的心，所以我们看到某些人，本来精神还很好，一看到他，我们压力就很大。他并没有讲话，只是他散发出来的能量就是非常自我，非常紧绷或非常忧郁，非常想不开，所以我看到他我就会很想自杀嘛！因为他那么邪曲、不善，或他的内心有那么多紧绷的能量已经飘到我的头脑来了！这样的话，那个恶因缘不找上他才怪！

那个想要捉交替的鬼灵就会有机会捉到他。他可能活得有点钻牛

第二章 消除心中邪曲 才能彻底斩断痛苦 41

角而想不开偶尔想自杀，那刚刚好，可能瞬间而已，鬼灵就飘来了，带着他去自杀。因为独苦不如众苦，多些人跟我这鬼灵一起受苦，所以我就要捉交替啊！

　　好的心情、清净的心情、光明的心情会吸引好事发生；黑暗的心情、负性的心情、不善的心情、邪曲的心情、不满的心情，纵使你的命运在走好运，一样会吸引过去的恶业因缘来到你身上，让你在好运中有坏事发生，这是宇宙运作的真实相，也就是运作的法则。

开示之六

"急"就是贪欲，
远离速食生活才可以体会生命的美好

> 老师继续再念纲要："你给别人不快乐、痛苦，你的内心自然就会莫名其妙地愈加不快乐、苦闷，活得很无趣，活得很无力感，莫名地痛苦、烦躁、坐立难安、手足无措、焦虑不安，甚至莫名地忧郁、躁郁，或者患上诸种精神官能的疾病。"

所以，"众善奉行，诸恶莫做"。现在地球运作的节奏愈来愈快了。这是能量运作中一个很奇妙的现象，愈来愈快，春夏秋冬或一年运作的节气，时间愈来愈缩短。

你会发现春天好像冬天，冬天好像秋天，秋天好像夏天，夏天好像春天。这种情况会愈来愈快，因果报应也会愈来愈快。

如果你今天在有意无意之间讲了别人的是非八卦，而不是从一个心存仁厚的慈悲说出来的话，是由于你内心的嫉妒或者空虚无聊，唯恐天下不乱去讲人家是非，而彰显出让别人出糗的快感，或者彰显你的消息灵通，或者跟人家交换消息，或者要达到某种程度去破坏别人的名誉，看到别人的幸福，自己实在是非常嫉妒而想破坏。

你只要心存这样的念头而去做事，你给别人一分不快乐，他或许还没有听到，或许永远听不到，但是我跟各位师兄、师姐分享，你已经做了让你的内心莫名其妙产生不快乐的心情的祸事，回报你的速度很快的，不仅是加倍。

你也为自己的厄运开启了大门，身心命运都会碰到厄运，或许你讲了别人的是非，对你来说是无关痛痒，也许别人讲你的是非你也不在乎，但是作恶业因果报应形成厄运的反扑，而那个厄运的反扑是会发生在让你很在乎的事情上，一定会让你无路可逃并痛苦。

恶业因果报应的发生，它不一定会同类型地发生，你伤害别人以后的负性能量，因缘果报会从你在乎的事情来反扑你。

比方说你今天讲别人的是非，但是你觉得没事啦！你讲完就没事啦！但是很奇怪，今天回到家看见你的孩子被人家痛扁一顿，或者被人家杀伤了，或者被人家欺负了，让你心很痛，或突然发高烧了，或被车撞到了，或者你先生今天回来莫名其妙跟你大吵大闹一顿，甚至他在外面劈腿的了，让你非常痛苦。这是因为你开启了业力与你联结的大门，所以暗室莫欺。

这是一种非常奇妙的宇宙因果报应的法则，永远不要因为自己的邪曲、不善心而造成别人的不快乐或痛苦。或许你伤害了那个人，但是他现在没有因缘来报复你，他要等到来世因缘具足时来报复你；或者受害者并不知道是你害他，但是因为你做了这样的事情，你开启了跟恶因缘联结的一个大门，你过去生或今生的过去所作所为的恶业，这个因缘到时就蹦出来了，而且现在反扑的速度愈来愈快。

我跟大家分享，因果报应回报的速度愈来愈快。一年有四季，在未来可能一年只有三季。季节的时间间隔愈来愈短，四季的变化及差异缩小了，因果报应也愈来愈快了。除非正法广为流传，我说的是真正能对症下药应机的佛法，从众生的根基里面去釜底抽薪，去蜕变众生邪曲、不善的心境成清净的直心。

所以从生活步调里面让我们很深切地警觉，"速度"只会让这个世界的众生愈来愈沉沦，愈来愈痛苦。放慢我们生活的步调可以令生命蜕变、离苦得乐的空间出现！急是什么？急是贪欲呀！每个急中都有你想要的，急让你跟时间在赛跑，急让你跟别人在赛跑，急让你的身体、让你的情绪愈来愈躁、让你的贪欲愈来愈大，愈来愈强。

急让你错过了生命的美感，让你的生命得不到宁静；急让你一刻也不得闲，急让你看不到自己那么混乱，急让你激怒自己也激怒别人，急让你错过了生命的每一片刻，急让你造业；急是一把刀，伤自己也伤别人。在紧绷的人旁边，我们是不是压力很大？我们自己每天也是生活在这么快速的、流动的世界，很痛楚的世界，但是也因为在这样痛楚的世界里面，我们更有蜕变的空间。

在生活步调很慢的地方，蜕变是不容易的，在很嘈杂、很急躁、快速与贪婪的世界里面，保持宁静才是我们生命蜕变的开始，是我们蜕变最有力的环境。

在宁静地方得到宁静有什么了不起？把你丢到地狱里面你还能得到宁静那才是真正的宁静。现在你活在地狱里面，但是我给你一把手术刀，自己动心灵外科手术，让自己内心的地狱的痛苦转化成清凉的极乐世界。所以，地狱的痛苦来自于你的自我、你的邪曲心、你的不善心、你的"想要"。当你的"想要"造成你活在地狱的痛苦当中渐渐地消失的时候，你的地狱就变成极乐世界。

你究竟想要什么？你想要的就是你的地狱。你要不到你放弃了，那就是绝望，那是沉沦入另外一层更深沉的地狱。

当你的"不需要"显露的时候，天堂和地狱对你来说已经没有任何意义。你的生命已经不需要意义的时候，也不需要达到怎么样的境界，也不需要追求什么，而是很全然地生活在每一个片刻，满足于每一个片刻。那时，邪曲心都已经融解了、消失了，所有的不善心你已经不跟它认同了，它也消失了！然后你的心量会愈来愈大，那时候你的身心都处在极乐世界里面。你不刻意想求好因缘，但是反而会有那么多的好因缘都会流向你；你不刻意逃避恶因缘，但是恶因缘却沾不到你。

甚至连过去你所造的恶业、那些恶因缘今生轮回到你身边时，反而臣服于你，被你感动、感化，变成你的助力者。你知道那是诸佛的境界，是诸菩萨的境界，是我们回家的路的不二法门。老师今天就分享到这个地方。

第三章
给别人一分幸福快乐，自己就会增加十分

问：面对别人的苦难时，你是否愿意以一颗慈悲的心带给他们快乐？

答：外境的人或事，都是与我们有缘互动的众生，你带给他们的快乐与痛苦，在往后的日子里都会加倍地回报到你的身上。

· 讲座纲要·

　　你给别人快乐幸福，你的内心自然就会快乐幸福，而不需要任何外在条件，且别人自然也会回报你快乐幸福，且令你快乐幸福的事情也会自然发生，不可思议！你给别人不快乐、痛苦，你的内心自然就会莫名其妙地愈加不快乐、苦闷，或者很无趣，活得很无力，莫名地痛苦、很烦、坐立难安、手足无措、焦虑不安，甚或莫名地得到躁郁、忧郁，患上诸种精神官能的病，且会有人来造成你的不快乐、痛苦发生，或造成你痛苦不快乐的事情会发生，令你无路可逃而痛苦。这就是宇宙间的因果报应法则，而且这种法则会加利息地回报给自己。

　　你给别人一分幸福快乐，自己内心快乐幸福的感觉自然油然而生，且是增加十分；如果你造成别人不快乐，不幸的事情是一分，你的心情会自然地莫名不快乐却是十分，不幸的事情发生在你身上也是十分。这是宇宙现象赖以存在的法则，如果无因果律的存在，则宇宙的万般现象是无法存在的，或者宇宙会毁灭。

因缘之一

善待他人自有好报，
搬弄是非、刻薄冷漠会给你带来无尽厄运

我们可以扪心自问，我们日常行住坐卧或者与外界、与人、与动物的互动当中，我们是带给别人快乐还是不快乐？我们看到一只全身长满脓疮的癫痫狗时，我们是很不屑，甚至吓它，生怕它接近我们的身边；还是我们悲天悯人，我们可能买个茶叶蛋给它吃吗？还是我们在这个寒冷的冬天里面，怕它身体会冷，又看它长满皮肤病很痛苦，所以我们拿个报纸、衣服、破布给它御寒？

从这个生活的细节里，我们就可以自我观察，我们跟外在的人、事、物互动中，是抱持什么样的态度、什么样的心境。

这个世界是你内心因果种子的一面镜子，每一个人的世界都不一样。虽然我们都同处一个空间，但是每一个人的世界是不一样的。有人常常碰到好事、好人或者让他开心的事情；但是有人常常碰到不开心的事情，不幸福的事情，痛苦的事情，或者很悲伤的事情而愁容满面。因此大部分的人都说人间很苦，是苦海。为什么会有这

样的感受呢？

我们扪心自问一下，在刚才老师模拟假设的场景里，你看到一条癞痢狗跟你摇尾乞怜或乞食，而你对它抱持的是怎么一种态度呢？你对它是置之不理的冷漠，还是非常地不屑厌烦，甚至恐惧害怕？还是悲天悯人般地觉得内心好痛，希望它能过得比较舒服一点，不要那么痛苦，而伸出援手，纵使不能救它一辈子，也能在你跟它遭遇的短暂相处的因缘里面分享你的爱、你的关怀，给它拔苦，或者给它一点快乐？

由小见大，由这一件事情就可以看出我们对外境的人、事、物，在有缘跟我们互动之中，我们所抱持的态度。

有缘看到这本书的人请扪心自问，你们是给有缘跟你相逢的众生快乐，是冷漠，还是给他更大的痛苦？从而引申到你跟你的孩子相处，你跟你的太太相处，你跟你的先生相处，你跟你的爸爸、跟你的兄弟相处，或者跟你的朋友，或者有缘跟你互动的人相处，你给他们什么？

是很柔软的话语，很尊重他们的感受，疼惜体谅他们痛苦的心情、不快乐的心情，或者遭遇挫折的感受，甚至他们不幸的遭遇，我们给予贴心地关怀、鼓励、支持、安慰，让他们因为跟你相逢的这个片刻因缘，得到再生的力量？还是落井下石，看似关怀，实际上是讥笑或者刺激他们的言行，让他们产生不快乐的心境，或者更加挫折的心境？

你给他们一分的不快乐，你怎么可能会在你的内心产生快乐的感受？你得到的可能是更大的恶害，遭遇更大的不幸，因为你每天都在作恶的因缘。

所以，你怎么样对待你的亲人，怎样对待你的朋友，怎样对待跟你有缘的动物，他就会怎样对待你。你抱持的是体谅或者是冷漠，或者是不屑，或者是给予更大的刺激，造成他们更大的痛苦的情境，这些都会加倍地回报到你的身上。而回报到你身上的不一定是以同类型的方式运作，它可能会以不同的方式，来造成你的幸福快乐，或者是痛苦，而那个幸福快乐或痛苦绝对是你在乎的。

比如别人的小孩，因为跟他的父母互动不良，而让这个小孩子的叛逆行为都显露出来，这小孩子因此就离家出走了。做父母的碰到这样的事情，事实上是很痛苦的。他跟你倾诉，而你却在他面前谴责他的孩子说："你的孩子是无可救药的，你要小心哦！搞不好他还会去吸食毒品，或者犯刑案、去作奸犯科、杀人放火，这样的小孩，如果我是你的话，他回来我一定把他毒打一顿，我甚至会用更强制的方式来让他吃点苦，让他好好地受到应得的惩罚。"

你以为你在做一件很有爱心的事情吗？如果你讲过这样的话，事实上你看起来好像很有爱心，其实是没有良心的假爱心，因为你在落井下石地对待这个小孩，你根本不知道这个小孩所受的痛苦。

可能是爸爸、妈妈对这个小孩的教育不当，而你只是一味地自以为是而提出你的一知半解，而没有良心，只是逞口舌之能、好管闲事，却自以为是打抱不平的见解。

你其实是在创造人家的痛苦——小孩的痛苦，父母更大的痛苦，你却以为你在做好事。事实上你是在搬弄是非，事情说完了，你没事，你很轻松，那个爸爸、妈妈让你这样挑拨离间，愈想愈害怕，愈想愈担心，怕他小孩子作奸犯科，怕他的小孩子去杀人放火，怕他的小孩子去吸食毒品，因此寝食难安。

如果小孩的父母采纳你的意见，回来更变本加厉地对付这个小孩，本来父母跟小孩的互动已经非常不良，又因此造成更大的一个仇恨。这就是因果镜显露的方式，你绝对会很快得到报应，因为你

第三章　给别人一分幸福快乐，自己就会增加十分　51

在搬弄是非。

从外表看起来你似乎是有爱心，但是那是假的，你是在挑拨离间，唯恐天下不乱，或者自以为是，不能设身处地地为这对父母和这个孩子着想，你创造人家更大的恶因缘。你没有小孩，所以你可以不怕这个报应会回报到你身上。然而如果你这样想，那你又误判了，这个报应绝对会到你的身上，而且很快。

因缘之二

心怀慈悲自然会左右逢源

有可能你去上班的时候,老板突然把很繁重的工作交给你,这个工作是不可能的任务,让你一个人做,但是要做十个人的工作量而永远忙不完,可能你每天忙到夜里一两点或三四点,夜以继日地到礼拜天都要加班,但是要完成任务却遥遥无期。你的工作永远忙不完的,那就是你的恶报了。

那不是你的运气不好,那是你的恶报,只是你还不自知这是你造恶业的因果报应。你还在那边挑拨离间,搬弄是非,却以为在做好事,或者在聊天时讲人是非、坏人名誉,你完全不知你已在作恶业,你要知道因果就是这样在运作的。

所以,我们要常常暗室莫欺,常常要自我反省——自己所思考的事情,自己所说的话,还有自己所做的行为。也就是所思、所言、所行,是不是心存仁厚,是不是真的能设身处地去体谅人家,是不是常常能很深入地替人家着想,暗室莫欺,非常地战战兢兢,非常地戒慎恐惧?尽量给别人快乐、给别人幸福,处处给别人留余地,给别人支持、鼓励的力量，在别人黑暗中给他一盏明灯来帮他走出来。

尽量避免去作恶因缘，切勿别人在黑暗中时而我们让他更黑暗。别人本来很快乐，因为听我一番话变成很不快乐；别人本来已经很痛苦了，听我一番话后更加痛苦了，然后我还自以为我在做好事。事实上我在窥人隐私，我喜欢听人家的八卦，我喜欢去窥视别人内心的秘密，或者喜欢隔山观虎斗，我喜欢那个感觉。你的所作所为都会很快回报到你身上，这就是因果镜的原理。

当别人很痛苦，别人的先生有外遇或者包二奶，我看那个太太已经快崩溃了，我就会想以什么样的态度安慰她，才是对她最有利的方法，或者跟她互动地谈话，细心地评估，只希望她能在痛苦的深渊中不再往下沉沦，而尽快爬起来。

所以，我可能就会很体谅她，对我自己的言辞很谨慎。我会做各种方式的沙盘推演，然后才讲话。我要注意我的起心动念是要拔她的苦，给她快乐，而不是创造她更大的痛苦。

我可能会跟她讲："太太！你的先生包二奶的事件，搞不好是人家道听途说的，不是事实，没有求证的东西不要那么快下判断。或者是他在那边工作压力很大，而他又倾诉无门而产生的一种自我平衡的荒唐过程而已。我看你的脸相，夫妻宫应该是很好的，所以我想你先生一定会回到你身边。你不用担心，有时偶尔他走入歧途，但是我所认识的你先生是一个很善良的人，他是个很有爱心的人，我知道他内心对你很好，他是在某种情况之下暂时的迷失而已。他一定会回来，如果有机会的话，我来跟你先生聊聊，跟他求证一下，请你不要那么快下定论，我觉得你先生是一个很好的人。"

这就是慈悲，就是拔苦，就是给别人快乐，给别人幸福。当你能时时抱持这样的心境的时候，突然之间你会发现，你在工作量真的很重使你喘息不过来的时候,老板是很有人情味的!在你真的受不了很想离职的时候,突然之间工作被替换了!有一个工作你本来是不想去的,因为听说那个工作很繁忙,结果你调去后就变得很轻松,而且很快乐。那个地方的主管突然变得好有人情味的,而你原来这个主管还没有这么有人情味呢!

你怕去的地方没想到会变得那么的开心!原来要调去的地方,你以为它很痛苦,结果那是幸福,而现在这个地方你原本以为它很幸福,结果一比较才知道,原来你是活在那么痛苦的环境里,只有调换过职务单位你才知道。

这就是存在运作的法则,因为你的所作所为是给人家快乐,拔除人家的苦的那种发心,不一定你帮助的那个人已经得到实益,但是他当下会得到一种温暖。

所以,你给别人一分的快乐或幸福,你已经得到十分的快乐了,而且地你本来有的忧郁症,莫名其妙突然之间好像消失了,也没有吃药呀!而且会觉得莫名其妙地开心,而且会有出乎意料的好事出现在你身上。事实上你或许也没有觉得你是在做好事呀!这个就是因果镜在运作的原理。

所以诸恶莫做,众善奉行,需要从最深层的体谅心出来,常常要很戒慎,战战兢兢地观照你的起心动念、你的言行!

你的世界是你自己从心中所产生的行为所造成的。因果镜这个原理的分享,是在告诉你生命的一个密码,也就是如何创造你的天堂,而不要不自觉地创造你的地狱。

我告诉大家,这个世界是个苦海,是因为众生充满了邪曲的心,创造自己的地狱的言行,时时刻刻都在流露而不自觉,周而复始、日日夜夜、岁岁年年、生生世世,造了无边的罪业,沉沦苦海而不自觉。

要改变你外在的世界而得到幸福快乐，最有效的方法不是去求神问卜，不是跟四面佛来许愿，然后跳脱衣舞来还愿，或者买大象来还愿。事实上这都是治标，并不治本。真正的治本方法是从你当下每一个念头所产生的言行去反省、去警觉，你的命运瞬间就会改变。如果你是真的很诚心，真诚地忏悔，然后流露了予乐拔苦的言行与心态，你的命运很快就改变了。从根做起，不一定只是做一些所谓的好事，如去做义工，去奉献，去南亚大海啸那边救苦救难等。

你必须要时时刻刻在待人接物上，对你身边跟你有缘互动的一切人、事、物抱持着拔苦予乐的存心，那你的命运立即就会改变。你在瞬间就能体会，那个离苦得乐的关键是从内心的慈悲、体谅所产生的一种智慧行动，然后就会有好运气出现，常常会碰到有人来疼惜我们，那些老大姐、老大哥、长辈、同辈都对我们愈来愈好了。

以前常常怪自己没有贵人，而认为自己常常是别人的贵人。但是下定决心深深地忏悔自己不当的起心动念、邪念，而真正走入拔苦予乐的慈悲的心念与行为的实践当中后，你的贵人就会渐渐显露出来。

因缘之三

常给他人带来温暖的人，
自身命运都会由衰转旺

举个例子，你以前曾经算过命、八字、紫微斗数或占星术，它们都告诉你你命浪不好，你这一生都碰到坏人、坏事，在感情上也是被人家抛弃、遇人不淑，在外面会常常碰到小人，又没有人疼、没有人怜、没有人爱，只有人害。

现在会感到奇怪的是，命运已算不准了。怎么开始有人疼我们，有人开始爱我们，有人开始帮助我们？贵人渐渐出现了，是因为你已找到生命幸福的钥匙，是因为你今天听了老师分享这个宇宙之间很奥妙的真理存在的法则，而你深信不疑，用你全部的生命去实践。那是你累世所积的福德，你在这一生、在这一刻有因缘听到，以后还能信受奉行，你要感激你自己。

如果你说："我也知道这宇宙的真理呀！但是我习性很重，我就是很容易再犯。"还有业力更重的人说："真的吗？我不太相信。"甚至还有人说："哎呀！讲这种道理，我听多了啦！没有什么了不起，又是唱高调的。"那我可以跟大家分享，如果你听到这个道理，产生这样的感受，那代表你的业力真的好重好重。你这一生错过了，不知道哪一辈子，要多少辈子，你才有缘再碰到一次这个道理的分享，然后能珍惜而摄受奉行。

所以，今天你听到老师在分享这个因果镜原理的时候，对这个法的心境就是你的福德或业力的总成绩。你自己现在就可以自我评估，就知道你是一个满身业力很重的人，是否是听到老师这个道理之后好感动，眼泪都快掉下来了，你内心产生好深刻的震撼，而且深信不疑。

所谓的深信不疑是没有一丝相不相信的问题，而知道它就是真理，那你是一个很有福德的人，你要解脱的因缘已经到了。

为什么有地狱，为什么有众生沉沦苦海？因为众生的心是那么的邪曲，而产生了那么多不善的言行。创造别人的不快乐，甚至创造别人的痛苦，然后所作所为又回报到他自己的身上。在回到他自己的身上以后，他愈不快乐，愈不幸福，愈痛苦。

他又去创造别人的痛苦，让自己的苦不那么的苦，反正拖人下水一起受苦，比只有自己独自受苦来得有力量一点。对人家慈悲的人是独乐不如众乐，有福德的人，他们的思考模式是这样在运作；可是那个业力很重的凡夫，他是独苦不如众苦，捉替身，找几个人来跟我一起受苦，自己已经很苦，但是要创造别人的痛苦，让自己的苦比较不那么孤单。殊不知那只是让自己的世界愈来愈往地狱沉沦，从一层、二层到十八层，不用等死才下地狱，活着就在地狱里面，还要拖人家一起下地狱。祸福无门，都是这个心所产生的言行自招的。

我们用意志力去追求成功幸福和事业的圆满，不一定求得到。但是有一个法则绝对是立竿见影的，你马上就可以感受到的，也就是把你的意志力用在反省自己的起心动念和行为，下定决心生死不渝，时时刻刻给自己的孩子，给自己的太太，给自己的先生，给自己的爸爸妈妈，给自己的兄弟姐妹，给自己的朋友，或者这一生与我们有缘互动的动物跟人，给他们最大的善意，尽力去创造他们的快乐幸福，或者拔除他们的痛苦，尽你生命全然的力量，那我可以告诉你，你的不好命运，你的空虚、不快乐心态，你的恶业会渐渐融解掉。

如果你不能以全然的生命下定全然的决心，你过去由算命先生算的命，竟然是那么的准；可是当你下定决心而产生行动的那一刻开始，它开始变化，它开始不准了。

那更快的力量让我们离苦得乐，让我们幸福的事情可以频繁地发生，让我们的忧郁症、躁郁症、精神官能的疾病，我们身体的一切病痛，从情绪所产生的，或者是业力所产生的冤亲债主来讨报的病痛，我们都可以免除。尽力去拔苦予乐，给别人快乐，很谨慎地避免造成别人的痛苦，这些发心与行动当中，那个福德的能量是很大很大的。

不必计算我自己到底做了多少的好事。计算自己做多少好事，那个善业能量还是相当有限，而且回报比较慢。要时时刻刻地保持很深度的警觉，从你的起心动念开始。

比如，太太比你早回家，然后她开门让你进来了。然后你对她就笑嘻嘻的，接着问她："你今天工作累吗？看你精神状况好像不是很好，那么早点去休息吧！家事由我来做，碗我来洗，衣服我来洗。"还是你太太开门让你进来，你没有好脸色。太太说："你回来了！"你却说："不是我回来，难道是鬼回来呀！"

你这样你就在作恶业了，你一点都不慈悲，你一点都没有爱心，你只是假装很有爱心，在外面当个天使，回到家马上现出你魔鬼的真面目。你那个外面的天使的面具也是假的，因为你需要得到人家对你的好感，建立你自我的形象，其实你一点都不慈悲。

真正的慈悲是在你时时刻刻起心动念当中，甚至路边的一条狗，你经过还跟它点过头微笑一下，它看到你，它也觉得好温暖。回到家门口看到管理室的警卫，也跟他点个头、打招呼，然后跟他说："天气比较冷哦！你要多穿一点衣服，知道吗？"发自内心流露出你的慈悲心，这完全不是矫揉造作。

只要尽力地去检视、觉知自己不够体谅的习性，自己的心就愈来愈柔软，自己的心就愈来愈宁静，自己的欲望就愈来愈少，自己的身体还有心理就愈来愈安定，身体就愈来愈放松。要让自己紧绷的生理状态消失，这是最有效的法门，而不是靠做做水疗养生，或者被人家指压按摩，或者敲背来放松身心。如果在你内心时时刻刻对自己的亲人，或有缘互动的人之中，常在作恶业而不自知，那你怎么会轻松呢？你已经造成人家的身心紧绷，那你怎么会身心轻松呢？不可能会轻松！

你只要造成人家身心的紧绷，你绝对不会轻松的，因果报应马上就会回到你身上，你的身心就不要想安定了，你的外境命运也不会让你轻松的。

所以，这是最有效的忏悔，最直接的忏悔。你去做大悲水忏、梁皇宝忏，哭得痛哭流涕，然后呢？走出那个法会还是依然故我，挤公车把别人挤下来，坐电梯的时候就冲上去了，然后别人只能被你推挤出来，好像囚犯刚从监狱越狱跑出来一样，唯恐落人后面。你这都是在作恶业，你怎么会有幸福快乐的心境跟外境命运产生呢？

因缘之四

表里如一的善行才有转运的作用

大家或许又会提出另外一个问题:"我觉得我爸爸人很好!一生都不伤害别人,可是他一生为什么受到那么多人的伤害、那么多的不幸、那么多的痛苦,包括兄弟姐妹对他都是那么的无情,还有病痛缠身,为什么?老师这是我想了解的,我们谈到因果镜是说他有做不好的事情伤害别人才会受因果报应,那我爸爸都没有呀!为什么会这个样呢?"

那我们又要分享更深层的一种因果镜法则,换句话说你的父亲是一个很有修养的人,他的外表、他的内心是很仁厚没有错,但是也许他内心充满了怨恨、不甘心、遗憾、想报复的情绪,只是他不会做,也就是说他内心充满了一大堆的负性情绪,那里面有怨恨、不甘、不平、不满,或者遗憾,或者他人怎么样伤害他,他都记的好深刻好深刻,甚至希望老天爷有眼能让那个人得到惩罚报应,甚至对他自己前半生的遭遇产生了怨天尤人的怨怼。

纵使他不怨天不尤人,他怨自己的命不好,这样的一个负性的心境情结，就是内心的因。而他过去生曾经作过的诸般的恶业，因为他有这样不平不满的心境而不自觉，而不忏悔，任由这种心境（或怨天尤人，或者不甘遗憾）、这种诅咒（不管诅咒自己，还是诅咒别人）不断地在酝酿发作。

这样就开启了过去生所造的诸种恶业的大门来与他联结，所以他这一生就很不幸。

老师常常在上课中提醒大家，或有缘听到这个法或者了解这个法的众生，必须要有心量，必须要自己有体谅心，必须要从不计较。忘记计较，到没有计较的心境、心量，这样去警觉、反省而去实践，就掌握了离苦得乐的关键，也就是钥匙。

它可以让过去生的冤亲债主无法跟你攀缘，这就是诸佛的秘密，这也是释迦佛的秘密，这是释迦佛以前多少佛的成道秘密。诸佛的业力不是他累世一段一段地去偿还，一世一世地去还债，而是他让它自我融解了，他不再跟过去的业力联结了，因为他已经进入了空无的境界了。

所以我们要时时刻刻地深刻检点自己心量不足的地方，心量不足就会觉得事情很遗憾。比如说会觉得当时我股票要是不要卖得那么快，今天就多赚了多少钱！或者我要不是判断有误，现在已经是亿万富翁了，而不只是个百万富翁而已！这也是对事情的心量，那对人呢？

你欺负我，我永远记得，老天爷有眼，我这一生没办法可以回报你，但是我相信老天爷绝对会有因果报应来对付你的，我真的很不甘心，这是对人的心量不足。

你要知道，纵使你没有产生去创造别人不快乐、或创造别人不幸、创造别人痛苦的行为，但是你内心里面有这些心量不足的自我，你跟它认同，你完完全全地随它起舞，你的业力也会跟你联结上了。心量要足不是靠作为去拉大心量，就像我拳头握紧一定会有放松的时候，所以你一放松心量不足又跑回来了。

这是外道方法，与空性一点都没有关系。你只是要很深入地检点、忏悔你心量不足的地方而放下，对自己心量不足的地方深自忏悔、惭愧，而生出离的心，把它揪出来看，下决心不再跟自己的心量不足的地方认同而要出离它。一分的忏悔，你心量就显露一分；二分的忏悔，你的心量就显露二分。

这就像乌云掩月呀！你的心量就像那个月光，它可以遍照夜晚的大地，但是你要把那个盖住你心量的、让你的心量不足的那个乌云一一地揪出来看，它就会云消雾散。

你要常常静下心来跟自己独处，我的意思不是要你什么事都不做。而当你在跟人家互动，在跟外界人事互动的时候，可以给自己一个比较深度的宁静的空间，来看自己有没有心量不足的地方。自我的情绪又在作怪了，就把它记下来。在你一个人独处的时候好好地忏悔，把它记下来，然后求上苍，求观世音菩萨，求你信仰的神，以他们的爱或慈悲或智慧的光明之火烧掉这些自我所产生的情结。

你可以念五音律，五音律代表宇宙存在的能量，它也代表诸佛还有菩萨的佛号。你恭敬地以你全然的生命在念五音律，请五音律也就是你的空性、法性，或者法身佛、存在来净化这些心量不足的自我心、妄念，那么你的心、你的身体、你的命运就会渐渐开阔。

今天你开车在大马路上走，经过一个巷道突然有一部车从巷道开出来，他也不踩刹车，如果你不踩刹车，你就跟它对撞了，但是你是在主干线行驶。然而这个人非常地嚣张，完全不遵守交通规则，完全没有良心，然后造成你因紧急应变所产生的惊吓，所以你就非常地不愉快，直接或心里骂他，或者诅咒他，或者批判他，那就是你心量不足的地方。

你马上要在宁静当中看到自我的这一部分负性的情绪，而不要跟它认同，或者你快点念五音律"母、阿、No、哇、我""母、阿、No、哇、我""母、阿、No、哇、我""母、阿、No、哇、我"，以空性、法性的光明来净化这些自我邪曲、不善的心。

你警觉一次，这种自我、不善的心念、邪曲的心念就会消融一分；消融了很多次以后，它就会很淡很淡，然后当你再碰到突发状况，遭遇那些无理的人、无理的事时，它已经干扰不了你内心的宁静了。

但是你如果不是这样，你顺着你的习性一直咒骂："这种人老天有眼一定会处罚他的，我觉得这种人被车撞死最好。"其实，你是在开启你过去及过去生所作的恶业跟你联结的大门，这就是凡夫俗子时时刻刻、生生世世都沉沦在生死轮回的大海、苦海里面而无法出离的种子。

第四章
每个人的惯性中深藏着自他不幸的种子

问:怎样为不幸的命运涂上幸运的颜色?

答:宇宙间的一切都由因果律决定,逃也逃不过,只有进入真正的空性,才能从此与生命的苦海隔绝!

· **讲座纲要** ·

现在对你好的人，是因为你前世或今生曾经善待他，而他来回报你；现在对你不好的人，或伤害你的人，是因为你前世或今生曾对他不好，或伤害过他，所以今生他来回报你。现在的顺境好运是因为你今生前世曾播种积福的种子；现在的不顺是因为你今生前世曾播种了亏福的种子；现在的厄运是因为你今生前世不播种积福种子。祸福无门，唯心自招。

菩提之一

命运就是每个人的惯性，
破除惯性就能扭转自己的命运

这宇宙之间的现象显现完全是以因果律为基础，而科学是建筑在因果律的上面。从过去发生的事件中可以归纳出许多的原则，也就是归纳出现象里面所存在的一些定律、规则。也就是因为有规则的存在，才有这些现象显露出来，就像你可以手拿着一个球，你很用力地将球往墙壁上面丢的时候，你愈用力，它的反弹力道愈强；你用愈轻的力道，它反弹的力道就愈弱。你用力地丢是因，而反弹的球就是果。

宇宙之间因果律是现象的根源，科学用的归纳法也就是从诸般的现象中去归纳出原则，然后这个原则出来以后，再去对未来的现象产生预估的演绎。科学建筑在归纳跟演绎的这些方法基础之上，事实上完全是以因果律为基础，所以科学的架构根本在因果律。这是从有形现象来看，我们已经看到了，也证明了这个现象的基础。

既然是因果律架构了一切现象，那我们可以从这些现象，透过我们的眼睛、耳朵、鼻子，还有其他感官去体会这些因果律的存在，进入更深层的层面，超越今生而深入宇宙很微妙的意识层次。一切都以因果律为根源，所以你现在所处的遭遇或者是命运，或者身、心、灵的境界，其实是你身体还有你内心的情绪，还有更深层灵魂的境界，都是过去或者是前世所累积的。

现在你内心心灵的境界，跟你外在的遭遇、你的思考模式、你的想法、你对事情的看法，或所采取的反应都来自于你的习性、惯性，而这些习性、惯性都是你过去的累积。现在的你是过去的延续，而未来的你是现在的延伸。

如果按照你的习性、你的惯性与外界互动，或对外境的刺激所采取的反应都跟昨天的你一样，或者是跟上一片刻的你一样，那也很容易看到你未来发展的轨迹。所以算你的命会很准，除非那是一个比较没有功力的算命师。你的惯性决定你的命运。

你未来的命运跟过去命运的联结点在哪里？在当下的你。过去是一个点，未来是一个点，现在也是一个点，这三个点可用一条线把它连起来。你的惯性是不变的，不变的才叫惯性。如果会变化的、会变动的习性，那就不叫习性，习性意味着它是不变的。也就是说，你碰到事情的反应，是可以被估计的，是可以被归纳、推理的，也可以说是延伸，这就是因果律。

比方说你的弟弟，你只要骂他三八，他会骂你王八，这是自动化的惯性。如果你再骂他三八，他一样骂你王八，就像按钮一样，就像看电视选频道一样，你一开机，选频道，是显现无线卫星电视台还是三立台，完完全全都没有误差。这就是凡夫的惯性，所以，他的命运也被习性决定了。

命运决定点在哪里？决定在固定的思考模式，这是命运它要跟你联结的基础，在于你的惯性，也就是你固定的思考模式、你的习性。

所以一个人会成功或失败，痛苦或快乐，幸福或不幸福，都取决于这个人的惯性、习性。只要有习性，这个人的命运就可以算得很准，当他的习性开始在变化的时候，这个命运就开始起变化了，命运开始没有办法这么精确地跟这个人联结在一起。

一个人作恶业或者善业，也都是取决在惯性，一个人他会作恶业或作善业，事实上都是取决在一个人对事情固定性的反应；一个人有固定性的反应，一定有两种事情会发生，也就是他在某些事情会结成所谓的善缘，也会在某些事情或某些与外境互动的人、事、物上面结恶缘。惯性不可能有百利而无一害。

这宇宙之间只要你有惯性，你就不可能是圣人，你不可能是一个很完整的人，因为一定有漏洞。惯性常常让我们与外境互动的时候，产生好、恶的评价、批判，甚至产生行动。与所好的人、事、物互动，就产生了所谓的善缘；与所恶的人、事、物互动，就会结了恶缘。

比方说，你是一个做事很讲究效率的人，这是没问题的。在它没有变成你惯性的时候，"讲究效率"也是弹性，也不需要那么事事都要讲究效率，否则就会活得很紧张，活得压力很大，自己有压力，也造成别人的压力。

可是一个讲究效率的人，高效率已经变成惯性的时候，事实上他自己活得很紧张，因为他事事都要计算自己有没有讲究效率。如果达不到效率他就非常有挫折感，他会谴责自己，而在他身边与他互动的人，如果达不到他要求的效率，就会鄙视他，就会批判他，就会想改变他；而如果改变不了，就会开始苛责他、排斥他、厌恶他。

那你看这个讲究效率的惯性：如果这个人讲究效率达到我要的品质，我就跟他结善缘，我就很喜欢他，甚至对他推心置腹，我看到他就很喜欢；但是看到一个很愚蠢的人，做事情很没有效率，他可能是我的部属，可能是我的先生，可能是我的太太，可能是我的朋友、我的同事，我看到他，我就非常地有压力，我就很排斥他，我会觉得跟他相处是倒了八辈子的霉。事实上，我的心境产生了行为，就跟他结了恶缘。因为我觉得跟他互动是倒了八辈子的霉，而他也感受到这样的压力。我讨厌他，他也讨厌我；我斥责他，他受伤了，也恨我。

菩提之二

拥有不同惯性的人互动，就会结缘或结怨

一个惯性，一个讲究效率的惯性，已经造成自己的伤害，也造成了别人的伤害；但也造成了别人的欢喜，也造成自己的欢喜。当我跟讲究效率的人相处，他很喜欢我，我也很喜欢他，而我也喜欢我自己讲究效率，我如果不能达到我自己讲究效率的标准，我就很讨厌我自己，然而我也讨厌那个不能达到我要求效率标准的人，你看，一个惯性就产生了善缘跟恶缘。

在生活中，我们时时刻刻都在作这种善缘跟恶缘，包括我的小孩、我的先生、我的太太、我的爸爸妈妈，我的兄弟姐妹，或我的同事，抑或是与我有缘互动的朋友。你知道，你的惯性就是因果律运作的基础。"因"是什么？还是你的惯性，这些惯性标准就形成你对自我的期许，以及对你身边跟你有缘互动的人的期许。

假设你是一个很有洁癖的人，我说的洁癖就是一个惯性哦！你回到家，你要先洗手才可以按电灯开关，那万一你家真的很暗的时候，你按了电灯以后你就去洗手，洗了手以后再拿布把你刚才按过电灯开

关的地方擦一擦，这样你才没有压力。你刚才回来是带着你的小孩坐公车，在车上你的小孩手东摸摸西摸摸，你一直在注意他的手。他的惯性跟你不一样，他觉得不需要这样洁癖，所以他一回来就按电视的按钮，他要先看电视。你看到他已经按了，一定有细菌了。你又看见不先洗手就去拿杯子来装水，那个杯子很可怕，有细菌了，他喝水嘴巴会可能碰到杯子有细菌的地方。

然后你就开始苛责他、骂他，而他依然故我。可是人们也说："越怕死的越会死！"你知道吗？通常有这种洁癖惯性的人体质都不会很好，也因为他体质不好，所以更注意保持洁癖，然后变得很神经质。他抵抗力差，他就更怕细菌；他怕细菌，他就更没有免疫力，也就是他的免疫系统越萎缩。他的惯性造成自己的痛苦，也造成别人和他之间的冲突。

所以我们看到如果有人有两个小孩，一个小孩跟他妈妈一样很神经质，有洁癖，那他们就结善缘；而另外一个小孩是大而化之的个性，那这样就结恶缘。我们有没有看到因果律的基础来自这个"因"？"因"就是众生的惯性，这个惯性会让我们与身边互动的人或事物产生冲突。因为每个人的惯性不一样，在你一个人的世界里面，你的惯性是没有意义，是彰显不出来的，但是两个人的世界就有惯性的问题。

一个人的世界你要跟谁互动？你要怎么样都没问题，你可以跟螃蟹一样横行霸道，你想怎么走都没有问题；可是两个人以上的世界，两个人的思考模式、习性、对事情的看法都不一样，结果呢？这个世界的冲突就来了，就产生了恶缘，若共鸣就产生善缘，在这冲突当中受伤害的一方就成为冤亲债主；伤害别人的人，他现在是有权柄，有因缘可以伤害人家。但是宇宙之间是以平衡为架构地运作，才会形成宇宙万般现象的存在。这就是老师说的一个球你怎么丢，它都会弹回来：你丢好球，回来的是好球；你丢坏球，回来的是坏球；你从四十五度把球丢到墙壁，也是从那另外的四十五度反弹回来，你怎么丢它，就反应怎么样的现象。

有些人不讲人家是非，但是处处被人家陷害，无论他到哪个地方，哪个地方就有人讲他的是非。他非常痛苦，快崩溃了。甚至有人受不了而得忧郁症了；更有甚者，就出家去了，把头发理光了，还点三个戒疤。可是当他出家以后，还是有那么多的是非，还是有师兄或者方丈住持，或者跟他有缘接触的道友讲他的是非，然后他真的无路可逃，他真的会崩溃。

如果我们要把这一些我们所遭遇的现象，归诸于老天爷对我们的考验或磨炼，那实在是一件很有意义的事情。但是老天爷对我们的考验或磨炼，难道我忍耐，它就会消除吗？没有啊！我不讲人家是非，我守戒律那么的严谨，可是呢？人家还是不断地讲我的是非，我快崩溃了，然后，我自我解嘲、自我安慰，我自己告诉自己要修忍辱波罗蜜，可是为什么是非还是那么多？那我好好念南无阿弥陀佛好了，我求往生西方极乐世界好了，那世界应该会没有是非吧！你怎么知道，你在那个地方，你就不会有是非？

如果你现在有是非，你跑到什么地方都会有是非，你跑到天堂还是会有是非，你跑到地狱还是会有是非。你要从这个现象里面去看到你自己罩门盲点在哪里。看到这个根源的时候，你真正能警觉那个跟因果联结的根，那造成你痛苦的根就能融解掉。当这个根融解掉的时候，那个过去生你所作的恶因缘，就没有跟你联结的平台。

我可以跟诸位师兄师姐分享：如果你这个人很有修养，你不讲人家是非。因为你觉得你是一个很谨言慎行的君子，所以你绝对不讲人家是非。但是这一生你会碰到那么多人在讲你是非，几乎严重到让你无路可逃的地步。我可以告诉你，你绝对过去生曾经讲过他人的是非，而且是这些讲你是非人的是非，然后你下到地狱去受炼狱的刑罚，被拔了舌头，你知道吗？你痛死了，下定决心，不敢再讲人家是非了，所以你这一生来这个世界就不讲人家是非了。但是你嘴巴不讲是非，你心里还是有很多看他人不顺眼的内心声音，不断地在内心里面嘀咕、唠叨、抱怨！我可以告诉你，有了这样心境就会你为过去生结的恶业开了一扇门，让它可以长驱直入来修理你，让这些冤亲债主来找你的麻烦。

菩提之三

福祸大门都由自己开启，
灭除内心邪曲才能趋福避祸

你知道，你是怎么开了这扇门吗？你曾经进入拔舌的地狱，舌头被拔起来实在太痛苦了，所以你下定决心，存到自我意识里面，以后永远不敢再讲人家是非了。你不敢再讲他人是非并不代表你很有修养，不代表你有修行，只是因为你吃了赏善罚恶那个罚恶的果，吓死你了。现在的你已经忘了这个原因，它已经被积压在深层的潜意识里面。但是你现意识忘了，现在你为什么不讲人家是非？不是不想讲，是不敢讲了。那你就以为你是个君子吗？你很有修养吗？

你可以看看，你内心里面一定有很多的评价，很多的是非，看什么都不对："这些人真是小人""这些人哦！都不守规矩""这些人都很愚蠢""这些人都很自私"。

这些就是你内心有的是非，你只是嘴巴不敢讲罢了，但是你内心还在讲，这就是因果的因。也就是说，你开启了你过去生的冤亲债主来讨报而跟你联结的平台，你自己把这扇门打开，让它能有因缘跟你攀上了。你要知道，因果报应是历历不爽呀！

我现在告诉你的这个因果镜，是让你知道因果报应虽历历不爽，但是你还是有办法超越因果律束缚。只要你把连接器切断掉，它就没办法跟你攀缘了。那连接器要怎么切断？就是把你那个是非的心去除，去警觉它，它就会渐渐融解掉，不要一直放纵你的批判、评价、对错、好恶的心。

伪君子就是外表像君子，内心却是一大堆的看不顺眼。这不代表你善不善良，而是你内心有太多的看不顺眼，你那个看不顺眼，就是招惹你过去所作的恶因缘，来跟你联机的平台。我们不只要了解因果镜，还要了解怎样去超越这个因果的世界，让我们真正离苦得乐，让我们所在的地方都碰到善人而让恶人远离，或者恶人看到我也不会产生恶的行为。

如果恶人看到我会产生恶的行为，那事实上，是我内心还有一些吸引他来刺激我、来伤害我、来对付我的一些种子。

所以在这个因果镜的主题里面，我要跟你们分享的是更深层的"众善奉行，诸恶莫做"。它不只体现在你的行为里面，还要体现在更深层的"起心动念"。你内心邪曲的心，你要完全地警觉，而不再跟它认同，这是真正的善，也就是真正的众善奉行。而邪曲的心就是恶，觉知它而放下它，从你的意念，到你的口，到你的行为，全然的"众善奉行，诸恶莫做"。

虽然我嘴巴没有讲，可是我内心看到那个人，就觉得蛮鄙视的：那个人那么爱漂亮干什么呀！好虚荣呀！那个人那么爱表现干什么呀！那个人好骄傲哦！那个人好虚伪哦！那个人好自私哦！那个人好臭美哦，马不知脸长！你要知道，这些难以一一列举的念头、这些起心动念都是恶,也就是邪曲的心。

爱之欲其生,恶之就欲其死。当这个人完全听我的话,按照我给他的建议去生活,比方说,那件衣服好丑,然后我跟他讲,他马上换掉,而换上我喜欢他穿的衣服,那我就会对他很好。因为他完全臣服于我,我就很喜欢他而对他好。然后我会说,我对他很有心量,我对他很大方。殊不知,你对他很大方,你对他很善意,是因为他听你的。所以,你根本不是真正的慈悲,不是真正的大方,也不是真正的善良,是因为他附和你,他满足你的自我。

有一天他突然不听你的话,你跟别人说,不要跟那个人交往,因为你很讨厌那个人,当你跟别人说那个人不是善类,不要跟他做朋友。结果别人还是对他非常客气,还很亲密地一起去喝下午茶,从而惹恼你。你开始讨厌这个人,你觉得他恩将仇报,你觉得他不是善类。因为他刺伤了你的自我,你很讨厌他,你痛恨他,你会用各种方式来修理他,甚至跟他保持距离,愈来愈远离他,对他很冷淡,甚至在背后讲他很多的是非。你要知道这就是我们众生邪曲的心运作的方式,而这样都是在作恶业。

你不一定实际做了任何伤害人的行为,但你内心起了这样念头的时候,你已经把你过去生的冤亲债主可以向你来讨报的大门敞开了。而你这一生如果产生同样惯性的行为,你又跟现在你对他好到后来你对他很不好的这些人结了恶缘,你知道这就是因果运作的方式。你如果没有看得很清楚或你没有看到,那你就错过了老师此刻真正跟你分享的,你会永远永远地沉沦在由好恶而产生的生死轮回中。

还有你不用到死才生死轮回到地狱里去受刑罚,你现在就活在地狱里了,只是你在地狱太习惯了,所以已经活在苦的运作生活里,而你自己竟然不警觉。你活在很深的苦海里,这些情绪——好恶的情绪，它造成你身心的不平衡，造成你身心的病变，造成你得癌症，得心脏病、高血压，或得业力来找你麻烦的病变，还有恶因缘来跟你连接的方便大门。

所以祸福的大门都是你自己开启的，你可以掌控自己的命运，你也可以被命运掌控。要掌控自己的命运，就不要跟自己邪曲的心、不善的心认同，要时时刻刻保持战战兢兢的警觉，而且放下它，否则你的命运绝对被算得很准，除非那是一个江湖术士，没有太多真材实料的算命师。

菩提之四

造恶就是在消减自己的好运

　　我能用心眼看透你未来的发展，看透你的习性，是因为你的这些运作的程序取决于你内心的惯性。那惯性是什么呢？也就是所谓的好恶的思考模式，一一都藏在你的意识深处，所以你的起心动念我会看得很清楚，我已经看到你过去的命运，我也可以看到你未来的命运，因为你有惯性。如果你能忏悔你的惯性，下决心不再跟你的惯性认同，把自己好恶的情结一一揪出来看，很深度地忏悔反省，把自己不够慈悲的地方、体谅心不足的地方、计较的心、算计的心、好斗的心、心量不足的地方、自我很强的地方，一一地反省，忏悔而不再与它们认同，并化成实践的行动，从你的身、口、意，也就是从你最深层的意念开始到你的口及行为，你的命运就会开始算不准。

　　你不需要做多少好事，它才会算不准，只要你开始做，它就开始立竿见影，开始不准。否则你是苦命的人，永远苦命；你是好命的人，你运好的时候，你很幸福。当你好运耗尽的时候，你的苦命也要来了。命中你该有的好运它会来，但是你的惯性最喜欢巧取豪夺，踩在人家肩膀上去拿到这些好运，表面上看起来是拿到这些好运，实际上你在折自己的福。事实上本来就该是你的东西，你纵使不违背良心去赢取，你只是积极地去努力往你要走的方向，你自然会得到；但是你巧取豪夺，伤害人，或把自己的快乐、自己的幸福建立在他人的损失或痛苦上，你会亏了你自己的福。你本来有一百分的好命，你只能留个往下递减的好命，你作的恶业越多，好命就越少，你本来可以得到一百分的好命，就只剩下九十分、八十分、七十分、六十分、五十分、四十分、三十分。

而为了得到好命又造了恶命，众生可不可怜？很可怜！也很愚蠢！如果你很会精打细算，事实上，这真的是很没有效率的投资报酬率，所以就不用再算计了。你要算计的是你自己的习性到底有多少，而不要算计怎么样去得到我想要的，我怎么样去伤害别人，踏在别人的肩膀上，搬弄别人的是非，让别人痛苦，来让我自己不会那么的苦；甚至挖人的疮疤，或者说人八卦，探听别人的隐私，然后再讲给别人听，自己就觉得很快乐，把我们茶余饭后的话题建立在别人的痛苦之上。以别人的痛苦为乐，事实上，你都在亏自己的福，你都在作自己的恶业，所作所为都会回报到自己的身上。

所以，这是一个最没有效率的投资。

算计他人事实上是没有一丝好处的，算计自己的习性，你才能得到真正的好处。所以我们要全然地、诚心地算计自己到底有多少不善的、邪曲的习性，全然地以生命忏悔而不再与之认同。不断地忏悔、警觉，你的习性就会一次一次地减少，这是蜕变而得到幸福、内心宁静的不二法门。

我们可以把我们的惯性在生活里面所产生的现象来做一个列举，

而从这些现象来对照我们的惯性所产生的心境、作用，我们能对照到就能产生很深度的观照，也就是警觉。

警觉你的惯性在运作而忏悔，甚至你真的要静下心来与自己做深度的对话。因为是邪曲不善的心造成你生命的地狱，是它造成你六道轮回的根源，是它造成你的躁郁症、忧郁症、挫折感，是它让你造业，作奸犯科、众善远离，而产生了这么多邪曲的心。

首先就是苦、乐。惯性喜欢乐，排斥苦，而每一个人都在追求快乐，而排斥苦。

因为追求快乐排斥苦，而产生了更大的痛苦，所以苦就对你产生很深度的作用力。因为你排斥苦，你就把它贴上标签——那是苦，而抗拒它、逃避它。殊不知是因为你抗拒它，你排斥它，你逃避它，而产生了苦的感受。

所以我们要对照我们内心有多少排斥，那都是苦的客体。这客体可能是一种处境，可能是跟某些人、事、物互动。比方说，你在上班，你想到一大堆的工作、永远做不完的工作、永远有忙不完的突发事件，所以你非常地排斥这个客体，所以就产生了周一症候群。

你希望退休的日子快点来到，你甚至希望能因为公司的人事合理化而被资遣，而不是自己离职。自己离职又没有钱可以拿，但是被资遣还可以拿一笔资遣费，虽然你不知道什么时候可以被资遣，但是你期待快点被资遣。

因为你排斥这个工作的内容，所以你就活在苦海里面，期待被资遣就变成你的快乐，你在求乐，排斥苦，你非常地苦，是因为你把工作贴上标签。你会觉得这个工作内容非常地苦，因为它很忙，它很烦，而你的惯性是你讨厌忙，你讨厌烦，你讨厌你在做事情的时候时常被插队，新的事情插进来，你不喜欢这样的状况。你不喜欢就是你的惯性。

第四章 每个人的惯性中深藏着自他不幸的种子？ **81**

所以，你度日如年，产生了周一症候群：也就是到礼拜天的时候，情绪就会变得很低潮，因为想到礼拜一就要来了；从礼拜一就开始期待礼拜六快点来，礼拜六的时候又开始害怕礼拜一又要来了。

你看看，礼拜一你就活在苦海里面，你抗拒礼拜一到礼拜五的日子，然后你在期待礼拜六跟礼拜天的日子，但是在期待日子来临时的里面你又害怕礼拜一又要来了，那你就生活在苦海里面。

因为苦跟乐区隔出来了，你在求快乐，你排斥苦。但你要知道，这就是让因果可以启动，也就是打开你过去生所造下的恶因果可以跟你联结的大门。

菩提之五

不要和内心的惯性认同，
以一己之好恶评判他人和生活

> 你自己在开启那个大门，而你愈怕的事情，它就愈会发生。可是当你能认清你的惯性的时候，你就会下决心蜕变，把自己的惯性揪出来看。

第一个惯性，原来你很怕在工作的时候，工作流程被突发状况所插队打扰；第二个惯性，你怕烦；第三个惯性，你很好逸恶劳。所以当你好逸恶劳的时候，工作一多，你就开始痛苦。你一直在求安逸，这就是你的惯性，所以你就活在地狱里面了，你不用死了才下地狱。因为你求乐，然后排斥苦，你就活在地狱里面了。

这就是我们的惯性。这些惯性会把你过去所作的恶业、恶因缘全部引出来，来跟你会合，你过去就是很喜欢推诿责任，把责任推给别人，让别人很累、很烦，人家怨恨你，但是人家不知道你推责任或是虽然知道可是无力抗拒，但是老天爷，也就是存在，也就是因果律，它回报你是历历不爽的。

所以，我们可以从什么地方着手，蜕变我们内心的痛楚世界？接纳我们排斥的一切苦，建立这样的态度，面对我们排斥的客体，去享受我们排斥的苦，直到不需要这些东西。

不需要用这个接纳或者享受这样的方便法来调适心境，因为这样是有为法，就是来对治你的惯性。当你惯性消失了，哪里还需要这些方法呢？

有为法就是方法，无为法就叫空性，就是本性了，是因为你有惯性，才需要一些方便的方法，也就是正法，可以帮助让你的惯性融解掉。这也就是老师一直不断地在现在、未来都在分享的一切方便法，这也就是所谓的有为法，是用力，用一些概念、一些作为来摧毁自己的惯性。当你的惯性融解掉了以后，也不需要这些法了。

这法是个药，惯性就是你的病，你的讨厌、你的喜欢，就是你的病。你的讨厌就是地狱，你的喜欢就是天堂。

当你的讨厌跟你的喜欢都融解掉了以后，那个地方就是净土，就是佛土，就是你的空性，就是你的本来面目。

你会不会被苦跟乐的感觉干扰到你的内心宁静，你会不会被贫或富的感觉干扰到你内心的宁静？

当你得到财富，你会非常地有力量，你要开宝马，从五字头开到七字头（525i、730i 等车型）。当你累积很多钱的时候，你存折累积愈来愈多存款的时候，车子愈开愈大、愈名贵的时候，你是不是觉得很荣耀，很有安全感？而当你的五字头的宝马换成国产车的时候，你就开始越来越没有安全感了，你甚至羞于见人了。

贫跟富是不是能干扰到你内心的宁静？还有别人对你的赞美、赞誉，是不是会干扰到你内心的宁静？如果别人对你的赞美或赞誉会让你得到很大快乐的时候，那别人对你的否定跟批判，甚至毁谤都会造成你的痛苦。

那这些毁誉会不会造成你内心宁静受到干扰？你富贵的时候，是不是让你感觉到非常有力量？可是当你落魄的时候，你是不是感觉到生命很低潮？你的贵跟贱是不是会造成你内心的宁静受到干扰？

你所求的欲望，或者你的理想，你的愿望，除了慈悲的愿望以外，当你的愿望会得到满足的时候，你是不是觉得你的生命非常有力量，非常地痛快？

而当你的愿望得不到满足，或得到又失去的时候，你生命是不是很低潮、很痛苦？

老师再复诵一次，苦、乐、贫、富、毁、誉、贵、贱、得、失，这十种外在的风，它是暴风或是很祥和的风，是痛苦的风或是喜乐的风，它是不是能让你内心的宁静不受到干扰？如果会受到干扰，你就要对照出来，那就是你的惯性在运作了，你要对照它而警觉它，因为那里面就是你的灵魂，你会上天堂，你也会下地狱。而当你内心的天堂消失的时候，你的地狱也融解了，然后那里面就是你内心真正的极乐世界，你不需要求生极乐世界，不管你处于任何境遇，你都在极乐世界里面。

苦、乐、贫、富、毁、誉、贵、贱、得、失，它是你生命的炼狱，你没有经历这十种炼狱，你也没办法蜕变。凡人是在这十种炼狱里面沉沦；但一个有福德的人，他会在这十种炼狱里面而得到蜕变。这十种风已经撼动不了我们内心深度的宁静，这就是本来面目。当它撼动不了你内心的宁静的时候，过去你自我所作恶的因果、恶业也跟你绝缘了，而你就有能力真正地分享，分享你的慈悲，分享你的爱，分享你的体谅，时时刻刻跟有缘与你互动的一切人、事、物分享。

所以这十种风不管是暴风或者是喜悦的风，都很美。因为如果你没有在这种暴风里面、这种和风里面，你是没有蜕变的空间的。你不需要排斥，但是你要警觉，渐渐地这十种风干扰不了你内心的宁静，但是你必须要透过这十种风来蜕变。

事实上透过这十种风我们可以检视自我邪曲的心。我们在与孩子的互动时，孩子成绩很好，我们就非常地兴奋、喜悦，还会现给别人看："哦！我的孩子，我看他都没有读书耶！好爱玩哦！回到家就看电视，假日电视从早上八点看到晚上八点，结果每学期都还拿奖状、奖学金耶！我觉得他真好狗运，根本都是混出来的，我觉得他是跟我一样很聪明才会这个样。"你看看，这里面是在炫耀什么？我们需要得到人家的肯定，我们要很警觉自我的邪曲。

爱现的人们，现自己或现身边属于我的人、事、物，都是因为我们这个毁誉的风在吹动，在吹动着我们邪曲的心。我们看到有钱的人，我们会瞧不起，因为吃不到葡萄说葡萄酸；也有人是看到有钱的人非常瞧得起，看到贫贱的人非常瞧不起。你知道吗？那是因为他得到了财富、社会地位，壮大了他的自我邪曲不善的心，所以他瞧不起那个贫贱的人，这些都是我们自己要对照的邪曲心。

你内心有那么多的惯性在运作，这些惯性就是生死轮回的根，这些惯性就是作恶业的动力，所以，我们的思绪是那么的微细，是那么的邪曲，这些我们都要一一揪出来看，然后对照它警觉它，不再与它认同。

警觉它一次，我们惯性就减少一分；警觉它十次，就减少十分。不断在警觉当中，我们的惯性就渐渐地融解。用警觉这个方便法来融解邪曲的自我，因为有病才要用这个药，等你的病好了，这个药也不需要了，因为你已经空无了。那时你时时刻刻都能随心所欲而不逾矩，这是孔子七十岁以后达到的境界。如如不动，不为外境所动，这是圣人的境界。可是要达到圣人的境界要建立基础，要有一些方法，也就是老师所说的作为——方便法，要努力去揪出来看惯性的藏身地，要对照、要观照，不再与这些惯性认同。

第五章
苦与乐的距离只在一念之间

问：为什么有了梦想，就要赶快去追求？

答：追求欲望的梦想，会使你体悟到原来"得到"不过尔尔；探寻生命答案的梦想，会使你懂得观照内心深处的空间。

· 讲座纲要 ·

　　知道因果，相信因果，接受因果律而接受一切境遇，不论处于任何吉、凶、祸、福的境遇当中，甘心接受因缘造化的安排。处于逆境当中，而无怨尤与低潮，处于顺境当中，而无一切兴奋骄慢的自我，而自能静心，诸恶莫做，众善奉行，进入融解自我的空无中，以期能超越因果律的束缚，而得究竟的宁静自在。

顿悟之一

人算不如天算，斤斤计较寸寸算计反而会事倍功半

　　有一个太太坐上公车，她非常地神经质、非常地紧张、焦虑与不安，所以她就对公车司机说："司机先生，每一站到的时候请你通知我，我好怕错过那个站，你一定要通知我哦！拜托！拜托！"然后每一站在停车的时候，这个太太就跑来问司机说："这是哪一站？"几乎每一站都是这样问，这个公车司机真的是不堪其扰，就跟这位太太说："你不要每一站都来问嘛！每一站到的时候，我会提醒你是什么站名。"那个公车司机每当靠站的时候，他就大声说出站名。可是这个太太还是很紧张，还是跑来问："那下一站是什么站名？"

　　这位公车司机真的是不堪其扰，他问这个太太说："你到底要到哪一站，到了的时候我会通知你，请你不要那么紧张好不好，你回座位去坐吧！"然后这个太太就说："我是在终点站下车啊！你终点站到一定要通知我哦！拜托！拜托！一定要通知我，终点站我一定要下车。"事实上这位太太她不需要那么焦虑，因为到终点站她一定要下车，

她没得选择。而她觉得她有选择的可能性，所以她非常地害怕，非常地不安。

这个故事让我们体会到因果镜原理里面有一个根源性的东西，那就是生命该发生的事情就会发生，无论你怎么样地计算，怎么样地计较而产生了算计的手段，它还是一样会发生。凶的它会发生；吉祥的，如果它属于你的，它也会发生。如果你的自我渐渐融解了，那整个情况就不一样了：吉祥的会发生，而凶的看起来是凶，到结论时却不是凶，反而是吉。

也就是说看起来是祸却能转祸为福。如果你能真正地往我们内心的自我去开刀，这些邪曲的心境、不善的心境，当它产生的时候，你能警觉而不再与之认同，在这个情况之下你的善心、你的慈悲、你的真情真意、你的空性就会显露，你的命运完全交给宇宙的本然、交给存在、交给因缘来安排。在这样的心境之下，你的自我会渐渐融解，你的命运会渐渐改变，厄运会渐渐地消失，福气、幸运会渐渐地出现。

甚至你看到的表面是祸，或可怕的事发生会伤害我们，或者让我们损失的事情迎面而来时，而我们全然地、恭敬地、享受地去接纳它，去面对它，那你会发现到，看起来像一个迎面而来的拳头，然后你不回避，你去面对它、你接纳它、你观照它，它竟然在来到你眼前的时候，突然变成好柔软的和风，而让你生命又蜕变成长了，然后事情竟超乎你想象的那么的顺遂。

就好像一个真正的往内心空性，往回乡的路走的人，有一天他刚好要去中正机场赶一班飞机，结果他被一个无理取闹的客户耽搁了行程，他应该在三个小时以前就出发赶往中正机场，而想不到却在一个小时以前他才结束了这个事情。但是他全然地去接纳，全然地去面对，全然地积极地去做他该做的事情，他以飞快的速度，用三十分钟的时间从林口赶到中正机场，结果他并没有坐上那班飞机。但是他把一切都归诸因缘，他不生懊恼，他只是做了他该做的事情，至于赶不上这一班飞机也没有什么好遗憾的，因为他已经尽力了。他也不怨那个客户的无理取闹延缓了他启程的时间，他只是觉得这班飞机没有搭上，或许只是因缘。

没有想到这班飞机就在澎湖的上空解体了，而他竟然很有福气地搭上下一班飞机的后补的座位，而他搭上这班飞机是要跟一个客户谈生意。而那个客户也因为他延缓了到达的时间，而得到一个很清净的心灵空间，很清醒地下一个判断。而当他去见这个客户的时候，跟这个客户谈整个事业的合作计划，竟然很顺遂地签成了合约，如果他早一刻到，不一定会签成。

宇宙之间的一切都在因果镜里面、因果律里面，你怎么逃都逃不过，你不需要紧张，你紧张也不能解决事情，一切运作都在因缘里面。

但是因缘有两种，一个是因果的因缘，一个是你已经找到回乡的路，把一切都跟存在联结了，让存在、让因缘来引导你，你已经渐渐进入了空性的状态。这样的因缘是很奇妙的，是逢凶化吉的，是让你生命成长，让你生命蜕变的。让因缘当你的主人，你已不再掌控了，你放开来让因缘自己流动运作，你的生命就会得到究竟的宁静跟自在。

凡人自以为是，以自己的算计、邪曲的心产生手段，并作非常精密的评估，而期待能掌控一切事情的进展，打着让他自己有利而无一弊的如意算盘，事实上它是很无力的。命中该属于你的好事它自然会发生；命中不该属于你的好事，不论你多会算计、盘算、努力，它也不会发生；而属于你的祸事它也会发生，纵使你怎么逃避亦无济于事。古人早就体会到这个道理，以一句金玉良言来安慰那一颗精于算计而不安、惶惶恐恐贪婪的心。用怎么样的金玉良言呢？就是"人算不如天算"。

　　所以宇宙之间最幸运的人、最有福气的人、最有智能的人，是跟空性很容易联结的人，或者已成为空性的人。他们都是有心量的人，心量是生命最佳的幸运符、护身符、趋吉避凶符。

　　凡人时时刻刻、日日夜夜、岁岁年年、生生世世都精于计算，而产生了算计、不甘心、不愿吃亏、不愿损失，只要得不要失，到头来只得到生生世世的生死轮回，生生世世的冤冤相报，生生世世的遗憾，生生世世的不甘心，生生世世的冤亲债主间互相碰头。这就是凡人生命的现象。

　　一个大海啸、一个水灾、一个飓风、一个台风、一个飞弹、一场战争，就可以夺走你所拥有的一切。或者你付出一切的代价，想要得到的一切，却事与愿违，你扼腕唏嘘叹息生命真的很苦。因为一切都在变化中，你的生命、你的财产、你的爱情、你的亲情、你所有的成就、你所得到的一切，或者你报仇的快感，也都是变化的。凡人为生命的出生而喜悦，或为获得而快乐——获得孩子，获得事业的成就，获得整形所产生的美貌……可是我们有没有注意到出生或者产生，也就是所谓的"获得"的另外一面是什么？是死亡，失去，或者毁灭。

顿悟之二

相信因果，对自己的一切行为负起责任

> 死亡、失去或毁灭是那么的苦，但是它为什么那么苦？那是因为你在获得的时候，是那么的快乐，而那个快乐，事实上是痛苦的开始。而凡人在追求那个"出生""产生"或"获得"的快乐时，他却厌倦或者拒绝失去、死亡或毁灭的痛苦，但是它却一定会发生。

如果我们能做比较深刻的剖析或透彻的观照，当你获得或拥有的时候，它的真相是苦，而不是真正的快乐。因为当你在追求出生、产生，拥有跟获得的时候，你已经注定要面对死亡、消失、毁灭的痛苦。这个就是生命的变化、不确定性，也就是所谓的没有永远的存在的本质。

而凡人都在追求这么虚妄的假快乐，甘之如饴。但是，好像在吃毒品、速赐康或迷幻药，把一点意义都没有的东西认为很有意义而执迷不悟，产生了的不甘心、遗憾。求不得，好苦求得，一样苦求得，求不得，没有任何差别，它的本质就是苦。

生命的本然状态就是变化，那是生命的原貌，是生命的本质。如

果你能看透，而自然在因缘的来去中，纵使你获得什么，也没有什么好高兴；纵使你失去什么，也没有什么好遗憾或不甘心。因为生命的本质就是变化，就是生、灭。

有所得的片刻来临的时候，有所失的片刻也必定会来临。当我们能顺着生命原来的样貌，让它自己去流动，让一切事物、一切宇宙的万象自己去生长，自己去消失，让你的色身、你的肉体、你的情绪、你的思绪去流动，你接受了生命原来的样貌，你就能渐渐地净化了，你的自我就渐渐地融解了。

然后你就真的可以品尝到你生命的那种宁静的甘甜的滋味，也就是能真的一无所求了。得到你也不会特别地喜悦，而消失你也不会特别地不甘心或遗憾。因为它是生命原来的样子，你接纳了，你跟因缘合一了，你就已经进入了空无的本质里面了，你就已经回家了，你也自在了，你已经能体会到生命本质的自由自在了。

但是，那是一个归乡的路，你会说："老师这种境界好高远哦！好美，好深沉，太奥妙了。我也希望我能找到回乡的路，但是我的烦恼很多，我的习气、我的惯性还是很强地束缚着我，把我束缚得好紧、好紧。我会把老师你分享的这种本性的道理来对照而产生观照，但是那个过程也还是好辛苦。有没有比较方便的法门，可以让我在这个回乡的路的过程中多一支拐杖，让我走得比较放松一些，能有一个方便法？"

有！那就是以下老师要分享的方便法：你如何来减少或平息你那一颗善于计较、计算的心，去除邪曲、不善的那些自我的概念。下定决心不再与自我结盟，要跟自我划清界限，跟邪曲、不善的心划清界限，让你的心量能不要那么小，不要那么小鼻子、小眼睛。心量小会造成你生命的痛楚、焦虑不安，那些心情忧郁、躁郁精神官能症的疾病，造成你的身心的病变。

有这样的方便法门，但是不知道你有没有这样的福德、福分摄受。如果有的话，你听老师讲这个法门，你会深信不疑。所谓的深信不疑是一丝都不怀疑，碰到任何的境遇都不怀疑，那个不怀疑是没办法松动的，是体会生命的运作原来就是这样，完全都不会有空隙去产生怀疑，也就是绝对的相信。所谓绝对相信是现在相信，下一刻还是相信，面临死亡还是相信，到来生还是相信，而不是听老师讲得很有道理而现在相信，可是在有一天听某个人又讲另外一个道理，却又不是那么相信了。你要知道绝对相信代表你的福德很大。

到底是什么法门？那就是相信因果，接受因果，而没有一丝一毫的抱怨——怨天、怨地、怨人。

你这一生得到的一切，或你失去的一切——你具有聪明才智，或者你很愚蠢；你长得很端庄、很秀丽，或者长得不出众；你常常碰到有人来疼惜你，有人来帮助你，或者你常常碰到被人陷害，甚至连喝水都会噎到——这都是你今生或过去生所作所为的结果，回到自己身上的果。

你所受的苦，是别人加诸你的，那你一定要从内心深处去体谅：你现在所受的苦，是因为那个加害你的人他过去生也受到你加诸于他身上的那种苦。你要那样深沉地反省、忏悔，而能接纳一切因果律的运作，你的心就能渐渐地平静。

更要忏悔自己过去生因为邪曲、不善的心而造成他人或其他物类受苦，而那个恶因缘会回到你的身上，你也要来做深度的观照。也就是说你内心有邪曲、不善的情绪运作，因此才有平台让那个恶因缘跟你联结上。你要这样深层地观照忏悔，你才有机会脱离因果轮回，让自我消融。

如果你不从这个地方去下工夫，而一味地带着怀恨、不甘心、遗憾，想着失去的我一定要得回来，或者说处心积虑地算计，想着绝对不能失去，那就像老师在开头所讲的那个故事中的那个太太一样，每一站都要问司机是哪里，是什么站，事实上没有用的。不管你怎么算计，终点站到了，你自然要下车，可能是福也可能是祸，你没的选择，事实上人生根本没有选择的权柄。

　　你的智慧、你的判断会精确而成功，是因为你过去生所种的福分让你得到这个甜美的果实。然而你却以为你很行，而产生了贡高我慢的自大爱现，然后现出那一副志得意满、鄙视凡人、鄙视贫贱的人，目空一切的邪曲、不善的，自我的心态与样子。

　　事实上，那是最愚蠢却自以为很聪明的凡夫俗子。当你的恶因缘要出现的时候，你最有信心、最有把握、最有智慧的判断都会失去了准头，你怎么判断怎么输，你怎么判断怎么失败，那是因为已经失运了；你当运的时候，你怎么判断怎么赢。所以机巧、聪明、算计的手段、邪曲心的思路是不可依靠的，完全摆脱不了因果律的束缚。

顿悟之三

真正的幸福并不是没有苦，
而是看透了人生苦乐参半的本质

"自我"是很无力的，"自我"是无法超越因果律的，
自我就是因果律联结的种子，只有究竟的心量是可依靠的。

究竟的心量是无限的体谅，无限的慈悲，无限的智慧，也就是生命本来的面貌，也就是那个空性，也就是那个法性，它具足一切的智慧，它具足一切的神通，它具足一切的好福气，它具足一切趋吉避凶的根源。它让你与六道失去了联结，它让你可以在六道中自由自在遨游，想来就来，想去就去。

在监狱的犯人是没有自由的，因为他们是囚犯，就像六道轮回的众生。最愚蠢的是，这六道轮回的众生竟然不知道他们根本没有自由，却千方百计、自以为是地算计，想要趋吉避凶，想要事事如意。哪有可能？

犯人是没有自由的，怎么可能想要什么就有什么？他完全要受典狱长来摆布，完全要让监狱里面的警察来管理：该睡觉的时候就要睡觉，该做工的时候要做工，该受苦行的时候就要受苦行，该要罚劳

动的时候就要去罚劳动,该要放风的时候,就要被放风。犯戒了就要得到惩罚,被关禁闭,或者受更严重的刑罚。然而愚蠢的凡夫俗子都不知道人算不如天算的三界之内的因果律,人算就是这个犯人,天算就是这些典狱长,还有这些监狱的警察的管制。

到监狱里面去教化那些犯人的教诲师,他虽然身处监狱里面,但是来去自如,一点都没有被束缚的感觉,他想来就来,想去就去。你看他多自由!佛菩萨就是那个教诲师,他想来监狱就来,想去就去,一点都不受束缚,纵使身处在监狱当中,他的内心是非常的自由自在的。可是监狱的犯人是一丝的自由都没有的。

老师讲这个因果镜的原理,就是跟这个世界的众生来分享。六道是一个大监狱,这个监狱的因果律、规则就是这样运作,按照因果镜的原则在运作。当你知道了因果镜的原理,知道你被关在监狱里面,你一点都不自由,而能产生了想要出离这个监狱的决心,那你的福德很大。我先告诉你这个监狱的运作规则,然后我再要告诉你的是,怎样去出离这个监狱。

要出离这个监狱的不二法门就是你内心的一切邪曲、不善的这些自我的心,你完全不再跟它认同了,渐渐地这些邪曲跟不善的心消融了。当这些邪曲、不善的心消融了,你的自我就消失了,那你就出离三界了,出离这个监狱了,你就是佛菩萨了,你就能自由自在了,你就能处处逢凶化吉,你就能来去任何一个世界,去分享你怎么走出来的过程。

当你知道你很苦,而你不想再这么苦的时候,你才能听进老师在分享这些宇宙最深沉、最奥妙、最自在而能解脱的方便法;而如果你不觉得你现在很苦,那代表你受的苦还不够,你可以再继续追求你的快乐,你可以再继续追求你想拥有的,你可以再继续去出生,或者追求一切你想要的,然而那另外一面就是失去、死亡、毁灭。

当你渐渐地看透了生命现象的这些真相的时候,你就能随顺因缘,随顺自然,让因缘自己去流动。

你的身体会渐渐变老,你的美貌会渐渐变丑。你的孩子,你把他接引到这个世界来的时候,他小时候会跟你在一起,渐渐长大他会离开你,也就是生离,因为他有他的世界要去追求,他有他生命的旅程要去实现,他不可能永远在你旁边的;等到有一天,你会跟他死别。这就是因缘,当你能看透这是生命原来的样子时,你就去享受它的样子,它平淡无奇,让因缘自己去流动。

某个事情激你生气了,生气也会自动消失,你情绪的不安,你不需去做任何的预防,或者想要摆平它,你让它自己去流动,它会消失;你的快乐会消失,你的痛苦也会消失;你情绪的不安,你让它自己去流动,它也会消失。但是最大的麻烦是你误认它是你,你跟它是一体的,完全没有距离、没有空隙。你的情绪不安时你就完全变成不安,你不痛快,你就变成那个不痛快时跟它完全没有距离,那你就变成你情绪的奴隶,自我的奴隶、一丝自主权都没有。

你的身体、你的情绪、你一切拥有的、一切产生的都会消失,你可以享受那个过程,而不要去抗拒那个过程,因为这就是生命原来的样貌。

孔子曾说:"君子之交淡如水,小人之交甜如蜜。"为什么人与人之间的互动要那么的激情,要那么的热络,在瞬间爆发,而在另外的时候就翻脸成仇,或者冰冷到谷底。易热就易冷,很宁静、很平静,留余地之感情是生命的美感,亲情、爱情、友情都是这样的。

你要把你这一颗心常常拿出来对照、观照,跟老师分享的这个空性的道理去对照。对照就可以看到我们一直认为很有意义的事情,事实上是一丝都没有意义,我们追求的生命的发光、发热,或者一切的成就，事实上一点都没有意义，生命唯一有意义的就是看透这些世事的真相。

然后你就能全然地漂浮，换句话说，你在生命的河流里面漂浮，河流把你带到那个地方，你都在尽兴地品尝享受，享受那个片刻，那个地方。一切都会变动，世界没有永恒，这就是生命现象的真实面貌。

当你看透了，然后跟你生命的经验拿来对照，产生观照，你会发现所有的执着都很愚蠢，你所有认为很有意义的事情，事实上没有一丝意义。你就能渐渐地体会，自己的那些执着是没有意义的，你不需要放下，因为它会自然融解掉。

为什么要用力放下？因为你放不下，对于你执着的东西，你以放下的概念来自我催眠、自我欺骗，这样更会加深了你的执着。事实上重点不是那个放下，是你的执着，是因为你没有看透，所以你选择自我欺骗啊！这世界就是这么痛苦，然后我要怎么办？逃避就叫看破，看透就是自在。

看破是痛苦的，这世界为什么会那么痛苦？是因为你没有看透，你一直在追求，你才会那么痛苦，你追求快乐，其实是在追求痛苦。当你看透以后，你也不需要告诉自己不要追求快乐，自然你连想要产生追求快乐的那个欲望都融解了。

顿悟之四

敌人让你真正面对自己的缺点；
苦难才能促成你华丽的蜕变

你生命本质就没有不快乐，你甚至不需要快乐，因为你不快乐，你才需要快乐。你生命的本质就是快乐，快乐不需要理由，下雨诗情画意，阳光普照也很温暖，人家骂你也让你看到自己的自我藏身地。噢！原来这个自我躲在这个地方，人家才会把我激怒，所以我要感激骂我的这个人，所以我还是蛮愉快的，当然当下会有点生气，生气是因为我的自我种子被激发出来了，我内心有自尊心或自我被刺激出现了，但我还是要感激，感激这样的因缘，感激那个人。

所以，你真的要感谢敌人，因为敌人会把你的自我激发出来，把你那个邪曲、不善的心激发出来。有时候朋友对我们的帮助是有限的，只有你认为的敌人，其实他才是你真正的善知识。因为他真的会把你那个潜藏的贪婪、自我、欲望、计较、计算的种子，全部激发出来。这些种子不出来，你根本没办法出离生死轮回，你根本没办法出离痛苦。你要感激你的敌人，如果你真正地想要解脱，那你真的要感激这些敌人。

所谓的敌人，他不一定是你真正的敌人，因为他伤到你的心，你的自尊心，伤到你本来应该拥有的，或者伤到你的面子，伤到你的执着，或者讲话一针见血，把你的自我激怒出来。不管他的动机如何，对你都是有帮助的。

在极乐世界，你的成长有限，顺遂的环境怎么可能会把你的那些邪曲跟不善的心、贪婪的种子，或那个自我的根激发出来？你认命吗？换句话说，你接受命运的安排吗？如果你全然地臣服于命运，而积极地去面对一切的境遇，不是逃避而是积极地去面对你的命运，而接纳、享受这命运会让你产生兴奋、不甘心，或者遗憾，把这些让你真正不快乐的根源揪出来，观照它，它自然融解掉，然后你渐渐地就能得到内心深处的宁静。

如果你不把这些让你痛苦的根源揪出来看，那我告诉你，你现在就活在地狱，不论你到任何地方，到天堂你还是活在地狱里面，你不需要去参加阴间旅行团去看看地狱是什么样子，你也不需要观落阴去看看阴间的人，你现在就生活在地府里面。

你是一个不快乐的人，所以你才要追求快乐。为了追求快乐，你会去酒吧，你会去夜店，你会去找朋友聊天，从白天到夜晚，甚至从夜晚到黎明。因为你不快乐，所以你很空虚，因为空虚你才会一直在追求快乐，所以你要去跳舞，你甚至安排了很多很多的行程，你要去烤肉，你要去野餐，你下个月要去日本玩，接下来要去尼泊尔，然后要去美国，然后去欧洲。因为你不快乐，所以你才要追求快乐。

如果你很快乐，你任何时候都能快乐，喝杯水也很快乐，呼吸到新鲜的空气也好快乐，吃一下路边摊的担仔面，也真的好快乐，喝一口茶，细心地去品味它的感受、它的滋味也好快乐。连死亡都可以很快乐，去体会那个肉体由温温的变到好冷好冷的感觉，然后渐渐地看到我的肉体就躺在那个地方，而我竟然在这个地方看到我的肉体。原来我在这个地方，而那只是我的肉体，那不是我，那只是我在这个世界旅行所穿的旅行衣，那快乐吗？好快乐的！

但是你害怕死亡，你敌视死亡，你抗拒死亡，你敌视死亡造成你不快乐，你想要永生长存，与天地同寿。天地还会毁灭，你怎么能跟天地同寿呢？同寿有意义吗？天地都会毁灭，难道你能活得比天地还长吗？纵使比天地还长，你还是会死亡，连死亡都是现象。

你的空性，没有生没有死，是全然的自由自在，全然的宁静。我只是分享这种感觉，如人饮水，冷暖自知。你只要找到回乡的路，渐渐地往回乡的路上走，你就能印证到老师所分享的那么灵妙的感觉，这就是生命原来的样貌。

所以我们要下定决心，把所有不善，还有邪曲，那些计较，那些计算，那些小鼻子、小眼睛的心量不足的地方揪出来看，然后看到欲望的愚蠢，宁静就会渐渐地出现。下定决心把慈悲心不足的地方揪出来看，体谅心不足的地方揪出来看，你的心量自然就愈来愈大，然后你能享受生命的生，而不再害怕生命的灭，不再紧粘在生命的生因而造成生命的痛苦。当你能穿透这些生命的现象的本质，你就自在了，否则生生世世你都在生死轮回、痛苦的漩涡里面，永远没有跳出来的空隙。

蜕变的过程是要透过对照而产生观照，蜕变的过程很苦，蜕变的果实是那么的宁静甘甜。刚开始很苦，像拿一把手术刀，把自我，把邪曲的种子，把不善的种子，把心量不足的地方全部揪出来面对它，再观照它，然后它会渐渐融解掉，在那里面，你就会有好运气，你就会有无边的心量在现。

生命一切的境遇——你的遭遇，你的穷通祸福都是过去所作所为的因果，显露出来在你的面前，你是无力去掌控的，你只能全然地去接纳。换句话说，当你面对任何处境的时候，你只有尽力去接受它，然后面对它，让因缘自己流动。

因缘是变化的，你保持着很清醒地从对照产生观照，观照临得失、毁誉、生灭、贫贱或富贵、生离死别，你只要保持对照而产生的观照，渐渐地，你就非常宁静了。

你已经变成那个观照，然后在观照当中，你会得到生命的自由自在。处于一切境遇，你的心跟身都是境的一部分，虽然它们都在变化，但是它们干扰不了你内心的宁静。

你可以观照你的愤怒，你可以观照你的兴奋，你可以观照你的低潮，你可以观照你对得与失的执着和恐惧，你只要保持那个很清醒的观照，渐渐地，这一些负性的情绪，这些概念会离你愈来愈远，变成很外围。然后你已经通过这样的方便法门，开始走入回家的路、回乡的路，你的本来面目，渐渐地就会显露出来。然后你可以得到究竟的自在，身处在苦乐的境遇里面，内心却是那么的不受干扰、那么的清净、那么的宁静、那么真正的喜乐。

第六章
放下才能得到

问：你会把逆境看成是考验自己的一种福气吗？

答：顺着你的本性而来的境遇不会带给你成长的空间，逆境却恰恰相反，会令你变得开敞而慈悲。

·讲座纲要·

今天老师还是继续分享因果镜的原理：

"当你能接受任何你生命历程的遭遇，你就能享受生命，自由自在，不会有问题，不会有焦虑，生命就会变得很宁静、很容易。而只有接受一切，可以给你宁静、享受的自由，满足于每一片刻的境遇，可以自在。如果你一直渴求那个你得不到的及想得到而尚未得到的，那等你得到而拥有了它，它立刻就会失去了意义，那永远只有无止境求不得的痛楚及求得的落寞凌虐你。"

三昧之一

与其执着地捍卫自己的立场，
不如调柔地接受人与人之间的不同

生命的一切经历、遭遇，或许很痛苦、很快乐、很悲伤、很恐怖，然而如果你能把你的一切经历、一切的遭遇、境遇，以抱持着在欣赏画廊的画的心境去面对它，去享受它，你会发现它真的是很美的。你可以身处这个世界，可是你的心只是一个旁观者、一个欣赏者、一个享受者，那这一切都没有问题了。这是让我们生命开始走向清净、清凉、宁静的不二法门。

天堂、地狱、炼狱的景观都很美，但是这一种美的心境的产生。唯有你的自我开始融解了，而你也开始真正地蜕变了，一切的穷、困、通、达、福气的来临，或者是灾祸的遭遇，甚至面临死亡，都只是一幕幕的画廊的美景，供你浏览、供你享受、供你鉴赏、供你品尝。试问你身处画廊当中，在欣赏一幅一幅很有味道的创作，你会紧张吗？你会害怕吗？还是你是那么的宁静而去享受每一幅创作的个中美感。

当你呈现了你的欲望，依你的惯性去生活，你以这些虚妄的假象误判它真实不虚而随它起舞，就会执着而产生深度的痛苦、遗憾、不甘心。为什么我说它是虚幻的假象？因为你来这个世界的时候，是从跟没有关系的人联结而产生的。

你本来一无所有，当你刚出生的时候，你没有你所拥有的一切；你没有美貌，你也没有财富，你没有什么能力，你没有友情，你没有亲情，你没有爱情，甚至你对你的身体根本没有任何的"你所拥有"的概念。

换句话说，你跟这个世界的关系，本来就是没有的，而因为时间的流动及空间的产生，开始产生了相应的一切关系。你有了爸爸的观念，你有了妈妈的观念，你有了一切社会传达给你的价值观。而在不知不觉之中，它们变成你的概念，而这些概念也就是社会的关系，一切的评价，一切的比较、计较，还有得到、失去等一切自我的概念。

当你刚出生的时候，你肚子饿了就哭，因为你要东西吃，这是很单纯的一种本能反应，而你吃饱了，你就很舒服，不会再哭泣。你渐渐开始学到家人或亲人给你的概念，比如大哭大笑会让人家瞧不起你。所以当你饿了，你不能哭得太激烈；或者你想笑，但是你要微微地笑，牙齿不要露出来，否则很难看。很难看意味着人家会瞧不起你，被瞧不起是很丢脸的事情。试问丢脸有什么好或不好？这就是概念的介入。

而我们从来没有能力提出问题，只有接受答案，也就是这个社会给我们的答案。我们从来没有去深思熟虑，去提出问题。丢脸会让你损失什么？你受赞叹、夸奖，你又得到什么？为什么受到赞叹，得到夸奖，你会很高兴；为什么丢脸，你会很痛苦？

你渐渐长大了，想笑不敢笑、想哭不敢哭，想吃又要吃得很斯文、很文雅、很虚伪，最后吃得比你身体需要的还多。这是社会教育的观念，不想吃也要吃；而社会又教育我们，一天要吃三餐身体才能健康，如果一天你只吃一餐，你的身体会不健康。渐渐地，你把这些社会的教育、观念变成你生命的一部分，这些就是概念，这些就是老师常常说的自我，或者说你已经失去与你生命的本来面目联结了。

你活在好多好多的价值观里面，对于这个价值观，你从来不怀疑，你认为它天经地义就是这个样。如果有人的价值观跟你的价值观相违背，就与你产生了意见的冲突，产生了争端，产生对与错之分，产生掌控欲，错的人要听对的人的意见。

凡夫来不及提出问题的时候，他已经接受了答案，社会价值观及他本身的经验形成的标准答案，从来不怀疑，然后带着这个答案来怀疑、来批判与他答案不符合的一切人、事、物。所以这个世界的人们，是公说公有理，婆说婆有理；三年级的人有三年级的道理，四年级的人有四年级的道理，五年级的人有五年级的道理，六年级的人有六年级的道理；中国人有中国人的道理，美国人有美国人的道理；东方人有东方人的道理，西方人有西方人的道理；基督教有基督教的道理；一贯道有一贯道的道理，佛教有佛教的道理。

每一个凡夫俗子都只会接受答案，然后以他所接受的答案来批判跟他不同答案的人，这个就是认虚妄不实的道理为真实不虚的真理。我们所认为真理的道理要强加给我们的子女。殊不知，我们的子女跟我们成长的年代并不相同，他们有网络，有他们所处年代的道理，有同学传播给他们的道理，有报纸杂志传播给他们的道理，有学校传播给他们的道理。因为每一个人所接受的答案不一样，就产生了爸爸妈妈有爸爸妈妈的道理、小孩子有小孩子的道理的局面，最后就形成了代沟。

每个人都用自己的答案来批评别人，批判这个社会，不接受跟他不同答案的外在环境。所以有些老一辈的人他看到社会变成这个样,他就说:"人心不古啊!这个世界快要灭亡了!"年青的一代觉得爷爷奶奶或爸爸妈妈真的很难沟通,他们真的是老学究、很落伍的一代。

每一个人都携带着他们的答案,认假为真,误判这个虚幻的道理,却以为它是真实不虚的真理,而不接受不同的答案。

不接受就痛苦,又跑不掉、逃不掉,所以就用忍受的态度去面对,忍受就是痛苦,如果你答案融解了,那你处在任何的处境,任何的环境里面都没有问题;或者你不接受,那你就自杀,但也解决不了问题,即使自杀了你还要面临另外一个灵界,也是人的肉体融解后才去转换的世界。换句话说,那个灵界的价值观,也不断在变化,跟这个世界一样在变化,你永远无路可逃。

三昧之二

直面痛苦就不会痛，
逃避躲闪才会让人痛到发疯

　　所有的痛苦都源自于你内心已有的答案，你却以为它是真理，而从来不怀疑。你觉得这个世界应该是这样才对；你觉得别人应该怎么样对你才对，别人应该怎么遵照你的方式才对；你觉得这个政府应该怎么做才对；你觉得这个老师应该怎么样才对；你觉得这个爸爸、妈妈应该怎么样才对；你觉得你孩子应该怎么样才对；你觉得你公司的主管或老板应该怎么样才对。但是他们就是不这样。而你又逃不掉而需要面对，所以你快崩溃了，你非常痛苦，你又无路可逃，有人受不了就自杀了，就崩溃了，就发疯了。

　　如果我们内心有那么多的概念，那么多自以为是的答案，而从来没有深入去思考、去观照，而携带着这个自以为真理的答案，不论你处于任何的环境、任何的世界、任何的国土，你都会很痛苦。纵使你到极乐世界也还是很不满，你到地狱你不满地狱，你到天堂你不满天堂，你不满意自己，你不满意所处的社会，你只要不满意而你又不接受但又跑不掉，那就得痛苦，那就是生活在真正的炼狱、地狱。

这个世界真正的问题在哪里？在你的自我里，在你自以为是真理的答案里，你的答案就是你的欲望，你要怎么样才会满足，如果要不到，你不会满足。你要到的几率很低的，因为人生不如意的事情十之八九，所以注定不能满足，也注定你的生命是痛苦的。越要不到越想要，想要而今生又要不到，那就来世继续要吧！那就是轮回的根源。要到了你也不会满足，因为"要"这个东西是一个毒品，会上瘾，而且会愈要愈多。

老师讲这道理，不是要你们用头脑去相信它，我是希望你们用你们的生命去验证它。也就是说你尽力去要你所要的，也不见得你全部的愿望、欲望你都要满足，但是你把你的欲望取舍一下，你找一个你很在乎的，你拼你生命全然的力量去实现它，然后当你拥有你想要的以后，你去看看你的感受如何。

前几天，我碰到一个人，那个人跟我说："我好想去流浪，想去品尝生命的各种样态。我想上渔船帮人家捕鱼，不需要酬劳，我只要体会那一份感觉；我也想要去农场，帮人家栽种，也不需要酬劳，我只要体会那个感觉；我也很想要去当流浪汉，去睡在路边，在寒冷的冬天里面，去享受那个流浪汉被风吹雨淋、寒冷的感觉。"

他说："如果能这样，我死而无憾。我可能流浪到外地，然后死了，没人知道我去哪里，我要享受那个感觉。如果我死了，就把我的骨灰撒在一棵大树下，然后让我的子孙，想到我的时候，就到这棵树下来泡泡茶，到这边游玩。"

他还说："我死的时候，也不需要大家准时来公祭，在灵堂前面，可以放茶也可以放酒，大家想来就来，可以开心地唱歌聊天。"他也说："我现在五十八岁，好想去实现这样的梦，但是做不到，因为我母亲还活着,我怕母亲担心。"

　　他又说:"有朋友建议我,如果那么想去流浪,干脆就带妈妈一起去流浪。"我就对他说:"这是个很好的方法呀!你妈妈住旅馆,然后你去住马路边。"他还在那边犹豫。

　　我跟他说:"你有愿望,你就快点去实现,只有你实现你的愿望,你才能真正地感觉到愿望实现后的落寞,而得到内心更深层的宁静。不要延缓你追梦的时间,否则你会错过生命蜕变成长的契机。"

　　这是一个很追求心灵自由自在的一个灵魂,而追求自由自在也是一个他要的梦,所以他活得很痛苦。

　　生命的痛苦来自于你对于生命所继受的答案,没有提出问题的能力,你只有接受你内心自以为是的真理,那种虚幻不实的答案。

　　所以老师要跟大家分享的就是,你生命携带的答案能融解是因为你有提出问题的能力,也就是你会观照,观照你生命到底真正的需要是什么,而不是只接受那些答案、那些欲望。

　　那些你自以为是的想要,其实是你生命痛苦的根源,使你的生命寂寞难耐、空虚而产生的一大堆不切实际,却不能解决痛苦的梦想,还以为透过梦想是能解决痛苦的吗啡、毒品。

　　有梦真的那么美吗?希望真的能造成你的快乐吗?梦想造成你的痛苦,希望造成你的地狱,而放弃希望你又生不如死。我只是要你去观照、去看透生命这些欲望、梦想,这些自以为是真理的答案之虚幻不实,去看它怎么样地奴隶你,怎么样地凌虐你。而凡夫俗子从来都不自觉,只有往内看这个虚妄而误认为真实不虚的梦想,才能得到生命的自由自在。

　　努力一辈子到底为了什么?为了不需要的欲望,为了这个让我们很痛苦的理想的欲望。我并不是要你们放弃达到梦想的努力,而是全然地看透了这些理想，这些自以为是真理的答案的愚蠢，而全然地接纳命运的流动，去欣赏命运的流动，去享受命运的流动，跟命运的流动保持一个距离出来。那这些流动是很外围的，它干扰不了你内心的宁静。

不论你处于何种境遇，你都是那个观赏的人，你是真正的生命旅行家，你可以享受凡人所谓的痛苦。当你在享受那个痛苦的时候，那痛苦就不是真正的痛苦。你一直在逃避那个痛苦，你一直在排斥那个痛苦，你一直在拒绝那个痛苦，那才是你痛苦感受的真正根源。

三昧之三

放下各种执着和借口活出心中所愿，天不会塌下来

老师刚才举的那个例子中，那个人想要享受流浪汉在寒夜里面风吹雨打的痛苦，他要享受那一份感觉，风吹雨打对他来说不是痛苦，他是在欣赏那一幅画，因为他内心没有抗拒。

他在追求那个感觉，他在享受那个感觉。我不是要你去追求那个感觉，而是我要把享受痛苦的感觉用一个比较明确的对比例子让你去体会，在体会中下定决心去接纳你生命的穷通祸福等一切的境遇，去享受一切的起伏变化。

事实上在命运的流动中，你根本没有选择的权柄，那都是定数，那都是你前世所作所为今生回报到你身上的因果报应轮回。

你只要抱着欣赏、接纳、享受、如一个生命旅行家这样的态度去品尝它，去观赏它，你就跟这些痛苦产生距离，你就像在画廊里面欣赏一幅一幅存在创造的画，然后你生命就会开始宁静了，你会品尝到生命真正的美感、美味。

人家在背后讲你是非、斗争你或批判你的时候，你也可以看到为什么会引起这样的情况，你也可以看到那个人为什么会有这样的心态。你虽然身处在这个世界，可是你的心已经宁静了，你已经不属于这个世界了，你是一个旁观者，这就是生命的本来面目。

　　你要跟自己好好地静下心来对话，你到底有多少的梦、多少的理想、多少携带的答案，你要对它们提出质疑，不要完全认同它们。渐渐地，你会发现，原来你那些梦、你那些理想、你那些携带的答案，都是你痛苦的根源；你生命根本不需要什么，是你一大堆梦想产生的想要才会让你那么的痛苦，才会让你沉沦在六道轮回里面而永无出离的日子，让你作恶业。

　　你内心的不甘心所产生不满、产生嫉妒、产生爱现、产生算计的手段，感觉自己很苦却见不得别人的幸福，想把人家拖下去与你一起受苦，在后面破坏人家、去伤害人家。这些邪曲不善的心都是来自于你那个不需要的欲望，不需要的理想，不需要的梦想。不需要的却以为它真实不虚，这个答案意味着生命就是要这样才对。

　　禁欲，所以你就排斥跟那个禁欲相反的纵欲；你喜欢光明，所以讨厌光明的另一面——黑暗；你喜欢有钱，你就会排斥没有钱；你喜欢出风头，你就排斥人家；别人瞧不起你，所以你就更爱现。

　　这些所谓的念头，一大堆的概念，一大堆所谓的心的业力，这些愚蠢却以为理所当然的想法、看法、习性、欲望，就是生命痛苦的源头。

　　所以当这些愚蠢、虚幻却以为真实不虚的真理，这些概念被你穿透了，你就能随顺自然，随顺因缘，处于任何境遇你都很宁静，你都不受干扰，你就不再紧张了，你就不再焦虑了，你就不再不甘心了，你也不再遗憾了，你已经渐渐能无所求了。你就得到生命真正的宁静了，你也可以不再生了，也就是不再来这个世界投胎转世了，你也不在六道轮回里面了。

除了因为你的慈悲的愿力，你乘愿再来，或者为了因缘而来，否则这个无常的世界，它一概也不能束缚你了。你想来就来，想去就去，不论你处任何的境遇，每一个片刻你都能享受。

如果你现在所处的境遇里面，你不能有享受的感觉，那不论你上穷碧落下穷黄泉，不论你处于任何的境遇，天堂、极乐世界，你也不能享受。

未来是现在的延续，所以如果有人说，等到条件成熟的时候，他就能放下，其实他永远不会有放下的时候。"等我孩子长大了，我就要到处去旅行，我就能放下。"那是她的借口，她为她的懦弱，她为她的执着，她为她的梦，她为她的欲望或为她的自我，找了一个最合理的自我欺骗借口。如果你能放下，你现在就能放下；如果你不能放下，你生生世世都不能放下。

曾经有一个妈妈，她跟我说她有两个小孩，在他们读小学的时候，有一次她开始对她的生命提出质疑——我要过这样的日子吗？为了小孩子，我完全被绑手绑脚，我不能到处去旅行，到处去做贸易，在做贸易中去体会生命自由自在的感觉！因为孩子还小，她放不下。

但是她说："如果我现在不能放下，我可能真的一辈子都放不下。我怀疑自己目前的思考模式有没有问题，所以我想做一个测试。"

换句话说，她想要去体会看看，这两个孩子是不是那么需要她，或者说她对小孩是不是这么地重要。我觉得她是一个很勇敢的人，敢面对生命，敢去挑战，因为她对生命能提出问题了，她不再接纳世俗人的答案。

"哎呀！儿子这么小你怎么敢把他放在家里面呀！你真是不负责任的妈妈呀！""你是一个不尽责的妈妈呀"，这是世俗的答案，而她会对这个答案提出问题，所以她想要测试。她去旅行，然后让这两个小学生自己在家生活。以前这两个小学生常常打架，而她妈妈就在那边当仲裁者，然后这位妈妈再把这两个小孩打一顿。

这次她想通了，她要冒险地去尝试新的生活方式。所以，她跟她的邻居说："我要去旅行，这两个小孩子我要让他们自己一起生活。请你帮我观察，但是你绝对不要让他们知道你在观察，当我旅行回来，你再告诉我他们互动的情况。"

她去旅行一个月回来以后，那个邻居竟然跟这个妈妈说："哇！太神奇了，以前你们两个小孩子在你在的时候天天打架，可是从你离开的那一天开始，他们一个洗菜，一个炒菜，互助合作耶！纵使吵架，一下子也就没事了，握手言欢！原来你以前那个方式好像不是很好，这样的方式真的比较正确。"

后来这个妈妈跟我讲，从那个时候开始，她就到处去旅行，到处去做贸易。这个妈妈现在还在南庄开咖啡店，那两个孩子已经读大学了，而且相亲相爱。

凡夫俗子来不及提出问题，就已经接受答案了，而没有提出问题的能力；但是有智慧的人已经可以对他的生命、他的经验、他的思考模式、他所继受的答案提出问题，他开始穿透了这些自我的虚幻，他开始渐渐地能独立自主，而不再受到这个社会的约束。别人对他的看法，别人对他的褒奖、毁誉，或自己的得失，他开始有宁静的空间去观照。

三昧之四

每一个批判背后都有一个沉重的包袱，让人无法解脱

大家扪心自问，你是一个只能接受答案，而没有能力提出问题的人，还是你是开始走向第二种方式的人？也就是对你生命所继受的答案，你已经能提出问题，不论你处于任何境遇，你都能提出问题。

佛陀是一个王子，在佛陀以前，很少有出家这样的模式出现。但是他为了追求生命解脱之道，他提出了问题，他不接受社会的制约给他的答案，所以他出家了，他从逃家出家，最后到出了那个内心自我的家，他不只是在形式上地出家。

一个想要从痛苦得到究竟解脱的人，他是有对生命提出问题的能力，而直到你生命已经不需要答案时你也不需要问题了，那你就成道了，你已经回家了。

有人说我放不下。放不下的另外一个含义就是我不甘心，或我不忍心。事实上那里面有太多太多继受而来的答案在运作而不自觉，这答案是虚幻的，而凡人却执着于它而误判它是真实不虚的真理，才造

成了生命的炼狱跟痛苦。

这些答案也可以说，你有多少的惯性在那边，你有多少自以为是真理或理所当然的想法在那边，你就有多少的欲望在那边，你就有多少理想在那边。

我告诉大家，所有的理想，唯一跟空性联结的就是慈悲的理想，剩下的都是你的欲望，比如：我要得到人家的尊敬，我要创造很大的事业，我要赚很多钱，我要衣锦荣归，我要让那些瞧不起我的人跌破眼镜，我要所有人都对我磕头礼敬，我要欣赏别人对我乞求的那个恶心的感觉，我要让那些欺负我的人得到报应……

内心里面充满着无穷无尽的计较、计算而产生的算计手段，这些邪曲、不善的心搬弄是非，把自己的快乐建筑在别人的痛苦上，自己在地狱里，还要拖一大堆的人跟他一起下地狱。某些八卦媒体、杂志、我们身边的一些人，你们扪心自问，你们是不是也常在做这样的事情：唯恐天下不乱，然后讲别人的是非，把人家的糗事抖出来，来让自己快乐一点。

可见你是一个很痛苦的人，而痛苦的人，又去创造别人的痛苦，让自己不要那么痛苦。但是菩萨不是这个样，菩萨是在自己曾受过的痛苦当中，他看到众生的苦，他体会众生的苦，所以他是乘愿再来这个世界，来尽力去摆平众生的苦。菩萨是自在的人，而创造别人痛苦的人，是痛苦很深很深的凡夫俗子。

要找回自己很清净的本性，要找到回家的路，要得到生命究竟的幸福、自在、清凉、圆满的境界，要做的事情就是不要与你的批判、看不顺眼、害怕、逃避的诸种感受心境认同，这就是观照。

把自己看不顺眼的人、事、物的情绪、想法、看法都拿出来看，把自己害怕、恐慌、抗拒、排斥的人、事、物、境遇揪出来看，这就是观照。多一分观照，就少一分习性。

观照跟反省是不一样的。反省是你思维的东西，是你头脑的东西，是你从外在得到的东西，而以那个东西为真理，来自我检讨。比方说，你要当个君子，孔子已经对君子下定义了——"非礼勿言、非礼勿视、非礼勿听、非礼勿动""吾日三省吾身"，这就是反省。

但是观照不是这个样，观照是静下心来，看你自己的内心的那么多的杂质——情绪、批判、好恶。你情绪很高涨，很兴奋，或者很低潮，或者很愤怒，看起来很不顺眼。这些不论它是什么，它造成你情绪的波动，你都要揪出来看。我并不是说情绪波动是不对的而批判情绪波动，那也是一种批判，我是要你拿出来观照，你不需要批判你自己，只有透过对照才能产生观照。

呀！刚才我会对那件事情产生那么多的愤怒，那都是因为那件事情不顺我的心呀！那个人不顺我的意呀！所以，我那么的愤怒，我会那么的紧张，那是因为我内心一定要得到那件事情的完美成就，非得到不可，那是我的自我在运作呀！

还有我的小孩子他竟敢叫我的名字，我是他爸爸耶！哦！真的好愤怒，噢！因为他叫我的名字，我的一个概念——我是他老爸，所以只有我可以叫他的名字，他不能叫我的名字。还有人家说我是"卒仔"，我就很抓狂，因为我的自我在运作呀！我觉得我不是"卒仔"，他竟然敢叫我"卒仔"，所以我很生气呀！

这些就是我们要对照而产生了观照，不再与这些自我认同，你揪出来看，你不需要克制，不需要批判自己自我这么的强，你只要知道你自我躲在哪里，静下心来跟自己对话，看看自己自我躲在哪里。

对过去产生的一切的情绪，一切的所思、所言、所行，也就是你的思绪、你的情绪、你所表达出来的话语、你的行为，看看那里面有没有邪曲，有没有不善的心，你那些情绪的强烈的波动原因，揪出来看就好了。

常常看到这些概念，这些就是无明，你常常能看到这些东西，你就渐渐地跟你内心的空性建立了联结的桥梁，你就渐渐能对你当下的情绪、自我产生警觉。

你对当下产生的自我能警觉，是来自于你对过去已经产生的这些思绪、这些批判性看不顺眼，或这些兴奋、迷恋的这些念头，你都能一一地把这些念头揪出来看。

如果你对过去所产生的这些情绪、思绪、看法、批判的、看不顺眼的，还有很兴奋的这些情绪的波动，你没有揪出来看，你怎么可能有当下警觉的能力？也只有你尽心尽力在自我的警觉过程中，你的自我才有融解掉的可能。

把自己慈悲心不足，自己邪曲、不善的这些念头揪出来看，这些起心动念你或许还没有化诸行动，或许你尚未讲出来的话语，但你都要将这些念头揪出来看。渐渐地它会云消雾散，渐渐地你过去所作的恶业，就会失去跟你联结的一个管道。否则算你的命都很准的，善业恶业都会很准。

你要改变自己的命运，你不从这个地方下工夫，你所做的一切努力都是缘木求鱼，你怎么能往木头上面、往树木上面去求鱼呢？那都是外道。

把自己心量不足的地方，也就是你的习性，揪出来看，你的心量不足渐渐就云消雾散了，你的心量就愈来愈大。你不需要努力去作为，把心量扩大，你心量本来就无限大，只是被这些你继受的答案、你自以为是的概念所束缚住而已。

比方说你觉得这个坏人很可恶，该杀，这世界就是因为有这样的人，社会才那么混乱。这世界本来就是这个样！

在凡人的世界，你今天已经慢慢地抓到了这个观照的方法的时候，你又开始以你学到的"观照"为标准又开始在批判别人："唉！你怎么不会观照，你看看你就是那么不会观照。"那你还是在批判。

你要观照这个批评的自我心，这样全然地跳下去跟存在联结，才是一个真正想要解脱的行者。他已不再跟自己任何一丝批判、邪曲不善及看不顺眼的念头、想法、情绪产生认同。你看到自己的内心有那么多的慈悲心不足、邪曲不善，你自我躲在那里，已经够你看了，你哪还有心情去看别人？

自我永远都在看别人的缺点，看自己少而看别人多；可是一个行者，他看别人很少，看自己很多，他看到他在看别人的时候，他马上要警觉这是超出三界进入自己空性的不二法门。

因缘给我们的课题，我们可能会害怕、恐慌、抗拒、排斥、逃避，或者怨天尤人，或怨东怨西的；然而一个想要与自己内心空性联结的行者，他会把这些情绪波动不安的一切思绪纷飞，或者想法都会揪出来看，而且下决心去面对，去享受他所排斥的，及他以前容忍或不能接纳的客体，并下决心去面对、接纳、享受一切境遇，从那个地方开始蜕变。

当一个生命的旅行者，无论因缘把我们带到何种境遇，我们都尽兴地去享受每一个片刻，不再跟着自己的梦、或者愿望、或者期待而走，只是尽心尽力地去面对每一个片刻的因缘，去品尝、去享受那个生命的滋味。

去享受那个生命走投无路的滋味，或者享受那个遗憾所产生的滋味，遗憾会渐渐地消失，只留下那个滋味；去享受那个不甘心产生的滋味，那个不甘心渐渐地会消失；去享受那个害怕所产生的滋味，那

第六章　放下才能得到　　**123**

个害怕渐渐地会消失，然后滋味会蜕变成很清凉、很清净。

　　积极地去面对因缘给我们的每一个功课，不逃避，也不急躁。当然我们看到急躁产生的时候，我们不再靠意志力告诉自己不要急躁，而是去观照那个急躁里面的贪欲。因为急躁就是贪欲所显露出的现象，急躁意味着你想要尽速去要到你要的，或者尽速逃避你所不要的。所以急躁是跟时间有很大的关系，跟你的自我有很大的关系，跟你的得失有很大的关系。

　　你必须去揪出来看，下决心去面对一切你所排斥的境遇。因为你有排斥的感受，老师才要给你一个方便法的概念叫"享受"；如果你不排斥、不抗拒，本来就快乐，就不需要再强调这个享受的概念了。快乐本身就是享受，只有对于痛苦的感受，才要以享受的方便法去面对。最后这个痛苦就会融解掉，只留下那个清凉。

第七章
是福是祸，是苦是乐，
　　全看个人悟性

问：为什么这个世界总与我心中期望的不同？

答：变化是这个世界的本性，而每个人都惯于把自己的经验、接受的价值观认定为真实不虚，不愿意接受丝毫的不同和变化。

· 讲座纲要 ·

　　邪曲不善的心，会吸引邪曲、不善的人及事情来攻击自己，这就是因果报应的运作方式。

　　人可以欺负他人，但是老天爷会将恶行、恶念回报予加害者，以维持这个现象的平衡。喜好斗争的心念会吸引前世今生的冤亲债主来讨债，来对付你，而令你无还手招架之力且动弹不得，而承受被斗争、凌虐之苦；甚或化成阴灵、邪灵或化成病魔来斗你，令你有苦难逃。

正住之一

福报来之前，
都会有一连串逆你习性的灾祸考验你

这个世界是我们的念头，也就是我们的思考模式，我们的想法、观念及情绪所发出的一切所思、所言、所行投影在现象界的一面镜子。每一个人的世界是不同的，虽然看起来是同处在同一个时间跟空间里面。每一个人的心境、思考模式、心情所发射出去的念波，就会形成他所处的世界，产生了他个人吉凶祸福的境遇。

如果一个人的心境是祥和的、质朴的、诚心的、宁静的，对待跟他有缘互动的人、事、物或对这个世界怀抱祝福的心境，那这个人在这个世界所遭遇到的、得到的，也是祥和的、宁静的、被祝福的，或者能有遇难呈祥、逢凶化吉的境遇，处处有福神在庇护。

纵使他看起来好像将要遭遇灾难，然而却在最危险的临界点中，那个灾难竟然消失了。这个灾难看起来似乎是要让他有所失或痛苦，反而他可以透过这个灾难而遇难呈祥，或是在灾难当中开启他更深层的智慧。所谓灾难看起来似乎是灾难,实质竟然是对他身心都是好事的奇妙现象。

我们可以从汉朝的时候,也就是开启汉朝的那个军师张良的故事来得到启发。张良还没有得志的时候,他曾经在一个大石头边看到一个老先生坐在大石头上面,那个老先生把自己的鞋子丢在地上,叫张良这个年轻人去帮他把鞋子捡起来。这看起来真是匪夷所思,一个陌生的老人竟然可以莫名其妙地来欺负或凌虐这个年轻人!他说:"年轻人啊!我这个鞋子呀,掉在那个路上,你帮我捡起来。"

张良是个敬老尊贤的人,他和颜悦色地去把这个鞋子捡起来,然后交给这个老先生。想不到这个老先生拿到这个鞋子,竟然把鞋子再丢一次,叫张良去把这个鞋子再捡起来。你想想看,如果一个老先生这样无理地对待你,你会这么有耐心,这么祥和,这么有同情心,这么有忍耐心去做这件事情吗?

你可能会对这个老先生咆哮一番,骂他无理取闹。如果你是比较有修养的人就不理会他而走开了,这是正常人的反应。这就是凡人比较正常的反应,可是张良他并没有像凡人一样,他反应很不正常,因为他不是正常人,他不是凡人!他是一个很有智慧,很有心灵修养的人。所以他就依老人的命令,再把鞋子捡回来给这个老人,结果这个老人拿到这个鞋子的时候,再丢一次,仍旧命令他再捡一次。

一个陌生老人这么无理取闹的行为,这个张良他竟然逆来顺受,还是那么恭敬地再捡一次,和颜悦色地奉送给这个老人。依世俗来看,这样的故事,这样的过程,这个老人对张良的欺负并不是件很合理的事情,也不是一件好事,甚至是一件不好的事情;可是张良他依旧谦虚、恭敬,仍旧那么有耐性,再把这个鞋子捡起来给这位老先生。

其实这个老先生就是在试探、考验这个张良的心量到底如何。结果他过关了。所以这个老先生就传给张良姜太公的兵法。张良靠着姜太公的兵法，协助刘邦打败了项羽，成功取得天下，成为汉朝的开国军师。

后来，刘邦及他的太太（吕后）在诛杀功臣，过河拆桥，怕开国元老造反，而一一对付这些开国元老的时候，张良以他的心量跟智慧，度过了重重的危机，一生平安，成功地建立了功业，而且也成功地明哲保身，顺遂宁静地度过他的一生。

这是一个很有福报的人！这是一个很慈悲，又有心灵智慧的人。这就是宇宙存在运作的奇妙的方式。一个心灵宁静的人，纵使他身处在看似危险的境遇里，可是到后来他一样能逢凶化吉、遇难呈祥、平平安安地度过生命中的一切波涛险境，甚至在遇到很不合理的逆境或考验的时候，能以心量去面对。这是一件很奇妙的事情。这是上苍要给那个人福气，常常用的方便手段，而形成的因缘。

老天爷要把福分交给你的时候，我说的是真正的福分——让你智慧开启，让你生命成长，让你能代天宣化、教化众生，让你能为上苍来实现存在透过因缘所赋予、要达到一些慈悲的救度，或者立德、立功、立言来达到教化众生的目的，而你是那个乘愿而来的菩萨，你今天为着你生命许慈悲的愿力，或者你是那个要成道的人，或者你是已经成道的人，来这个世界的因缘是要来这里分享，你都会要面临上苍要降福降智慧给你的考验，以极为不合理的人事物来磨炼你、来考验你。

上天将要降福给你，如果你是有德性的人或是有来历的人，常常都是逆着你的习性来的。如果你顺着你的习性，你永远都是凡人，你也会错过了已经到你眼前的福气。可是如果你能在当下警觉，你能逆着你的习性,让你的心量无限度地去开敞。

　　一个真正很善良、内心很祥和的人,或者时时要追求自己生命成长的人,把自己心量不足的地方、慈悲心不足的地方一一警觉,不再跟过去的自我、过去的慈悲心不足、过去的邪曲心、过去的不善的心、过去的计较心认同。

正住之二

德行只能在苦中修，所以功名都在苦难后

面对任何险恶的境遇，面对邪曲的人、不善的人来欺负我们、攻击我们、伤害我们，我们都能感恩这些因缘。在这个因缘当中，让我们看到自己慈悲心的不足，看到我们心量的不足，而因为看到这些不足的盲点而蜕变，生命因而有无量清净的光华，那后面就有好大好大的福气！这些福气可能是身心宁静、生命圆满的实现及上苍、存在要透过你来实现慈悲的因缘。它会给你无限的筹码，无限的资粮，但是它一定是要逆着你的习性来，来考考你！你被考倒了就是凡夫，你永远沉沦在六道轮回里；你没有被考倒而蜕变了，那你是上苍的使者、爱的使者。

你赚了很多钱，你成就了很大的功业，你代天宣化，都是在抚慰这些苦难的众生，给他们在痛苦中奔向光明的智慧，或是离苦得乐的光明之路。如果你是上苍的使者，你是真正有福分的人，你是真正有来历的人，那你就要好好咀嚼老师跟你分享的这些话。上苍要给你福气是逆着来的！它一定会给你逆境，来考验你的德性、你的心量，而

且你的福气是永不会退转，不会像世俗人的福气，用完了厄运就来，而是只有永永远远的好运。

中国古代有一位范仲淹大学士，这位宋朝的大学士，他在偶然之间拥有一块福地。人家告诉他说："这是一块福地，可以让你的子孙繁荣一世。"他听到人家对他拥有的这块土地所说评语的时候，他就把这块地捐出来当做学校，在古代称作书院。

他说："如果是这么好的地，那我自己独享不是太自私了吗？如果用它来培养社稷的人才，那不是能为这个国家造更多的福吗？对这些人民百姓让他们得到更大的幸福吗？"在中国有一句名言："先天下之忧而忧，后天下之乐而乐。"这就是范仲淹先生所讲出来的话。

在中国，从古到今有哪些家族历久不衰？比较特殊的，比较有名的，可以印证的是两个家族，其中一个是孔子的家族。所以有人赞叹孔子就讲了这样的话："天不生仲尼，万古无如长夜！"

在大陆有一所岭南大学，这个岭南大学在中国的历史上，它培养出了很多很多的人才。对日抗战后国民党政府迁到中国台湾，事实上有很多很多的治国人才，都是岭南大学的毕业生。这个岭南大学的校址，就是范大学士捐出来的这块地。所以范仲淹的后代也就子孝孙贤；而孔子的后代，每一代也都是贤人辈出、历久不衰。现在大陆还有范家村，一个菩萨或者是一个成道的人，他们的福德可以庇荫了他们的子孙，让他们的子孙代代贤良，这是多大的福气啊！

可是他们在成长过程中，经历多少的磨难，这是上天给他们的考验。所以上天给人的福气是逆着来的，而且是历久不衰。凡人的福用完了，祸就来。孟子也说过："天将降大任于斯人也，必先苦其心志，劳其筋骨，饿其体肤，空乏其身，行拂乱其所为，所以动心忍性，曾益其所不能。"圣人对生命的体会，是否也在印证老师分享的"存在"

运作的奥妙宇宙的真理？

　　我们要得生命真正福气、掌控命运是很困难的，但是我们要掌控自己内心的状态是最简单的。也就是说我们不再跟不善的心、邪曲的心、自我的心认同，我们把自己心量不足的地方一一揪出来看，把慈悲心不足的地方一一揪出来看，我们自然不用求上苍给我们福气，而上苍自然会给我们福气，让我们的慈悲心心想事成、生命成长蜕变。

　　如果我们想掌控命运，想要求福气而不往内观照自省，那就会相当无能的、无力的，人算是不如天算的。命中你该有的会给你，命中你没有的，你怎么钻营都求不到，只求得一生的遗憾、不甘心、怨天尤人。

　　求福的人、求生命蜕变的人、求解脱六道轮回的人、求远离生命苦难的人，最有效率的法门只有往内观照。最愚蠢的人是以为人定胜天的凡人，他们选择去掌控外在的环境，殊不知他只是他所作善业或是恶业的奴隶罢了！

　　命中会有的就会有，对个人可能是好事也可能是坏事，且是历历不爽。这就是因果报应历历不爽！但是因果报应历历不爽要跟你的不善的心、邪曲的心、自我的心去连接，那命运运作就会非常精确。

　　好的会来，因为那是你过去所累积的福田；福田用完了，祸事也会来，那是你过去所作过的恶业回到你身上。所以生命最幸福的人通常都是先苦后甘，因为先吃苦会开启他的智慧，而让他减少挫折跟失败，或者对逆境的抗压性会增强。这是真正有福气的人。

　　而福气不够的人，是先把福气都"喝干了"，然后在面对自己苦果的时候，就只有不甘心、遗憾、想报复、想挽回；然后就堕入生死轮回的苦海，下辈子再继续，在因果牵缠里面纠缠不清。这就是凡夫啊！痛苦的凡夫啊！

如果你的命算不准，那就只有两种可能性——一个是你蜕变了你的生命，所以算你过去的命很准，现在算不准；一个是你碰到江湖术士，或者自以为有神通、天眼通之类的，但是事实上他的功力不足，他看不准。只有这两种情况才会算不准。你习性只要不变，你的命是运作得很准；若是你的习性在融解的过程中，或融解掉了的时候，你的命是算不准的。

所以，这个世界是你念头的一面镜子。你内心喜欢斗争、斤斤计较、计算而运用算计他人的手段等邪心和行为可能会让你得到你俗世所积存的福德、福气，从而得到你所要的甜美果实；但是也有可能得不到，因为你命中并没有这样的福德、福气。

正住之三

神通不敌业力，种什么因就结什么果

有一件事情是很精确的：只要你是喜欢斗争、算计、计较，这些心跟行为一定会在因缘成熟的时候，会把你过去生、今生所作的恶因缘、恶业吸引到你身上。因为你开启了过去生或今生所作的恶业与你联结的桥梁！

我告诉大家，你所作的恶业或你所作的善业，它会对应两种果报：一个是民法的，一个是刑法的。民法的也就是你跟当事人，也就是你曾经伤害过的人，或你曾经帮助过的人，产生的善缘或恶因缘，而在今生或者来世产生你跟他互动的状况。你过去生或者今生所伤害过的人，也就是你的债主，你碰到他，你是真的没有能耐可以抵挡得住，他（她）可能变成你的先生或你的太太，或者是你的朋友。你看到他的时候，你会对他产生很深度的好感，或爱恋他、疼惜他、别人看这个人非善类看得很清楚，可是你就是看不清楚，甚至还对他有幻想，还说："他真的有那么差吗？纵使真的那么差，但是我相信我有能力来改变他。"

当你已经跟你的债主碰头时，你对他是没有抗拒的能力。你很会看别人的人品好坏，但是你看不到你的债主人品的好坏，所以这叫做"神通不敌业力"！换句话说，就算是你很会察言观色，你的直觉力再强，当你碰到你的债主，你是很无力的。这也就是老师说的民事责任，你所做的善行或者恶行都会牵扯到民事责任，"人家欠你的要还你，你欠人家的你要还"。

还有刑事责任。刑事责任就是地狱的惩罚，这是上苍要维持宇宙现象存在的平衡，它必须要把不平衡的现象消耗掉。所做的惩罚，就叫刑罚，也就是刑事责任。如果这个平衡架构偏颇了，宇宙万般现象都会被摧毁掉。

所以这是造物者也就是存在，或者说是上苍，必须要自然运作的一部分，为了这个现象存在而维持平衡，这是一个自然的法则。扬善罚恶就是自然法则，为维持现象存在的平衡运作的原则。

比方说，你的父母亲他们可能是你的前世仇人，他们曾经伤害过你，他们欠你的钱，所以这一生他们做牛、做马来供养你。他们受你欺负，但是你竟然变本加厉到无法无天，违背公理正义到让所有人都看不过去，上苍也看不下去。

又比方说，你爸爸妈妈他们过去生只是欠你钱，可是你这一生不只是要讨债，要他们的钱而已，你还每天打他骂他，还拿刀子捅他。我告诉你，所有的人都看不过去的时候，就是上苍看不下去了，你已经招惹了刑法。你这样斗争，这样计算，不合乎自然运作的法则，会招引天谴的。

所以在这样的情况之下，有可能打雷都会劈死你，或地震也会震死你，又或者你有可能去野溪温泉，刚好有一颗小石头掉下来，但是它从很高很高的地方掉下来，靠重力加速度打死你。

那你说："奇怪！我是欠老天爷的债吗？还是欠这个山神的债？"

都不是！是你做了天怒人怨的事情，这就是刑事的惩罚。

又如非典，那个传染病的细菌很可怕，有人是怕得要死啊！可是怎么怕怎么得。那个叶金川先生在和平医院的时候，他不畏艰难，不顾自己生命的安危，面对那个不可知更没有解药的非典病菌，在不能完全预防的处境之下，他承担了解决那个问题的责任，我们很感动！这样的人，是会得到上天的疼爱的。

事实上他全身而退，在最危险的地方，他还是很平安，福神就是会守着这样的人。

所以老师有时候在看房子风水的时候，我会跟某业主说有福神守护。有福神！那个福神是上天派来的，也就是这个人这一生、过去生的因果所积善业的业力。因为你有德性，你才有可能有福神守护；如果你没有德性，你不可能拥有福神守护。所以有福神守护的人也是有德行的人，而且你的德行的增加或减少就会决定这个福神是不是会继续守护你。

那福神的另外一面是什么？就是降祸的神。如果你做了连老天爷与众人都看不过去的事情，必然会遭到报应。我说的众人都看不过去的事情，不是那个社会道德价值观，而是天理、公道、人心，不论古代、现在、未来大家都看不过去了。那个就是上苍降福降祸的标准，人算不如天算！

生命最安全的护身符就是心量，就是远离邪曲心、不善心，远离自我。这样念头是你平安的保障，是你可以疗伤止痛，远离忧郁、躁郁症、一切精神官能的疾患等最有效的法门。

我说的有效是从古到今、到未来都没有任何科学、医学可以比这个方式更有效。甚至当我们这些邪曲、不善、自我的心渐渐融解时，你的心真的会越来越宁静，你对生死、得失在计较、在算计的心也会

第七章　是福是祸，是苦是乐，全看个人悟性　137

消失，它不是用概念去安慰自己。

比方说死亡，死亡是一件很可怕的事情，但我们修习到一种观念，"我确定我死亡后可以上极乐世界，可以上天堂或祖先会来带我们去团聚"，所以我不害怕了。我告诉你这是概念，这些都是在计算跟计较，是在讲条件的，那个概念没有办法让我们真正远离痛苦。

正住之四

恶念一起坏话一出，
你就给自己创造了被人找麻烦的机会

唯有这些邪曲、不善的念头在融解到消失的时候，你自然会宁静、平静、喜乐。尤其暴风雨来的时候，你可以感觉到好清凉，因为清凉跟暴风雨或火热是相对的感觉。

但是如果我们不走这条路，而跟自己的习性认同，跟随自己的习性起舞，当自己情绪的奴隶，那我跟大家分享：你喜好斗争的心念，会吸引你前世今生的冤亲债主来讨债。

在公司、团体里面，你好斗成性，看起来像个君子、像个淑女、像个很有修养的人，可是内心充满了手段、算计，比方说你会说："啊！我觉得那个人是蛮好的啦，可是我昨天听到她在勾引你们家的先生耶！啊！那副花痴的样子，当然我真的是很难相信，以前我看到她的那个样子跟现在这样子，我会觉得很错愕耶！所以我开始怀疑她是好人还是坏人。"

"啊！对不起……我真的不是喜欢讲人家的是非，我是有点看不过去呀！或者可能是我误会了啦。啊！那不要再传话了，我只是要吐一吐内心的疑惑，不知道讲或是不讲都不对啦！唉！我真是很失言。"

可是你要注意，你讲这句话的时候，是诚心的还是在算计？如果你是出于算计的目的，你要破坏那个人的名誉，虽然你知道这件事情，但是你故意要彰显出来，但是你又要维持你那种君子或者善人的形象；我告诉你，你已经在斗争了，那个人的名声已经被你摧毁了。

凡人听好话是不容易相信的，听坏话很容易就相信！凡人是痛苦的，他们喜欢见人家沉沦，他们一看到人家好他们就不太相信，因为他们不能接受这个事情。

你要知道凡人都喜欢说"不"，要说"是"是很不容易的。说"不"代表自己的自我能得到满足，要说"是"是很困难的。

我们以这么邪曲的心、自我的心，这么用心良苦在算计，你已经把你的冤亲债主给引出来了，搞不好它是个鬼，它一直缠着你不放，但是你的运势很旺，所以他近不了你的身，但是它得到阎罗王的令牌，也就是任何人都不能把它赶走。你的运势还很旺时，它没办法侵犯你。但是你产生斗争的心的时候，就把你的运气瞬间消耗很多，它对你是恨之入骨，这下终于可以找到一个可以入侵你的空隙。

然后你脊椎开始痛了，莫名其妙地痛，昨天还好好的，今天突然好痛，遍寻名医都没有效果，连医生也看不出来什么毛病。医生还奇怪地说："奇怪，没有什么毛病呀！"那你可能说："你是庸医吗？这真的很痛耶！""可能是你精神紧张产生的错觉啦！"医生只能如此推断。

我告诉你，那是冤亲债主已经找上你了，你自己开启了方便大门，让他可以侵犯你了。又比如某人刚好昨天心情不是很好，因为跟先生或者是男朋友吵了一架，所以晚上都没有睡好，今天就浑浑噩噩地过马路,看到马路是绿灯以为可以过去,没有想到一部车迎面而来,就撞上他了,腿断了。

虽然车是闯红灯,但是凭他以前的那种清醒状态,他很快地就可以跳过去,可是事实上,车速度也不是很快啊,他就被他撞得腿断掉了。那是他的冤亲债主现形了。那个冤亲债主可能来了,就是那个司机,但是他逃不过去了。

我可以告诉你:有很多很多连锁反应,也就是债主要来对付你的连锁反应都会产生。所以,不只是暗室莫欺而已!这一些邪曲、不善的心念,你绝对绝对不要跟它认同,否则可能你就开启了自己苦难的大门。纵使你还有福,可是福跟祸是并存的,你不可能造福把你的恶业抵消掉,你的善业跟你的恶业都会同时来对付你的。可能是因缘成熟时,一起来对付你,先福后祸。

你只有保持清净宁静,而减少一切邪曲、不善的心、自我的心运作的过程,这才是真正的精进!也就是真正地往回乡的路、往空性的路在走。这条路是你最好的护身符,这条路连妖魔鬼怪、邪灵都没有办法对付你;因为有福神会守护你,有上苍的光明来做你的后盾,这是生命要得到幸福的秘密。

我说的秘密是:你们要很有福气,在这个因缘之下,你竟然可以听到这个宇宙幸福的钥匙,而你又会深信不疑,那是很不容易的。因为你要相信这个道理,只有两种可能性:第一个是,你的本性很灵敏,所以你一听就知道宇宙真理就是这样;第二个是,你非常相信老师这个人的能量、这个人的德性、这个人所说的法。你要知道这要多大的福气?所以我说:"它是最高机密。"因为福德不够的人,是不太可能相信、摄受的。"他说的是真的吗?""唉!这种道理我听多了啦!""唉!这个都是老生常谈。"而他依然故我!那他就错过了生命蜕变而得到幸福的机会。这是解脱的秘密，解脱的法则。

换句话说：如果你对自己斗争的心、算计的心、小心量的心、小鼻子小眼睛在那边叽叽喳喳的心，这些邪曲、不善的心完全认同，随之起舞，这些自我心来掌控你的时候，因缘到了，你会开启你的冤亲债主来斗你的大门。它可能是人，可能是拿着阎罗王令牌的鬼灵，甚至它可能是一只动物，以各种方式来对付你，你完全没有还手之力，你只能俯首称臣，乖乖地让它来凌虐你，任何人、任何神、任何神通都没有办法去化解。但是如果你警觉了你的邪曲、你的不善、你的自我的心的时候，让你的这些邪曲、不善、自我渐渐融解掉的时候，它会受你的感化、感动，即使它不受你的感化，它也没办法侵犯到你。

有人在外面耀武扬威，他在公司当老板的时候作威作福，可以丢部属的卷宗、让部属罚站；可是他回到家就判若两人，这是为什么？这就是他斗争的心吸引他过去生的冤亲债主或今生的冤亲债主来找他麻烦，也会把冤亲债主斗争的心全部都激发出来了。他在外面斗，回到家他的孩子或他的爸爸妈妈或者是他的先生、太太就准备要斗他了。因为他斗争心的能量，把他们过去的深仇旧恨情结全部都激发出来斗争了！所以斗争的心吸引你的冤亲债主来对付你的时候，你是完全没有招架之力，你完全没有办法防御，你完全是无路可逃、动弹不得的状态。

正住之五

魔鬼很痛苦，天使很快乐，
我们要当它们当中的哪一位呢

今天你如果是一个慈悲的菩萨，抑或是一个成道之人，你在分享当中会像佛陀、像孔子这些成道的人。他们在分享当中，也可能碰到一些魔鬼来斗他，因为魔出来才能彰显正法出现的光明清净。但是他们懒得跟它斗，他们不想跟它斗，这是不一样的心境。他们可以挥手就把魔鬼对待他们的这些邪曲、邪恶的恶行放掉的。

冤亲债主来对付你的时候，你是无路可逃的。就像你最喜欢的狗，你最疼的狗，它每次都咬你，你还是很疼它。虽然你很气它，但只是气一下子而已，你还是很疼它。它看到你就很想咬你，可是你对它就是疼得跟宝贝一样，疼得跟你的命根子一样。

这条狗就是你过去的冤亲债主，造化命运真的是不可思议，债主来讨报的时候，你自己是动弹不得、无路可逃的。有人平时常幻听，好像一天到晚有人跟他讲话，让他快发疯了，其实那是他的冤亲债主跟他讲话耶！任何人都没有办法阻止它，吃药也不管用。那是冤亲债主找到他了，他跑不掉的，没有人可以处理的。

你说："老师你神通也很特别啊！你可以帮我们处理看看。"我说："真是冤亲债主，我就没办法了，我没办法介入因果。我也是因果的一部分啊！我能帮助你是你的福田，我不帮助你是我无能耐，因为你没有那个福。我不会介入因果的！我只是你过去所作的善因果借因缘显现的一部分而已。"你曾作善因，所以你今天才有因缘，让老师来帮你处理这些不祥、不好的东西。

有人跟老师说："我去算命说我有十亿元的财产，但是我赚到一亿元了，还有九亿元我还没有赚到，但是我赚了这一亿元之后，我觉得好累好辛苦，我不想赚那个九亿元了。那我会得到怎么样的果报？"

这是一个有趣的话题，你命中有十亿元的财产，你只赚一亿元，还有九亿元你不想赚了，你会得到怎么样的果报？如果你是一个凡人，你会跟着你习性走，你绝对要赚到十亿元才甘心。现在赚到一亿元，你是不甘心的，只是由于你目前还处在情绪很低潮的状态、你觉得很辛苦的时候，你才说要放弃那个九亿元元的命中天财；可是当你的低潮或辛苦的感觉过去了的时候，你还是会继续拼命去赚钱。这就是凡夫俗子的运作模式。

但是如果讲这样话的人是一个有心灵的、有福德的人，他甚至会觉得这一亿元都不是他需要的，因为他每天还是吃一样的东西嘛，他也不需要吃什么满汉全席！他生活也是一样很淡泊啊，这个一亿元跟十亿元对他来说并没有什么差别啊！所以他赚到这一亿元已经感觉到那个滋味了，另外九亿元不是他需要的。他开始往内心的深处去探索，他不是强迫自己放弃，他只是没有兴趣再去追求那九亿元了。

那他命中的九亿元，他应该有的这些福田，会转化成他的智慧，会转化成他生命成长的灵性智慧，让他在听老师说这个法的时候，更能应机、更容易体会到很深刻的痛苦根源而感动摄受。

或从相信老师所讲的话的层面提升至"啊！原来就是这个样嘛"的境界，这是多大福德的人？我们扪心自问，今天碰到你有十亿元的福气，但是你只赚了一亿元，不再赚那个九亿元，是你很低潮时候所讲的话还是你用生命全然地体会讲的这句话？如果你用生命全然地体会而下这个决心，那你是不会再改变你的决心了，那九亿元会变成无限倍的你内心成长的一个灵妙智慧的福德。因为你生命转化、蜕变了，你不再追随物欲；因为你变成上天的使者，上天要通过你去实现慈悲。

这宇宙存在的现象要用两股力量，它才能够平衡。存在，它化身成两种力量：一个是正的能量，一个是邪的能量；一个是光明的能量，一个是黑暗的能量；一个是正法的能量，一个是邪法的能量；一个是天使，一个是魔鬼；一个是上帝，一个是撒旦。这是对峙运作的方式。

所以一个跟内心联结的空性人，或说一个成道的人，他自然就是这个样。他只是存在的通路，宇宙通过他流传正法的通路之一。但是存在也另有邪的通路，因为要维持这个宇宙的一个平衡，生命就是这样。

我们有时候在想：为什么宇宙之间佛法会衰微？为什么会是这样子呢？这是正常现象啊！阴盛就阳消，阳气少到了极限的时候，又会开始生出来了。春、夏、秋、冬循环，这是天体在运作的道理。

重要的是我们到底要选择去做什么？做天使，做存在正面的通路还是做存在另一个黑暗的通路，当魔鬼？当魔鬼是痛苦的；当天使是快乐的，是自由自在的。所以如果你可以选择，你一定要选择当天使，因为当天使很宁静、很清凉、很自在、很幸福；可是当魔鬼真的很痛苦，好斗成性、好算计，邪曲、不善的念头一直在那边运作。

魔鬼心量小得可以，天使的心量大得可以。心量大好自在，心量小好痛苦。

　　老师今天谈的单元，只是要让你们去看清楚，你到底是往天使这边的通路在走还是往魔鬼那边的通路在走？你喜欢当魔鬼还是当天使，你都可以自己选择。但是老师来这个世界的因缘，是来分享当"天使"的通路的。当然这个社会有另外的通路，太多太多了，到处都有，是要把你扯下去当魔鬼的通路，让你邪曲，让你不善，让你算计，让你计较，让你追求物质的，让你贪念丛生，让你沉沦六道里面的通路。

　　如果没有六道轮回，哪有解脱之道？就是因为有六道的沉沦，才有存在、天使通路的解脱，这世界才很美！存在为什么要这个样？存在就是喜欢这样玩游戏，我们都在玩一场游戏，我们都是存在游戏的一颗棋子。但是如果你是跟存在联结的时候，你就不只是一颗棋子，你已经是存在的化身、光明的化身。

　　但是你的自我、你的邪曲、不善的心还那么强的时候，你是存在的另一面，即魔鬼通路的一颗棋子。你是完全没有自由的，而却以为自己是很自由的，你对你的命运完全没有选择权，你是习性的奴隶，你是魔鬼的奴隶，你是痛苦的子民，你不用等死的时候才下地狱，你现在就活在地狱里面。怎么样让你每个片刻都活在天堂里？这是我要跟你们分享的。

第八章
怨敌的刁难是我们成就的必备条件

问：为什么有些人很善良，却总是被欺负？

答：根据因果镜的原理，他这一生要承受过去生所作恶业的果报。总是欺负别人的人，在下一生就会变成个性懦弱、受人欺负的人。

· 讲座纲要 ·

喜批判人者、看不顺眼、不满、敌视他人的怨念，会招引前世今生的冤亲债主来欺负你、欺压你，而令你无路可逃，痛楚难当。

且批判心深、广者，诅咒心极为强烈者，会吸引破坏性的能量也就是降祸之神来阻碍人或事，而令运势阻滞。纵使得运者，都会好事多磨、劳心劳力而难有顺遂有效率的成就；而如你是不当运者，则祸事频生，"屋漏偏逢连夜雨"的灾事接二连三发生频繁而痛楚难堪。批判者容易招致负性情绪所生的疾病，如心脏病、血液的毛病、精神官能的病变。

慧根之一

佛与菩萨是乘愿而来，凡夫是为因果业力而来

　　你前世及今生的冤亲债主，要来讨债也就是要来对付你，与你讨报，来发泄他今生或前世对你的怨恨。而产生的想报仇的情绪怨念，也许他是人，也许它是灵魂，也许它是动物，甚至它可能是蚊子，但是它就带了疟疾，或者是很强烈的病毒来对付你。

　　宇宙之间所有事情看起来是偶发的，其实它内心是以因果律为基础在运作，命中会发生的，它就是会发生。但是它怎么发生呢？它一定要有一个缘体，换句话说，那个因果律要产生作用的时候，需以缘体来联结。

　　就像电要电到你，是不是也要有导电体？如果没有导电体，没办法电到你的，那过去作的因果它要跟你联结上，它需要导电体，也就是那个缘体。那个缘体是什么？是你的自我，是你内心那一种计较、看不顺眼、批评，这样的情绪，这样的心情，正时时刻刻地出现，这样的情绪在出现时，就会把今生及前世的冤亲债主带到跟你联结而可以讨报的情境之中。

宇宙之间因果律运作的情况，事实上是三种——第一种是讨债，第二种是还债，第三种是报恩。这三种情况就是三界运作的法则，也就是因果律。

所以我们可以看到，世俗所谓的善缘事实上是以报恩的情况为基础而建立的，剩下的情况就是讨债跟还债。这就是三界在运作的法则。也就是因为这些情形，才产生了六道轮回。而佛菩萨来这个世界不是来讨债，也不是来还债，更不是报恩而来，他是乘愿来到这个世界，抑或者是因缘具足而来这个世界，来这个世界分享正法给有缘的、有福德的佛子。

佛菩萨是超出三界的，他在三界里面，纵使他化成为人的身体或者说动物的身体，或者其他形貌，可他里面是没有自我的，所以，他是来去自如的，而不受三界的束缚。

佛菩萨来到这个世界，你可以去注意观察，他们跟众生不同的地方是，他内心并没有凡人自我的那一种贪婪的习性。

佛菩萨他是来这个世界分享的，如果你一定要说菩萨还有欲望，那是慈悲的愿力，它不是欲，它是慈悲的愿力，因为看到众生的苦难，看到众生的愚蠢，而发生很强大的慈悲心，愿众生离苦得乐而乘愿来的。

而一个佛陀，如果他出生在这个世界，那是因缘而生的，因为他出现的因缘成熟了，就像乌云密布到降雨条件自然就降雨。这就是因缘，也就是说这个世界已经需要甘霖的因缘具足了。因为这个世界已经是混乱、黑暗得可以了，而有福德在等待解脱因缘来临的众生需要法雨甘霖普降的因缘具足了，才继续播种给有善根的众生解脱的种子，令其智慧萌芽。

这个世界混乱到极限的时候，混乱的另一端，也就是光明前的黑暗、黎明前的黑暗，意味着黑暗也开始要进入黎明了，那就是佛陀来这个世界因缘具足的时候了。

但是菩萨呢？他是乘愿不断地来，时时刻刻都在娑婆世界，分享他慈悲的愿力，不论这个世界处于任何时期，他都来分享他的慈悲，让众生能离苦得乐。

所以菩萨是让人很感动的，因为他是可以到达光明境界的人，也就是可以到达究竟解脱境界的人，可是他不忍心到达那个境界，因为他看到众生有苦难，他不忍心独乐。所以这个娑婆世界的希望，真的是过去、未来无量无边的菩萨在那个地方分享他们的慈悲。

有人在承担现在或过去或未来的佛陀所传的一切正法，一直在让它流动，让众生可以享受到法雨光明的滋润；有人是正邪不两立，他在济弱扶贫，让这个世界的众生过好一点日子；也有人是用他的身教来分享如何才是正确的离苦得乐的方式。

这些所谓的佛或菩萨，他们都是超出三界的人，他们不受生死轮回的束缚，因为他们早就具足不再生的能耐了，也就是说不必来子宫投胎转世，他们有这样的能耐，而他们来这个世界是因为因缘，或因为愿力而来的。所以虽然身处在生死轮回的大海里面，事实上他一点都不受干扰。

众生是生死轮回大海里面的鱼鳖，可是佛菩萨呢？他在生死大海里面游玩、游戏，与有缘的众生来分享他的慈悲，他的爱。

沉沦在三界的众生只有仇恨，只有报复，仇恨跟报复造成了讨债还债，这就是生死轮回的种子；而要往三界的边缘渐渐在脱离的人，他们已经有慈悲心，所以他们会感恩，为了感恩放不下今生或过去生的恩人，所以产生那个断不了的缘，所以就在三界的边缘，但他已经快超越了，但是他的感恩让他放不下他过去生的恩人而来这个世界，来报答今生或过去生对他有恩的人或者是动物。

可是因为还有自我，所以三界里面还是有讨债、还债这些因果业力牵缠的种子存在。这些因果业力的种子要出现，它是如何联结呢？那就是我们内心有一大堆情绪——非常激烈的情绪，我说这个激烈也就是很热的情绪，这个热是兴奋，这个兴奋并不代表说他一定是很狂喜，而可能是狂热、狂恨而令血脉偾张，这些也都是负性的情绪。

我们看不顺眼人家时候，我们批判人家的时候，首先受伤的是谁？是我们自己，我们心情开始不舒服、不愉快、愤怒，身体上血压升高、心跳在加速。

有没有批判人的时候，我们心情会高兴的？有没有看不顺眼人事物的时候，我们心情会愉快的？有没有诅咒人的时候，我们内心是很痛快的？

慧根之二

与敌人一起解脱，才是最大的胜利

有人过去生横行霸道，像螃蟹一样摇摇摆摆，盛气凌人，言行暴躁、残忍，让跟他有缘互动的人，都受尽了他的苦头，敢怒而不敢言。或许是因为他有权柄，比方说他是国王；或者他是一家之主的丈夫；或者是他个性浪凶狠、气力过人，人鬼看了他都会怕，而忍气吞声。

或者他到餐厅去喝一杯咖啡，价格是一千块，这个服务生端出来的咖啡只有七分满，但是这位顾客，他是去那边享受盛气凌人的快感，欺负人家，看人家对他摇尾乞怜或者被他凌虐的那种样子有自我得到满足的快感，而以一副很不客气的表情说："你们这是什么咖啡呀！竟敢卖一千块！端回去，你看看才倒七成满，你们是欺负人家呀！把我们当凯子呀？"

那个服务生呢？他只能说："是是是，对不起！""你叫你们老板来！"然后老板或店长来了，结果也被他大削一顿。

事实上有这么严重吗？这样的人当他得势得运的时候，他就会欺负人家，这就是在结梁子，这是在作结冤亲债主的恶因缘。这样的人只要他当运的时候,他时时刻刻都在随缘地广结恶缘,不知有多少人吃足了他的苦头。

因为他有权,或者他有势力,或者他有拳头,或者他有手枪,或者他有武功,或者他是你老爸,或者他是你先生,或者她是你太太。但是你要知道,人所作的善恶因缘都会回到自己的身上。等到这一生他不再当运的时候,他没有权柄了,或者他生病了,或者他的那股狠劲都消失的时候,那来生他会变成什么样子,你知道吗?

他会变得非常懦弱,像小媳妇一样的个性,我们会觉得他好善良哦!事实上他不是善良,是因为他要接受这个过去生欺负人的果报,但是他内心里面的批判、批评、看不顺眼都全部在,可是他这一生个性已经像一个不带种的老鼠,看到每一个人都是很怕争端,他会吓死,他没有力气跟人家争夺,他甚至没有力气跟人家争辩,他在与人家争辩时候,只有受欺负的份儿。

那是他过去生所作所为的恶果产生了今生的习性,那种懦弱的习性,然后来联结过去曾经被他欺负过的人、事、物,也就是人或动物都要来对他讨报。

所以我们会看到某个人个性怎么会那么懦弱,他被骂也没办法还口,个性好孬种,被打也只能忍气吞声。

但是我告诉大家,这个人并不是像你想象的那么善良,只是你看他的外表言行觉得他很善良。事实上是因为他过去生所作的恶业,而今生他必须要去品尝他过去生所作的恶业,所以他会变成很懦弱、胆小、很怕事,然后乖乖地被人家欺负。

那你会觉得很奇怪,为什么有些人那么善良,到处都有人要欺负他呀?好像他走到哪儿,那儿的人都要欺负他,那些人对别人都很好,恶人也欺负他,连看起来像是好人的人也会欺负他,怎么会这样呀?

这个人看起来也默默无言，也不会跟人家争，好像好好先生一样，可是到处被人家修理、欺负或骂，做什么都不对，那是因为他这一生就是来当被讨债的对象。

而所有来讨债的冤亲债主都要来对付他，可是这个要与他联结起来才能报复他，有一个条件要具足，就是这些冤亲债主要讨债的债务人，也就是这个还债的人，他内心要充满了看不顺眼、批评、计较、没有心量的心境，只是这一生他把这些情结都放在心里面而不敢讲。前世他那么爱骂人，喜欢损人家，喜欢讲人家是非！

宇宙之间有一个因果镜运作的法则，就是他到地狱受刑罚是因为他的过去生搬弄是非，或者是他的恶口、损人而在他寿命临终的时候，到地狱去受尽那个拔舌之苦，这是宇宙之间平衡的法则。受尽拔舌之苦以后，那一种痛苦不是一般凡人可以体会的，痛到骨子里面去，所以痛到他记得了，他不敢再讲人家是非了，他不敢再恶口骂人了。

但是他来投胎转世再为人的时候，或者当动物的时候，连狗都要欺负他，他再也不敢骂人或讲人家是非，或者当狗都不敢乱叫，那是因为他到地狱中受苦，痛到怕了，他现意识已经忘了，忘了这个教训，可是他潜意识记得。

所以他不再讲人家是非了，那我们就觉得这个人很有德性。不见得，那是因为他作恶业被惩罚怕了，而进入他潜意识的深处，这是第一个原因。第二个原因是，他这一生中就是要来受果报，也就是要来还债，所以他变得优柔寡断、懦弱，打不还手、骂不还口，这就是因果报应的可怕之处。

如果我们在过去生或今生曾经目中无人，或者因为我们的狂妄自大、恶口、盛气凌人的行为而伤害到跟我们有缘互动的人或动物，而造成了他们受到伤害，或痛苦，这些果报在今生或者来世一定会回到我们的身上，不管你做多少的福德。

　　冤有头债有主，你做福德是跟你做福德的人结善缘，但是跟你作恶业所结的恶缘的人、事、物，那是两码的事。无量无边的罪业，从无始劫以来，所作的恶业，我们怎么可能一一偿还得完呢？

　　如果要完全偿还，你才能过好日子，那你永远没有机会。你只有一个窍门，一个很殊胜的方便法门，也就是把邪曲的心、不善的心，都警觉让它消失，让你的自我都消失，那你与过去生你所作的恶因缘要联结的平台，或者桥梁摧毁掉了。

　　甚至过去跟你结的恶因缘的冤亲债主都会变成你的护法，或者来护持你，受你空性能量的感动，他也跟你一起解脱，那是你对他最好的回报，你印证到的，走成道之路的法来跟他分享。

　　生命最美的一件事情，是转恶缘成善缘！你竟然是用灵妙的本性、空性的流动，来清净了这些冤亲债主的无明，这是生命最美的一件事情。达到这种状态要从自己的内心开始。

　　内心里面有喜欢批评人的，看不顺眼人的心境，我们都要揪出来看。看一分，它们减少一分；看二分，它们减少二分；不看，它们永远不会减少，纵使你念了多少佛号，诵了多少经，或者做了多少次梁皇宝忏、大悲忏都没有用。

慧根之三

有理让三分，冤家也成亲

假设你开车在马路上，经过一个十字路口，而你的车是属于主干道的车辆，突然有一个很昏沉的驾驶人，很急躁地开着车，就这样冲出来，差点儿跟你撞到，或者说他竟然可以挡住你车的行进方向，或者超越你，那你感觉到他很不合理，那你批判心又出来了。

那这样批判心出来，比方说："这种人呀！最好是被车撞死，会发生车祸的就是这一种人啦！"事实上他只是忠于他的惯性、他的习性。他不守法习惯了，或者他昏沉习惯了，他常常粗心大意，目中无人，他不是故意的，他只是做他自己，你如果能体谅每一个人都忠于他自己的惯性，包括你自己也会批判他人，那你也是忠于你自己的惯性。

但是你能警觉你的惯性，也就是你批判他人的这样的惯性消失，你跟因果联结的平台就渐渐地减少，甚至斩断了。

又比如你在马路上跟人家会车的时候，有人是从支线冲出来，有人走路他常常只看前面而不看后面，他过马路也不会左右看，只是往他想走的方向一直走而好似目中无人、无车，似乎一切人、车都应该让他一般。

然后你就开始诅咒他："这种人被车撞死活该，会常常发生车祸的就是这样的人。"可是我跟你分享，他只忠于他自己的昏沉，忠于他自己的目中无人，忠于别人会看到他在走路而让他的认知，他觉得没有错呀！他做他自己，但是你还是按照你的惯性又再批判他，或者说你就开车吓吓他，或按喇叭让他吓得半死，或者还咒骂他。

如果你在警觉当下，你会让他，让人不一定要对方有理才让、对方无理就不让。让人不需要计较有没有道理。让人是因为慈悲心，别人无理我一样让他。时时刻刻都以让人、不计较为你生命的一个对照自我的观照法则，来看看你有多少惯性、多少自我存在。

在这个五浊恶世，在这个三界轮回的众生，他们有一个共同的特质——"不让人"。他们不让人是必然的；他们让人是偶然的，因为他们不得不让，否则会发生车祸，或者怕人家拿手枪来打他，或怕被打。

可是我跟大家分享，这是三界的惯性，三界轮回众生的惯性。如果你也跟着这个惯性在走，你怎么可能会超越三界，你怎么能超越生死轮回的束缚？无论你念了多少的佛号，无论你持了什么的经典或真经都一样，那是自我安慰；不论你买了什么赎罪券或什么天国通行证，都没有用的。

你要知道，当你要摧毁你的惯性，你只有一个法门，就是警觉你的惯性，不要再跟随"不让人"，不要再跟随"批判人"，不要跟看不顺眼的人、事、物这样的惯性来联结。这惯性的心念一产生，你就对照到了，你只要观照它，它自然会渐渐淡而消失。

就是你要观照，观照是要从对照开始，老师谈的这些法就是提供让你对照的方向，然后对照你过往的起心动念、你的行迹，也就是你的行为、你的心念。

你能在当下产生观照力，是因为你对过去你所产生的一切起心动念或行为，你都很细腻地在对照、在观照。你不可能不对过去的一切言行举止跟思维、念头不观照，而能使活在每一个片刻的空性会出现。

你当下能警觉，是因为你对你过往的一切起心动念、行为很细腻地去观照。所以老师常常建议大家，或听闻到这个法的这个世界的众生，你们必须常常跟自己独处，来看看自己到底起了多少看不顺眼的心、批判的心、好斗争的心、不让人的心、小心眼的心、小鼻子小眼睛的心，或者计较的心。

计较而产生算计手段的行为与起心动念，都要一一揪出来看，这些邪曲的心对你一点都没有好处。它只是让你产生仇恨的情结；它只是让你身心处于不健康的状态；它只是让你在生死大海里面不断流浪，永无出头之日；它只是让你活得很痛苦，而不自觉还沾沾自喜。"人不为己，天诛地灭"，那是在三界轮回的法则；"人不为己，天诛地灭"，这是沉沦在三界轮回的真理。

"人不为己，天诛地灭"这个道理是不正常的，但是凡人都以为它很正常，把这句话当做千古名言、真理。这句话是三界轮回的桥梁，是让我们活在地狱里面的唯一理由。所以凡人认假为真，就是执着于那么虚幻、那么愚蠢的歪理，却以为它是天经地义的道理。

有人只是不敢讲而已，因为讲起来多没面子。所有人，在六道轮回里面沉沦的人都是这样想的，所以就没有心量了，没有心量怎么可能会脱离六道轮回？没有心量就产生那么多的批判、看不顺眼、计较、斗争，这样的心念怎么可能会让过去的冤亲债主找不到你呢？而且找到你还能修理你，因为你已经替他来修理你的这条路铺上了红地毯，你要跟过去的冤亲债主来结婚，我说的是真的哦！

一般夫妻结善缘的几率很小，美满婚姻是很少的，讨债比较多。一个要讨债，一个要还债，从什么地方开始？从这些邪曲的心念开始，所以这个世界从一个小孩出生开始，就在教导复制，教导要算计。要算计的基础要先计算，计算清楚才知道到底是人家亏我多少。

　　所以我一定要不吃亏，从小开始就这样。从心算到打算盘都在算数字，算怎么样才不吃亏，算怎么样才能赚得到而不赔。

　　谁欺负我，我一定向他讨回来，这个世界不管处于任何时空，就是我要讨回来。这个世界都在教导这个法则，这是什么？是沉沦因果轮回的法则，是沉沦三界、生死大海的法则。

慧根之四

我们誓死坚持的东西很可能只是个人的偏见，
但它让我们受尽折磨

今天早上有一对同性恋的恋人来老师这里论事，而那个同性恋中的那个男的，就是扮演男的角色的人还是双性恋，他可以爱男人也可以爱女人。

他很痛苦，他问老师说："老师我想请你帮我看看，我前世到底做了什么坏事，我为什么会沉沦到这个样。"他不想过这样的生活，可是他控制不了，而且说实话，他本身是男的，他是同性恋中扮演男的角色，而且他竟然还劈腿，他同时跟两个"女孩子"交往，当然那两个"女孩子"也都是男的同性恋。事实上他不喜欢这样，他控制不了自己，他觉得很痛苦，他感情路为什么那么坎坷，他想要知道一个答案。

老师进入他的前世去观察，到底是什么样的情况导致这样的事情？我看到了，他过去生是一个判官、卫道的人士，是自以为自己信奉的道理是天经地义的真理的那种老学究。在他过去生中，有那种断袖之癖的人被告了，案件落到他的手上，这个案件的被告就被他批判得体无完肤,他觉得这是妖魔鬼怪,这是变态者,甚至把人家发配边疆,让人家去坐牢。

他看到人家断袖之癖而相爱的人被他拆散而痛苦,他不但不同情,还批判人家是妖魔鬼怪、扰乱社会善良风俗,硬把人家拆散,因为他是个卫道人士,他觉得这样是不应该的,严词谴责甚至各种处罚的手段都使出来了。

他是个卫道人士,而且这位先生那一辈子也是个水清无鱼的人,他非常清高、自以为是,还有坚持他的道德理念,所以在他的生活里面,他有很多看不顺眼的地方,但是宇宙之间的因果法则是非常有意思的。

所以这一生就让他去体会,体会当时断袖之癖受他伤害之苦,受他的处罚之苦,让他体会相爱的人不能结合的痛苦,所以他这一生感情的路很坎坷、很痛苦,他控制不了自己,他不喜欢这个样子,不想当同性恋,可是他没有办法。

所以,所有的批判,所有的看不顺眼都来自于你内心有固定的思考模式,固定的一些道理、原则,而你误判为天经地义的道理你从不自觉。换句话说,就是老师说过的你根本没有提出问题的能力,只有接受答案的能力,你来不及提出问题,你已经接受了前世跟今生社会、经验给你的习性跟答案,而完全都不怀疑。

这样会产生你的价值观,你所谓的道德感。然后呢?对一切逆着你价值观的人、事、物,你都会产生批判、看不顺眼,然后这辈子这位先生看自己也不顺眼,他根本不能接受他自己是这个样。这就是因果报应的惩罚呀!

宇宙之间真正的真理是什么?是"自然",自然法,放诸四海皆准的,古今中外大家都能奉行的道理,而且跟时空无关,它是发自于慈悲的,这就是空性的道理。

时代产生了当时的价值观，比方说在古代父系社会，在男人掌权的世界，男人可以三妻四妾，可是女孩子不能红杏出墙。男人三妻四妾是没有罪恶的，因为他要掌控他的权柄之运作，所以他创造了女人贞节牌坊。

女孩子红杏出墙，在古代是要被吊死的，或要接受惩罚的，那男人就不应该这样吗？这不是自然法，这是作恶业；这是统治者的价值观、他权力的欲望导致的，是不平等的。如果以这个为我们的价值观，事实上就错过很多的东西。

然后产生很多的批判，看不顺眼。这是什么？认假为真。这是虚幻的道理而非真理，这里面有很多的权力欲望，所产生的思想、思维跟空性一点都无关。但是我们都没有看出来，我说是因为我们是凡人，没有提出质疑，或者提出问题的能力。

一个恶婆婆，她为什么变成恶婆婆？因为她的婆婆是恶婆婆，在她当媳妇的时候，修理她；现在媳妇熬成婆，她变成恶婆婆，她要报复，但她不可能找她的恶婆婆来报复，因为她恶婆婆已经死了，所以她现在找她的媳妇来报复，一代一代地循环下去。

这个社会给我们的价值观，我们从来都不怀疑，这就可能会认假为真，即很虚妄却以为是真正的道理。这些所谓的价值观或许是无明，是我相，制约着社会的发展。

自然法（Nature Law）是放诸四海皆准的那一份慈悲心、那一份体谅心。老师所说的这些法是从空性出来的，这些才是究竟的真理。换句话说，就是我们要对照内心是不是有这么多误以为真理的东西，对照以后才知道怎么观照。

孩子是你生的，但是他只是从你身所出，你只是做这件事情而已，你对他没有所有权，没有掌控权。

可是我们内心有太多的价值观，或者说接受的答案，我们就认为孩子是我生的，就是我的财产，要听我的，要对我很尊敬，要听从我的道理，而孩子的道理不是道理，只有我的道理是"宪法"。孩子逆着我的道理，我就很抓狂，我就觉得孩子很不孝，然后就产生所谓的代沟。

我们生命中有太多太多自以为是的观念，是这些观念让你受苦。你认为孩子应该怎么样对你，这是你已经既定的概念、价值观，所以孩子如果对你讲话大声，或者孩子对你提出的道理有一些质疑，想跟你讨论，你马上就抓狂，马上变脸——像川剧变脸。因为你是长辈，你几乎是不容许他可以和你有讨论的空间，也就是他只有接受你给他的答案，他不能提出问题。

慧根之五

强扭的瓜不甜，
我们不能强迫他人像我们爱他一样爱我们

我记得有一个客户，从小她爸爸对她非常严格地管教，让她非常地苦。她曾经为了这样的受苦而想离家出走，但是她没有这样子做，所以她痛恨她爸爸对她这样严格管教的方式——"斯巴达教育"。

有一天她已经当妈妈了，然后她对教育的问题，也就是她跟子女互动的问题，产生很大挫折感。

她感觉她跟小孩子都无法沟通。所以她问我为什么会这个样，我就替她观察一下，我只是让她来自我观照一下，其实她爸爸对她的教育已经造成她的伤口了，她非常痛恨爸爸对她的"斯巴达教育"，她曾经为了那样的教育想逃离那个家。

可是她现在已经走上了她爸爸的路，她爸爸这样教育她，而她用这样的方式来教育她的子女，她都不自觉。因为她没有提出问题的能力，所以她全然地接受这个答案，而且造成她的伤口。

媳妇被恶婆婆虐待已经造成她的伤口了。现在媳妇熬成婆，她就要变成恶婆婆来修理她的儿媳妇。这个客户把爸爸给她的那一套，完完全全地不自觉（在潜意识），完全是昏沉地，完全照单全收转嫁到她孩子身上。

可是她孩子所受的教育是新时代的教育，是电子时代，是从同学的互动当中，从上网的互动当中，从老师、学校还有社会、电视给他的教育当中学习来的。

虽然她继受了她爸爸的"斯巴达教育"，可是她孩子却不是她，她孩子很有独立自主的意见，所以跟她产生了很大的冲突。

生命唯一的问题在哪里？就是我们对自己所继受的一切概念从来不怀疑，以为它是真理。我们的习性、我们的惯性，我们都从来不认为它有什么问题，这是生命唯一的问题，这是造成我们对外界批判、看不顺眼的根源。

所以你内心有多少的自我习性、自以为是的价值观，你就会对外在产生多少看不顺眼，这些你都要一一地揪出来看。

不论你处于哪个世界，你都会觉得那个世界有问题。这是因为内心有自以为是，而从来不怀疑的思维概念、惯性存在。你如果携带着这些价值观、习性，那你就准备受苦。

这些价值观形成你的欲望、你对这世界的要求。在跟你有缘互动的人、事、物中，你会对他们产生一个标准欲求，当他们符合你要的，你觉得他们很好、很棒；但是当他们逆着你要的，你就觉得他们很可恶、很过分，或者不好，或者不接受他们，批判他们、不喜欢他们，甚至逃离他们。

我们内心有多少的完美主义，多少的理想主义：这事情应该怎么样才对，怎么样就不对；这人应该怎样才对，怎么样就不对；你当小孩的应该怎么样才对；你当我的先生，你怎么样才对；你当我的太太应该是怎么样才对；你当我的孩子应该是怎么样才对；你当我的朋友应该怎么样才对。你要知道，这些是造成你痛苦的根源，造成你批判的根源。

有时候我会跟一些妈妈说，你可以想念你的孩子，那是你的自由，可是内心有一些观念，它会造成你的痛苦。什么观念呢？你会跟你的孩子说："妈妈好想你哦！那你有没有想念我呢？"如果你的孩子真的想念你，他会说："妈妈我真的好想念你哦！"这时你就好开心。

但是你的孩子也有可能一点都没有想念你，但是他怕伤你的心，得罪你，就说："妈妈我很想念你。"你听到的是假话，糊弄你的话，然后你自己在那边开心，事实上它有意义吗？

你的孩子他爱你或不爱你，事实上不是你能掌控的。而你想要他爱你，以为他是你孩子，他必须要爱你，那你必定是要受苦的。

他爱你的几率不大，因为不是冤家不聚头，这个世界就是讨债跟还债的形象世界。爱你的几率小，讨债的几率很大，还债的几率比较小，报恩的几率更不用谈。

所以我就对这个妈妈说，你想念你的小孩是你的自由，那小孩想不想念你是他的自由，是你的自我把它们联结起来了。

情人、夫妻也是一样，有时候你很宁静地观察，你会觉得是一群疯子讲疯语。我为什么这样说，你知道吗？你朋友就跟先生讲："你爱我吗？你爱我吗？"我告诉你，如果你先生爱你，你看得出来。如果他不爱你，你还是要问，你得到的是你给他设定好的答案，这样你就开心了吗？如果他敢说不爱你，那他后面的日子就难过了，所以这有意义吗？

如果他爱你，你观察就知道了；如果不爱你，这也是事实，你能要到什么？

可是凡人真的很愚蠢，互相在玩一场满足自我的游戏，"我好爱你，我会爱你一辈子"。不知道明天还爱不爱，就敢说会爱他一辈子，这不是昏沉是什么？这是在作恶业，这是虚情假意，因为那是很昏沉的话。

真是这样的话，为什么会有那么多离婚的人？为什么有那么多劈腿族？如果你的女朋友或你的先生、你的太太问你说"你爱我吗"，你如果不爱她，你不要欺骗他。如果你爱她，你就说"我爱你"，但是你不需要讲那些糊弄别人的话——"我会爱你一辈子"。现在你爱她，并不代表你明天还爱她耶！

所以你要警觉，也就是静心，你的自我要从这个地方，去警觉、去开刀才有渐渐融解掉的可能。如果你讲的话是言不由衷的，是你想讨得某种利益，那我告诉你，你就会有批判的心。因为你一直在算计，所以你就跟因果镜联结起来了，这就是跟因果律联结的平台。

慧根之六

大心量是幸福的基石

> 做一个真实不虚的人，对这个世界一无所求，因果律所说来讨债的冤亲债主就渐渐地找不到攀缘你的机会了，因为你把这个联结的桥梁扯断了。

这个世界的人真是一群疯子，讲话言不由衷，随时在作无边无量的罪业。

我们练习对照、观照，把那个虚假、邪曲的那一面一一地揪出来看，真心渐渐就会显露，空性本来就存在你内心。老师说的一无所求，就是不求名，不求利，什么都不求。

如果我要求人家尊敬我，我要求跟人家不一样的待遇或受重视，那还是求呀！那一无所求，这一份真诚的慈悲爱心本来就存在，但是我们有那么多的计算、邪曲心，那这些心就盖住了这些真实的空性了。

只要我们能这么深入地自我观照，我们的情绪就会渐渐地消散，那里面就有无边的清凉和宁静，那里面会有无边的智慧，那里面会有无边的像老师这样的说法的本事，你就变成存在的通路。那里面也会有一切的穿透力，有可以跟众生分享离苦得乐的一切方便法的神通，而不需外求。

不需要用各种方式去开发第三只眼，也不是念多少咒就会得到感应。

当你渐渐地能把这些自我，这些批判、看不顺眼，这些邪曲的心——揪出来看，你的心就会愈来愈清凉，你的身体会愈来愈健康，你的命运会愈来愈好。

当你能愈来愈深入、愈来愈彻底地恢复到你的纯真的空性的时候，那我告诉你，福神就会来守护你，因为你已经变成存在的通路了，存在会透过你来实现愿力或因缘的慈悲，也就是你过去所许过的慈悲救度众生的愿力，而你已经渐渐地完完全全地跟空性联结了。

空性法身要透过你来实现慈悲；而破坏性的力量、负性的能量，或者阴气、鬼灵、或不幸的事情渐渐就没办法干扰你了，你会变成绝缘体。

如果说还有不幸的事情产生，那我告诉你，那个不幸的事情是假的，不是真的，因为它里面有逢凶化吉的能量存在。看起来是不好的事情，事实上它最终是很棒的好事，我说的是物质或心性蜕变成长上的好事哦！

真正的好事，会在你心性上，使你有脱胎换骨的蜕变，让你成就更深更自在的心灵的智慧，所以都会变成好事了，都会有守护神来帮你，来引导你。甚至它来带着你或帮你去处理了一些障碍，让你有顺遂的福分，让你把福分透过这样的因缘来跟有缘的人来分享慈悲的救度。

但是反之，如果你的批判心很强，而你都不自觉，还一天到晚在骂人家，在评比人家、看人家不顺眼、没有心量，这样的心境，这样的念力常常在出现，你就会吸引冤亲债主来给你恶报。

如果你的行为太过分，已引起人神共愤、天怒人怨，已经违反了自然法，破坏神就会出现，也就是降祸的神会让你常常碰到天灾，不好的事情会跑到你的身上。

有人在野溪温泉泡温泉，就被石头砸到而死掉；有人要自杀，他偏偏就压到你，他不去压到别人，而那个自杀的人没有死，结果你死翘翘了，不可思议的祸事会发生在你身上。

所以一个人做事情如果常常心存仁厚、体谅人，把没有心量或心量不足的地方都揪出来看，让自己的心量愈来愈大，让老天爷都很感动，那福神就会来守护你，你不需要追求或精于算计，可是就有无边的福分在疼惜你、在照顾你，然后让这个福分透过你的手去分享给有缘需要被救度的人。

但是如果我们做了违反因果律的事情，比如我看到我母亲或父亲，就找借口说，你前世欠我的，所以我这一生就要跟你要，甚至打父母，对父母做不仁不义的事情，引起天怒人怨，在中国、在外国，从古代到现在、未来，没有任何社会的法律可以支持的，那你就准备招祸。宇宙公法就会出现了，降祸的神会来修理你，会让你常常有不顺利的事情发生，那是公法而不是私法。

私法是指私下地跟你过去生结了梁子的冤亲债主，或者说你要跟他讨报的，你是债主，他是要来还债的。

而公法就是福神，还有降祸的神。你的心量超越了这个自然，这个人世间看不到的心量，你会让老天爷感动，然后福神会来守护；如果你没有心量、小鼻子小眼睛，已经超过了这个人类社会、这宇宙可以忍受的尺度的时候，公法就出现了，你不用等到死的时候才下地狱受刑罚，那个降祸的神就会来降祸，让你马上就在地狱里面。

我们可以看到佛陀的故事：佛陀的堂弟菩提达多三番两次要陷害

佛陀，他甚至要逼佛陀退位，把佛的位置让给他，让他当法王。佛这个位子还可以让吗？它不是世俗的权柄，它是空性的正量。但是他是佛弟子，竟然可以做到这样的绝，然后三番两次要伤害佛陀！到最后降祸神出现的时候，天怒人怨，他在活着的时候，大地裂开了，就活活地从这个地平面上掉到地狱里面去，这是佛经《法华经》中记载的内容。

所以对我们所有的批判，看不顺眼，小鼻子小眼睛的没有心量，慈悲心不足的这些情绪，还有这些价值观、这些起心动念，我们都要一一揪出来看，以免让冤亲债主可以很容易找到你。

纵使冤亲债主找到你，也要你有这些邪曲心，他才能跟你联结上。

你要知道，这些心境，这些邪曲的心、不善的心境，只会造成你的身心痛苦，对你一点都没有好处。我们不要那么愚蠢地一直怀抱着它不放，我们怀抱它，我们就在地狱；我们警觉它，不跟它认同，我们当下就在净土里面，我们当下就成佛了。

为什么没有办法活在当下？因为我不甘心放下这些批判的心，不甘心放下这看不顺眼的心，不甘心放下这不满的心，不甘心放下这鄙视的心。换句话就是说，我们不甘心过好日子，不甘心过幸福的日子。你看众生愚不愚蠢！

你不甘心，要脱离六道轮回，每天诵经念佛，念个佛号说要往生西方极乐世界，要成佛，要脱离六道轮回。但如果这些邪心都在，不管你用什么样秘密的口诀，或者说有什么上师灌顶加持，我告诉你那是一点作用都没有的。你活着已经在地狱里面，你死的时候会在天堂吗？如果你活的时候没办法在天堂，死的时候你也休想会活在天堂里，这是一个千古不渝的法则。

当你内心充满了看不顺眼、批判这样的心境，甚至化为具体的行动的时候，你会常常遭遇到有人讲你是非、看你不顺眼，纵使你外表不讲人家是非，但是你会常常莫名其妙地碰到人家看你不顺眼，说你是非或来捣蛋让你很难堪，甚至当面给你侮辱，讲一些让你很痛苦、不堪入耳的话来刺激你。

很奇妙的是你内心有这些批判、看不顺眼的情绪的时候，它就会吸引那个因缘发生，也就是你过去生、今生的冤亲债主来对你报复，甚至还会加倍加利息。

如果你内心的邪曲、批评心境是一分，你会碰到他人以十分的威力来刺激你，让你难堪，到处都会碰到口无遮拦、很直接的人来羞辱你，不管他是故意或是过失，你常常会碰到这样一个现世报的因缘。

而且现代是什么都讲究快速的年代，因果报应真的很快。换句话说，今生所作的恶业，不一定要等到来生才会回报到你身心上，尤其是公法的惩罚速度是更快的。

公法就是宇宙存在透过降祸神来修理那个作恶业的人，惩罚的速度很快。

所以一分的邪曲心念会吸引十分恶毒的冤亲债主来对付我们，我们内心只要存有一分批判心、看不顺眼的心念，就会吸引十分或一百分以上的报应来对付我们。

我们只是内心看不顺眼，可是就有人来找我们麻烦，看我们非常不顺眼，甚至来找碴儿，来扁我们；甚至我们随便吐个痰在路上，当然是没有公德心，你就会碰到有人就会当面羞辱你说："你怎么那么没有公德心呀！你不觉得你这样很可耻吗？"

因为你内心有看不顺眼的人、事、物的种子存在，所以要对自己所有的不善、邪曲的心、批判的心、看不顺眼的心，都要一一地尽量很细腻地去对照、去警觉。

我们的身心病变，如心脏病、高血压、肠胃气、头痛、鼻子过敏、扁桃腺发炎等，这些心念跟批判的心或许有很大的关系。

纵使你表面上是一个不会恶口的人，讲话都有修养，但是你内心有那些心念在积压，会造成你现世的那种病变，色身、身心的病变，甚至吸引这些无形的外灵可能会来干扰你，让你变成幻听！更严重的就是有人会来对付你。

所以我们为了自己的幸福，就不要跟着自己的惯性走，要警觉自己的惯性，跟着自己内心清净的空性、慈悲的本性走。

第九章
成为"万人迷",
也只能加剧内心的纠结痛苦

问:为什么不要让内心充满一大堆的负性情绪?

答:这些情绪会开启与过去生恶业联结的大门,使人生就此转向不幸。

· 讲座纲要 ·

　　嫉妒心强者，对别人所拥有的美貌、幸福、顺境、成就，容易引起强烈的嫉妒心念。这样的心念容易招致不顺的祸事接二连三地发生，令自己疲于应付，纵使自己在好运当中，亦会碰到接二连三的麻烦事令自己愤恨痛楚。这就是同类的能量会吸引同类的事情发生的因果镜法则。

　　这世界就是一面镜子，你对它笑，它就对你笑；你对它愤怒、嫉妒，它就会显示令你嫉妒、愤怒的事情发生的因果法则。心是因，外境是缘体。清净的心念吸引清净的人、事、物，而得清净的果；恶念的因会吸引恶缘发生，而得恶果。

无妄之一
哪怕你已身居高位，嫉妒一念起也会招来祸患

一个人从他懂事以来，从小到大到走上社会，常被他的朋友、同学、同事或者有缘跟他互动的人产生嫉妒心，对他所拥有的财富或者是他所具有而他人一般比较缺乏的优势条件，比方说美貌，比方说才华，或者是事业的成就，说了一大堆闲言闲语，甚至有人对他的成就、名声、拥有的一切优势条件，采取的毁灭性的行动。

而最苦的是，这个人又只有受伤害的份儿，动弹不得，无所遁形、只能处于挨打的状态，毫无还手之力，而深感痛苦不堪。当他处于这样的情境，他无路可逃，而他又很在乎这种受伤害的痛苦。这是由于他过去生或今生的冤亲债主已经现形了，而且他已经开启了冤亲债主可以跟他联结、可以去摧毁他、让他痛苦、让他受伤的大门。

而这个大门是被讨债的人自己开启的，而债主可以长驱直入直捣他的痛苦核心，切入他最痛苦的点，而造成他生命的伤口。这是被讨债的人自己邪曲的心开启了冤亲债主可以来讨报讨债的大门。

而它是如何开启了这一扇大门呢？一个人，他今生或过去生曾经

因为他的嫉妒而产生愤怒的伤害性行为，而去伤害了他人的心，或许受害人不知道是谁加害他，但是因果镜知道，老天爷知道，宇宙运行的法则知道，因缘到的时候绝对会回报到加害人的身上，而它是怎么样回到造业者的身上呢？

作恶业者一定要具足某种条件，才可以让冤亲债主直捣黄龙，直捣他的心脏，让他痛苦得无路可逃，叫天天不应叫地地不灵。

换句话说，造业者他要受果报，必须要有这些邪曲、不善的心运作，才会让冤亲债主可以长驱直入找他的麻烦。

狗仔队，他们伤害一些名人的名声，或者造成名人的家庭不和，名誉的损失，甚至演艺生涯全部毁灭，而受害者几乎很少有还手之力。纵使受害者打赢了官司，又怎么样？顶多是报道刊物对受害者做某种程度的赔偿，可是受害者的一切，他在乎的事情，或者他已有的成就，或者拥有的优势条件，全部都被毁灭了。

这里可能面有很复杂的因果关系存在，我们细细地去分析，但是我们要能体会那个感觉，那个受苦而无力还击或无力防御的感觉。

宇宙之间所有的果报，不论是甜蜜的，或是痛苦的，都是由于自己今生或是过去生所造的业形成的，但是它要联结这个果报的桥梁，受害者必须有这些邪曲的心念为因果联结的引力。受害者被他人伤害，是因为嫉妒他的人产生想攻击他的行为，是来自于受害者内心一定有一颗目空一切的心。

当一个人有目空一切的心，可能是对于他在乎的某些事情，就会以自己所拥有的而别人缺少的优秀条件，而产生对他人的鄙视或批判、看不顺眼。

这事实上也是目空一切的贡高我慢的心。一个贡高我慢的人，他就会吸引今生、过去生的冤亲债主产生嫉妒心，而有了想要把他扯下来，破坏他、毁灭他拥有的优势条件之类的念头，进而产生行动。

他如果是你的冤亲债主，你绝对会受伤害，而无路可逃。不招人嫉妒是庸才，这是古人讲的至理名言。你会招引人家嫉妒，一定是你拥有某种优势的条件是别人所没有的，而你有这样的优势条件的时候，你又很贡高我慢地显露出你的优势条件，缺少低调、谦卑。

在凡世间这样的行为模式必然招致他人的嫉妒，或者是不屑、鄙视。而如果他不是你的冤亲债主，他是伤不了你的，而你也不会在乎；但是他如果是你今生的或过去生的冤亲债主，他绝对有能耐可以摧毁你所拥有的造成幸福优势的条件。

如果你会招致他人嫉妒你，你一定有几个盲点，也就是你有邪曲的心，产生了他人嫉妒你的果。

换句话说，你是在无意识或者有意识状态之下具有贡高我慢的心态，或许你并没有显露出来，你看起来很谦虚，但那是你伪装的，你的内心是目空一切，你的谦虚是要赢得别人对你的尊敬。事实上你很自大，但是你并没有去警觉。你要知道，贡高我慢是邪曲的心，它会引起别人嫉妒你，甚至产生伤害你的行为。

如果一个人有能耐可以伤害到你，那是你前世曾经因为他的贡高我慢而对他产生侵略性、攻击性的行为，让他受伤，所以这一生他来回报你。

也就是说，你一定要扪心自省，你内心有没有贡高我慢的情结，或你也有对他人产生嫉妒的情结。如果你没有去观照，你有这样的心念而不自知，那你永远在吸引别人来嫉妒、伤害你，然后你也在莫名的昏沉的状态下，也以嫉妒心来伤害别人而不自觉。

贡高我慢的人们呀！贡高我慢的凡夫呀！你一定有嫉妒的情结，在你优势的地方你瞧不起比你低弱的人；可是你内心也对比你强势的人，从而产生了嫉妒的心。所以贡高我慢的人绝对有嫉妒的潜藏的因子,只是你没有察觉,你才没有蜕变的空间;如果你有察觉,过去你所结梁子的恶因缘来找你讨报的联结线才有断绝的可能性。

我们来看看好了:家人聚集在一起看电视,先生就说:"哇!那个某某明星长得好漂亮哦!真的好棒,好漂亮哦!"而太太有可能会讲:"呀!那都是美容出来的嘛,而且她也是很矫揉造作呀!我看她哪有什么漂亮,是你自己眼光很没有水准。"

你是那个太太,你讲这样的话的时候,你必须要审视你自己:你是很全然的,没有任何的贡高我慢,还是嫉妒的情结在作祟,而说出来的评价。

如果那是你真心的看法,那就没有问题了;但是如果你内心是有杂质,也就是老师刚才说的这些嫉妒心,或者是贡高我慢心、邪曲的心,你要知道原来是有贡高我慢、有嫉妒的种子在你心里面。

无妄之二

邪曲又爱现才会招人嫉妒，
大德们再优秀众人也只会仰慕

> 人的自我要融解，人的邪曲的心要消失，只有透过很微细的念头，接触到外境，去对照，去观照，它才会渐渐地消失。

内心有贡高我慢情结，也就会有嫉妒的种子。事情没有发生的时候，也就是没有跟外境接触的时候，你是看不到这些念头的种子的，所以要借外境来观照，因为这个念头是你生死轮回的根本，是把冤亲债主引出来找你讨债的根本。

我们是不是细腻地观察自我种子？我们是不是常常有吃不到葡萄就说葡萄酸的心理？如有的话，那内心就是贡高我慢及嫉妒的种子，也就是这些邪曲的心在运作。

不怕你有这些邪心，就怕你不知道你有这些心在运作。这些心不是罪恶，只是你生死轮回的根源。你不需要批判这些心，你只要知道，你拥抱这些邪心只会让你自己痛苦，它是让冤亲债主找上你的一个钥匙。你要把这个钥匙丢掉，为你自己的幸福，为你自己的自在。你不需要对别人交代，你不需要对同修或道友交代，或在老师面前显露出你已经是一个非常谦卑的人了，那没有任何意义，你只是为了要追求你本来面目的显露从而要得到真正的幸福，而去观照。

假设我是一个男孩子，我在上班，我现在很努力地工作，但是我现在还是一个职员，有人跟我说："哦！某个人好厉害哦！年纪轻轻的就当上副总经理了，年纪都比我们轻耶！真的是太厉害了。"

每当有人跟我们讲这样的话的时候，我们就看看，我们自己有没有嫉妒的心或贡高我慢的心在运作。如果我们有这些邪曲的心在运作，可能就会很本能地反应就说，"呀！这个人就是拍马屁呀！我太了解他了，他什么都不懂，他就是会拍马屁，一天到晚在那边作奸犯科，踩在别人的肩膀上，让自己爬上去，这是一个很邪恶的人。"

每当我们讲这样的话的时候，我们就要很细腻地来观察自我种子是否存在，我们是经过宁静的观察而得到的看法，还是我因为我达不到他人那样的成就，所以有吃不到葡萄说葡萄酸的心境。

如果是很宁静的观察的看法，那我不应该只看到他拍马屁这部分的事实，或许他的工作能力确实是很强，他在规划公司的远景真的是头头是道，报表做得也很棒，他做事情态度也一丝不苟。而拍马屁也是他的本事之一。

我还会看到我自己一下班就要回家，可是他下班还没有回家，因为他是工作狂，而且他还要陪老板交际应酬，他也在这方面付出了代价。

我不付这个代价，人家付出代价，他得到他所要的，所以这个人成功。这两边的事实，一切我都看得很清楚，那对这个人就没有什么好批判、好嫉妒的啦！

但是如果我有这些很邪曲的心、嫉妒、看不顺眼、吃不到葡萄说葡萄酸的心境的时候，我就只看到他这个人的负面，而没有看到他能力或导致他成功的因素。这是因为自己的邪曲、嫉妒、贪婪、贡高我慢的自我，找了最合理自我欺骗的借口。

如果你是这样的人，你怎么会成长？这样的人一辈子都很平凡。如果我意识到自己嫉妒心很强而我会观照、反省自我，听到别人那样说他时，就知道那是邪曲不善的心作祟、批判。事实上我自己在公司也有往上爬的企图心，但是我没有他那种拍马屁的本事，我也不愿意花时间去交际应酬，那我就要好好地赞叹、祝福他。我的方式只能达到我目前这样的一个成就，他的方式就能达到他那样的成就。我们怎么可以去批判人家呢？道不同不相为谋而已。

我们只能说，我们行事风格的不同，我们祝福人家。这就是很细腻的自我观察。

有人从小到大到处都有人嫉妒他，那是因为他时时刻刻都在现，他要现出他很妖娆、美丽的样子，他要现出他很有才气的样子，他要现出他与众不同的样子，甚至他很谦虚的样子也是在现；然而他又觉得这世界上没有一个人是好东西，因为到处都有人在嫉妒他，而嫉妒他的人都是吃不到葡萄说葡萄酸的心理。

你要知道，那是他自己造的因呀！他自己已经建立了果报可以联结的平台，让别人可以嫉妒他，把今生及过去生的冤亲债主都联结上了。

那我们可能会提出个问题说："这些圣人、佛陀，他们在传法中，也会受到人家的嫉妒嘛！难道他们也是有嫉妒人家的心，有贡高我慢的心吗？"我们要很审慎地来看这件事情哦！外表看起来是一样，事实上是不一样哦！我刚才所说的这些，都是为了自我的利益而招嫉妒的；而这些佛菩萨，这些觉者、圣者，他们来这个人间是为了一份慈悲的因缘，或者愿力，他们所作所为，是为了开启让众生离苦得乐走向光明的路。但是他们的所作所为，一定会破坏了既得利益者拥有的某种优势条件。

因为圣者代表光明的力量，所以一定会激发出黑暗力量来反扑，这是现象世界运作的法则。自古忠奸不两立，忠臣大公无私地为了苍生、为国家谋福祉，他们所发自于慈悲的言行，一定会激怒那些邪曲贪婪、图谋自己利益的众生的反扑。这是宇宙运作的法则：正法光明绝对会让黑暗灭迹，黑暗的力量一定会来阻碍。

无妄之三

真正的圣人都很低调

我们可以看到佛经里提到，佛陀在成道的时候，魔宫都震动了。但是老师谈这个佛菩萨为愿力或因缘而来的时候，你真的要扪心自问，真的是因为自己拥有佛菩萨慈悲愿力而招受人家嫉妒吗？不要为自己的贪婪，或自我隐藏找借口。

你真的是大公无私吗？你真的都是念念为众生吗？念念都在慈悲心里面吗？还是你在做好事时有杂质的念头。这个杂质就是邪曲的心，使人家来伤害你、毁谤你、攻击你，因为这里面会有把你过去生的或今生的冤亲债主对你讨报的桥梁接通的可能性。

你要得到生命的自由自在，一定要这么微细地来观照自己内心的杂质，也就是你内心里面有没有这些邪曲的念头在运作。你这样才能真正地找到幸福的路。

甚至过去生的冤亲债主当恶因缘快成熟，快跑到你面前的时候，因为你的自我消融了，而可以跟他化敌为友。

因为你的自我的消融，你的邪曲的心不见，感动他，让他也可以享受。你往空性路在走，散发着甘露法雨。

所以，如果有人嫉妒你，或者说你瞧不起你拥有的优势条件的时候，你必须要静下心来自我观察，你内心是不是有爱现的因子？

你为什么喜欢开很好的车？它有几种可能性。如果你着眼在你开的车性能很棒，你喜欢享受那个很棒的感觉，那就不完全是邪曲心在运作，换句话说，你心里面杂质比较少；但是有另一种可能性，我会想开这么好的车是有我爱秀给人家看的一个念头、动机，否则不开好车呀！

因为我只开那个价值四五十万元的车，而每一个参加聚会的人都开百万元名车，所以朋友的聚会我都不太想去。现在的百万元名车不是一百万元哦！二百万元以上才叫名车，普通价位车停在家里的停车位、大楼的停车位真没面子，隔壁邻居都是二三百万元的名车，我开这个几十万元价格的车，真的很丢脸！

所以每次要到地下室去开车、停车的时候，我的心都跟做贼一样，停了车，然后就快点跑。看到隔壁停车位那部奔驰车，还是加长型，车主在那边，我就等他的车开出去，再去开我的车，我不想跟那车主碰面，因为觉得很没面子，或觉得我应该要搬家，这个地方不太适合我住。

或者，我要想办法换一部跟他们同样水平的车，也就是要加长到那样的水准，那时才自由自在。

你看看你自己是低调的人还是高调的人。凡人都喜欢高调，喜欢独一无二，喜欢与众不同。你看看有人留胡子，要留山羊胡。有人留胡子要留非常浪漫的克拉克·盖博式的胡子，也有人喜欢把胡子留得很长，大家都不留胡子他就要留胡子，大家都留胡子他就不留胡子，他要跟人家不同。我们可以称他叫雅痞，或者怪胎都可以，因为他喜欢吸引别人的注意。

有人想要扬名立万，但是他没有这个机会，得不到社会对他的肯定，那他就杀人放火，作奸犯科！

这些都是我们要很细心地去观察的，因为这里面有他爱现的本性。所以爱现的人、目空一切的人就开启了别人嫉妒你，或别人瞧不起你，造成你痛苦的一个大门，也就是吸引恶因缘的种子，或者是平台。

低调的人有两种，一种是往空性在走的修行人，他的低调没有任何理由，只是因为他低调，这是他生命的平常状态，从古到今，我们可以来看看几个圣人、成道的人的低调。

你看看老子，这么有智能的人，他是那么低调地活在这个世界上，甚至他如果不是要出函谷关的时候被那个守卫留下来，逼他写五千言的《道德经》，你根本不知道这个世界有这么有智慧的人存在过。这就是空性的人的低调。

我们再来看看达摩祖师，一个成道的人，千辛万苦从印度来到中国，一共走了三年。梁武帝碰到这个从印度来的高僧的时候，他对梁武帝还是一样的平常心，换句话说，内心没有一丝自我的种子或贪婪的种子，所以他不会拍这个皇帝的马屁。

他只要稍微拍皇帝的马屁，他就是一代的国师了，扬名立万，天下无人不知、无人不晓呀！可是梁武帝问他说："我盖了那么多的庙，建了那么多的佛塔，有没有功德？"达摩祖师只是说："完全没有功德。"你看他这样就把这个皇帝得罪了。

达摩祖师讲的是空性的话，而任何有杂质、有所求的功德都跟空性无关，都是邪曲的心，都是贪婪，都只有在六道轮回里面一直转，转不出来。达摩祖师说的是真话，但是伤了梁武帝邪曲的心，所以他跟这个得道的高僧道不同不相为谋。

可是这么有证量的人，他来到中国一生只度四个人。这么有证量的人，如果说他有自我，他想要显露他的不凡，他要扬名立万是非常容易的，可是他那么的低调，那么的平凡。

真正的圣人、真正的智者是非常地平凡，平凡到你看不出来，除非有他要显露慈悲的因缘或愿力。而凡人、自我的人则唯恐天下不知，或者唯恐天下不乱。

因为天下不知他，所以他就唯恐天下不乱。你们不能重视我，我就破坏你们，搬弄是非，让你们痛苦吧！因为你们不重视我，所以我很痛苦，我也要让你们痛苦；我不幸福，你们也休想要得到幸福。这就是凡人的思维模式，邪曲的心。

可是我们看看达摩祖师，他一生只度了四个人，而到最后他要离开中国，他召集这四个门人来到他的旁边，让他们谈出他们对空性的体会，结果这四个人只有一个人得到法的骨髓，其他人只得到他法的血肉。

只有二祖得到法的骨髓，剩下的弟子对法体会都很外围。你看看一个有道的人，他一生也是跟着因缘而动，他完全没有任何的贪婪，不想要扬名立万。所以，他才是成道的人。

我们看看现在这个世界，是不是大家都很想要扬名立万，要赢得别人对我们的重视跟不平凡的感觉？每一个人都想要不平凡，所以每一个人都是凡人。

可是真正的圣人或者是自在的人是很平凡的人，因为他一丝都没有想要追求不平凡，他不需要别人重视他，他也不需要别人爱他，他也不需要别人需要他的感觉，他也不需要名声，他一丝需要都没有，他只有一份无止境的慈悲，对众生的爱。

无妄之四
还有"求关注"的心态，就不可能无祸解脱

我们也要扪心自问，对照我们跟这些圣者、成道的人的心境有多大的落差。落差愈大，我们要脱离六道轮迴就愈困难；你跟他落差愈来愈小，那你与六道轮迴环的距离就愈来愈远了。

你迷恋的师父就是你的习性。你注意看看，今天来老师这个地方，这个教室，如果有上千人，或者上万人的时候，老师要传法的速度就非常快。但是都是传一些凡夫俗子，因为他们迷恋权威，哇！好多信徒哦！好多人哦！这个老师一定很不得了，我也希望变成像他这样的人，让那么多的人尊敬。

还有人迷恋老师的神通，为什么要迷恋呢？你迷恋老师的原因，就是你有欲望。老师有神通哇！可以受人家尊敬，可以呼风唤雨！真的吗？老师从来就没有呼风唤雨过，但是我们有这样贪念的时候，我们就看不到生命最美的状态。

每个人都要去观察自我，我们今天来这个地方，来听闻说法是为了什么？是因为老师的口才很棒，那你又错过了生命蜕变的契机；因

为老师你很幽默哦,你也错过了生命成长的机会。老师我可不可以跟你一样的自在。我告诉你,如果你是这样的心,那才是纯净的心,其余的心态都可能有杂质。

我要在这个团体里面得到权柄;或者我要得到老师特别的关爱;或者老师你是男孩子,我是女孩子,我想特别跟你亲近,事实上我对你有仰慕的心。这些心多邪曲呀!这些邪心只会让你沉沦苦海。

如果你有这些邪心,你真的不要在这个地方浪费时间。如果你不能觉知你这个心,你在这个地方就有可能作恶业,而且会吸引你的冤亲债主来对付你。在这个地方只有一份纯净的心,"老师!我很赞叹你的自由自在,我真的想要跟你走同样的路,那么的平凡,那么的低调。"

如果有一天正法流传,而老师变得好像很不平凡,那不是我的原因,因为我是透过因缘而生的,我只是来分享,平不平凡与我一点都无关,我生活一样的低调,我生活不会改变。

一个达官显贵跟一个乞丐在我面前,我内心看来没有任何差别,我在乎的是我对他有没有帮助。

你说老师我要拿我所有的家当来供养你,来支持你,然后帮助把法传出去,跟那个完全没有钱的人。或者是他只有一份很虔诚的心,他只是来这个地方听闻说法,遇有传法因缘,他能出多少力就出多少力,为了慈悲的心愿把法分享出去。我告诉你,在老师的眼中这两者没有任何差别,发多少慈悲心护法那是你自己的事情,福或智慧都是你自己的事情,跟我一点都无关。

所以,我不在乎你们家世如何,你们是不是很有钱,或者你们是不是很有社会地位,或者你们是不是媒体的新闻记者可能对我要发扬的法业有帮助。我告诉你,我一丝的计算都没有,我只有跟着因缘而动,因缘需要分享我就分享，我完全臣服于因缘，我是因缘的一部分。

老师分享这个自由自在空性的传法心境，只是要让你们去自我对照一下。对照才能观照，才能看到自己邪曲心躲在哪里。你知道而你不跟它认同，你的生命才有蜕变的空间，你才有出离三界的可能，否则你在作善业的同时也在作恶业。

因果报应可能有善的因果回到身上，也可能有恶的因果回到你身上，就是这个样，没有开始也没有结束。在三界一直徘徊打转，你永远永远都是痛苦的。凡夫现在就活在地狱里面，根本不需要死的时候才下地狱，三界是地狱呀！因为一点都不自在呀！

嫉妒的心就是贡高我慢的心，所以你贡高我慢一定也会有嫉妒心。你瞧不起比你弱的人，你也会嫉妒比你强的人。所以我们在行、住、坐、卧中都要注意，自己要观照一下。

有人好为人师。从老师这个地方体会道理以后，你要注意到你是为了慈悲而分享，还是要卖弄你所拥有的智慧而让人家尊敬你，让人家听你的。你要知道当你有想要人家听你的念头，你的自我就躲在那个地方。

老师分享所有的法，我从来没有想要说服你。我只是在分析，你听不听跟我一点都无关；我只是应机而分享，剖析生命痛苦的根源。要不要出离，那是你的事情，不是我的事情，我一点都不关心。我关心的是宇宙之间想要解脱的，想要出离自我苦海的有因缘的众生。

嫉妒心是由自大的心所产生的，是由自我的心所产生的。说实话，每个人都有嫉妒心，每一个人也都有贡高我慢的心，只是是否显露，我们是否看到而已。

我们为什么会批判人家、瞧不起人家、看人家不顺眼、批评人家、评价人家？那是因为我们怀抱自己的观念、想法、成就、优势条件以之为优势，或者以之为对，或者以之为真理。这些心态是让我们跟我们过去生所作不好的恶因缘联结的很重的途径。

所以，一个自大的人，一个充满嫉妒心的人，其人生是痛苦的。因为你过去所作的恶业，因缘具足就会回报到你的身上。我们有没有听过得意忘形？自己刚刚去发表一场演讲，越想越棒，在开车的时候，还一边回想自己刚才的演讲得到多少仰慕的眼神，或得到多少鼓励的掌声，或者人家一直给我们吹口哨，愈想愈兴奋。

我告诉你这真的很危险，要谨记，乐极生悲！

无妄之五

真正的美来自心的证悟，
没有修养的肤浅魅力只能让人红颜薄命

> 我们一定很努力想得到成功而衣锦荣归、扬眉吐气。而如果一辈子都没有办法衣锦荣归、扬眉吐气，那就很痛苦了，就一生都郁郁寡欢，甚至得肝硬化、肝癌，或者怨恨老天爷，怨恨那些害我不能扬眉吐气、活得痛苦的小人。

自我设计了一套可以让自己快乐的程序，一定要按照这个程序走才会快乐，不按照这个程序走就产生内心的痛苦。这是凡人的愚蠢。

事实上你订这个游戏规则的时候，也就是造成你不快乐的开始。要依这个游戏规则去追求快乐，这是你生命痛苦的原因之一。

你的冤亲债主，或你因为想要追求你的自我实现的过程今生及前世所结的这些梁子，都是你自我所造成的。你的自我一定会把它吸引过来回报你，所以因果不是不报，只是时候未到。作恶因缘的自我邪心，它绝对是吸引恶果。

有人真的很倒霉，从小到大一生总是有人在批评她，看不起她。她纵使赚了很多钱，人家还是批评她；纵使她把自己装扮得很漂亮，别人还是觉得她像妓女。

这都是自己的自我邪心、贡高我慢的心结的梁子，然后又透过贡高我慢的邪心，把这个梁子反扑回报我们的大门开启了，让这些冤亲债主、前世今生的债主来找我们。

一个人如果自我很强，自己的贡高我慢的心很强，那我告诉你，不管他是男孩子、女孩子，美貌是祸根，因为其美貌只会让其痛苦，只会吸引冤亲债主来伤害他（她），让其感情路走得很痛苦，可能被人家始乱终弃。

或者呢？被人家玩弄，美对她没有一点好处，只是给自己看了，很自恋，很开心。其实那个美是很痛苦的，是很低俗的，纵使她自己长得真的很美，可是别人看到她都很想要玩弄她、强暴她，或者嫉妒她而对她产生了破坏性的行为。

假设一个人他已经没有贡高我慢心，他邪曲的心都已经融解了，或者自我已经很少，或者他已经在警觉他的邪心。

我可以告诉大家，那是真正的美，那种美是很清净、很庄严的，人家看到他的美会肃然起敬，凛然不可侵犯。他的美可以抚慰众生痛苦的心，众生看到他的美会产生欢喜心，那就是佛菩萨的美。

如果我长相很美，但我招引的都是一大堆"烂桃花"，那我要自己检点：我的美是丑陋的美；而不是清净的美，我的美是痛苦的美，而不是幸福的美。所以人家说红颜多薄命呀！如果她自大爱现、爱虚荣，也有嫉妒心，也非常的贡高我慢心，那她的美注定是悲剧的。

所以我跟大家分享，如果一个美人，她有这样的邪心，她的美注定要受苦。她在作恶业也在受苦，她爱的人会伤害她，而真正爱她的人她不爱，她会把过去生的冤亲债主都吸引到她的身边来对付他，她会像花痴一样，花痴意味痴呀！意味痛苦呀！不管男人或女人，都死在丑陋的美的手上，一生空虚难耐、寂寞。

可是如果我们能警觉我们贡高我慢、嫉妒、邪曲的心，渐渐地，我们的心，就产生了清净光华外露的美，很清净、很庄严、很祥和。人家对他会产生凛然不可侵犯的恭敬的心。那种美会让人家感觉好舒服，那种美会安抚了众生驿动的心，让众生得到喜悦、宁静，让跟他有缘的人都跟他结善缘，那个美才是生命全然的美。

那个美也会让你的心愈来愈宁静，你不再寂寞难耐，你不再空虚，所以你也不再追求物质的欲望，你也不再到处在猎色，或者像花痴般地等待被追求，或者创造被追求的机会。

否则那个美里面充满了多少的淫欲、寂寞难耐、欲望的空虚，让我们在欲海里沉沦而无法自拔？冤冤相报何时了，抛弃别人，被别人抛弃，前世今生就是这样在循环，事实上那是生命痛苦的深渊。

所以，我们要注意自大、贡高我慢、嫉妒这些邪曲的心。你如果不警觉，你会遭到不幸的事情来缠身，你这一生及过去生所造的恶因缘会来跟你联结上。

我们开车很小心，但是别人就是不小心；我们反应很快，别人就是反应不快。我们紧急刹车，怕撞到面前别人的车，但是后面的人就没办法紧急刹车，而把我们撞上。这都是跟你有这些心态有关系的，这都是因果。

不要怨天尤人，只能怨你自己携带你的邪曲的心、你的不善的心，把这些恶因缘都引到你身上来。

老师要为今天说的这个法来做个总结。自我、自大不是罪恶，不要因为老师说了这个法你就开始谴责自己、批判自己，那是更大的自我。你只要用你的生命去体会老师刚才分享的：自我自大造成你的痛苦，造成你沉沦在三界、陷在六道轮回没办法出离，沉沦在造业当中。你生命的自主权完全左右在环境的掌控当中，你是没有自由的。

别人对你的肯定会让你得到快乐，别人对你的否定会让你感到痛苦，你生生世世都是为了满足你的自我而活。别人一句对你的讽刺会让你痛恨他一辈子，或是一句比较直接、伤到你自尊的话会让你永远都不会原谅他。

事实上别人对你否定会让你少一块肉吗？别人的肯定会让你多一块肉吗？凡夫俗子为了这些没有意义的事情计较，从来都不怀疑，真是昏沉！

所以不怕你自大，不怕你有嫉妒的心，不怕你有不善邪曲的心；就怕你不知道，你不警觉，你认同它了。

今天回去，就静下心来，把你这些邪曲、自大、自我的心全部揪出来，一一揪出来看，然后就可以放下，等到你看得愈来愈深入的时候，你自然就有观照的能力。当自我心起来的时候，当自大心起来的时候，当爱现的心起来的时候，当虚荣心起来的时候，你都能看到，然后它就会渐渐融解消失。

然后你的空性、你的自由自在、你的本来面目，就在那个地方显露，而你的习气就会消失了。为了空虚而动，追求一切的自我实现、追求虚荣、追求别人的肯定、追求吃喝玩乐、追求生命的挑战、追求生命的冒险、追求生命有意义，贪生怕死等一大堆一大堆的杂念都会渐渐消失。

  而在消失的过程当中你就会愈来愈宁静，你就愈来愈清净，你就可以看到你自己本来具足的宁静、清凉、自由自在、幸福、一无所求的生命美感。

第十章
对他人的态度决定了你的境遇

问：当你的愿望得不到满足，或得到又失去的时候，你是不是会陷入低潮，感到很痛苦？

答：苦乐、贫富、毁誉、贵贱、得失，是十种外在的风。若是你的心里还有自我，它们就会使你陷入痛苦。

· 讲座纲要 ·

　　对他人说负面而无建设性的话语，会造成他人的不快乐、害怕、恐慌、痛楚。他人因此产生的痛楚不快乐，都会使说话者产生莫名的不开心、恐慌、不快乐、紧张、苦闷、生活无趣的苦滋味。不论是自己故意或过失而造成他人的不快乐跟痛苦，都依一个法则，也就是他人受伤一分，你自己就要受伤十分，也会令自己陷于自己所造成他人的负面人、事、物中的情境情绪中，亦会吸引自己所造成他人的负面情绪发生在自己身上。

般若之一

故意让他人不快乐，自己也不会好过

宇宙的因果津现象就像一面墙壁和一个弹力球，而自我的人就像去投掷弹力球的那个人，你拿着这个弹力球注墙壁一丢，你怎么去投掷它就怎么回到你的身上。你轻轻地丢，它反弹的力道就很轻；你重重地丢，它反弹的力道就很重。它比宇宙之间所有的计算机都更精密，一丝都不会有误差。

你怎么丢这个球就像你所思考的一切模式。你的行为，你所说的话，你所作的一切业力，不论是善业或恶业，都会回到你的身上。你不论是有意或无意而造成跟你有缘互动的人或动物的不快乐、紧张或压力，甚至是痛苦，这些如弹力球，都会在最短的时间，或者在当下渐渐加大力道而回到你的身上。

所谓的加大就是你丢出去的力道一分，但是回到你的身上的力道会是十分，或者一百分、一千分、一万分。尤其是故意造成别人的痛苦、伤害时，它所回报的力道是相当强劲的。也就是说当你故意的心非常强烈的时候，即有预谋，有所计算，而对别人造成的痛苦、伤害、烦恼、不快乐，它会瞬间而且不断地加大到那一种强度来回报到你的身上。

　　对于我们在日常生活里的起心动念，我们要很细腻地去警觉，确保自己停留在善念里面，警觉而减少恶念的运作。如果我们已经观照到了自己邪曲、不善的恶念，我们要在最短的时间以意志力把它放下。否则你知道这一种因果镜回报的力量会对你造成怎样的伤害吗？

　　老师所讲的每一字每一句的法都是可以印证的，丝毫不爽，你马上就可以印证的。有缘听到这个法的众生随时都可以印证，他现在的心境的状况都是跟他所丢出去的意念有关，历历不爽。

　　当你在公司上班的时候，有人跟你说："某甲这个同事，他工作能力非常的强，而且他待人很好，很真心，而且好大方哦！出境都会买礼物回来送人，这个人真的很好，难怪老板会喜欢他，公司同事也都很喜欢他，我觉得这个人真的好棒好棒哦！"

　　其实凡人的自我只要听到他人讲别人的好，他总是会本能地不予认同或不容易认同。换句话说，大部分人是不太会认同的，而听他人讲别人坏话、讲人的不好，他认同的几乎是不假思索的；可是他听到某人在讲某人的好话，他要接受是很不容易的。所以邪曲的心就出来了。

　　比如某甲赞扬说："有一个同事为人多好多好……"某乙一听到，就跟某甲说："依我看起来，这个人是很会做表面功夫，一天到晚在拍马屁，投人所好，很努力工作来表现给老板看，建议老板公司应怎么改革，让老板很欣赏他。可是出点子的是他，死的是我们，那他自己要死活该，他为什么把我们拖下水？像这种人我最瞧不起，一天到晚只会在那边做他的公关，搞他的人际关系，一直在逢迎拍马，一直想升官。我告诉你，我觉得他不是你说的那么好、那么善良，他是很会耍手段的,我觉得这个人不是善类。"

讲这样话的人如果是从诚心出发而完全没有邪曲的心,只是凭他很敏锐的观察,那就没有问题。但是真的有那么敏锐的人吗?可能是吃不到葡萄说葡萄酸的心理在作祟。因为这个人的人缘那么好,他会觉得蛮受伤的,就开始看他不顺眼了。

一个幸福的人会时常引起人家的嫉妒,常常很诚心地分享你的幸福给他人看,比方说你先生对你多好,或者说你觉得你的小孩子多乖。或许你是诚心分享,而你一点都没有爱现的那种心态。

但是你已经造成别人的痛苦了,因为别人会很不满,因为这世界大部分都是痛苦的人,除了菩萨及慈悲心很强的人。所以当你说出你的快乐给他人听时,事实上对别人会是很大的伤害。

但是当你故意要秀出你的幸福来炫耀的时候,那事实上你已是在造业了,因为你准备刺激人家来嫉妒你,或激起人家来对付你、修理你。那是你慈悲心不够造成的。

我们再回到刚才老师谈的那个故事里面。这个人已经发出邪曲的心在批判人家,在造谣毁谤生事,要把一个人的美好形象拖下来,事实上他已经故意要造成那个被赞叹的人不快乐,他的起心动念已经在做这样的行动了,就已经产生破坏性行动了。

当他做出这件事情的时候,他的心情就会开始很苦闷,甚至会觉得很忧郁,觉得人生很无趣,觉得人生很空虚,觉得人生寂寞难耐,觉得人生活得很没有味道。他一丢出去让人家痛苦的弹力球,弹力球就已经急速地回到他身上了,因果报应已经先从他心里开始了。换句话说,他造成别人的不快乐,他自己的不快乐已先跑出来,而且他不快乐的强度会更大的。

所以,他就更需要去寻找快乐,因为他内心是莫名其妙非常不快乐。所以他就开始要计划，这一个礼拜天我要到哪里去玩，下礼拜天要到哪里去玩，请个三天到五天的长假，到某地去玩，而且每个行程都很精密地规划，完完全全都不能有漏失掉的，绝对不能浪费时间的，绝对不能错过任何一个景点，或者错过任何一个美食的地方。

礼拜一到礼拜五都是在工作；而礼拜六、礼拜天，或者哪个放假的日子里面都是东奔西跑的，看起来在享乐，事实上是另外一种形式地在受苦。

这是为什么？因为放假是要让自己非常尽情地玩乐。为什么要尽情玩乐？因为内心非常地空虚。这是不是一个恶报的开始吗？换句话说，我们扪心自问，我们是不是一个空虚的人？所以我们才要追求充实，出去玩会觉得好充实哦！

一个一个景点地玩，其实那跟赶场一样，他要求旅游所住的地方要有非常好的品质，或者说要求深度的旅游，而让自己不虚此行。事实上，他是一个很空虚的人，所以他才要追求生命的快乐、生活的充实。因为空虚的生命是不快乐的来源，所以空虚就是造成生命不快乐的根源。

那我跟大家分享，当我们造成别人不快乐或者痛苦的时候，我们的不快乐的强度会随着我们的故意或过失会递增。过失的强度没有那么强，一分丢出去，回来至少会有十分以上的强度；故意的邪曲心那种恶念，我们丢出去一分，反弹回来的强度至少会有一百分以上。

般若之二

自己痛苦就要破坏别人的幸福，
只能永远陷在苦海里

这世界上充满不快乐的人，我们可以看到一个苗栗的假面节，或者一个宜兰的童玩节，或随便一个地方的什么节，大家都往那边去，去那边扫街，有如过江之鲫的人。

这世界充满了不快乐的人，都是空虚的人，他们一天到晚要用充实来填满自己的生命，往外去追求快乐。我们扪心自问我们是不是这样的人？如果我们的空虚强度很强，代表我们是非常地不快乐。对于我们不快乐的来源，我们也要扪心自问，我们是不是也常常在有意无意之间也造成别人的不快乐，或痛苦？

有人正在谈恋爱，一个小姐刚好交到一个男朋友，她就跟她的同事分享她爱的希望，分享她的喜悦，就拿着照片给她的朋友看。"你看看！这就是我的男朋友。"凡人自己没有男朋友，看到别人有男朋友心里会吃味；或者看到别人的男朋友很帅，自己的男朋友很丑，心里更不舒服；或者看到别人过着很恩爱的夫妻生活，而自己的感情生活是那么的辛苦。

又比如一个朋友来跟我们说:"呀!我现在交一个男朋友!你看看照片,我觉得他人好好哦!"一听这样的事情我们邪曲心开始运作,说:"你不要傻了,男人没有一个好东西,你不要那么容易相信人家,这种帅哥看起来油头粉面,其实不可靠,你还是要小心呀!"

当然我们要注意,是诚心地讲这个话,还是邪曲的心作祟而说的。你看有一个太太就说:"你先生对你好好哦!"然后旁边有另外一个人就对这个太太讲:"男人对你好你就要注意了,他一定做了什么亏心事,想对你补偿呀!你一定要很小心呀!"你看,凡人有意无意中的说法都在造成别人的痛苦,或者揭穿别人的疮疤,唯恐天下不乱。

为什么?因为这些凡人是痛苦的,而且他又没有太多的慈悲心,或根本没有慈悲心,独苦不如众苦,把他人一起拉下来受苦。

所以,为什么会有"捉交替"?自己死了很痛苦,然后他要找几个人给他垫底,才可以投胎转世,这叫"捉交替"。当然我们不论这是真实或不真实,事实上捉交替可以用一个比较具体的说法来说,就是独苦不如众苦。这就是凡人——自我很强而慈悲心不足的人的思维模式。

这些思维模式产生的行动模式,都只是会让他更不快乐,所以现在有那么多忧郁症、躁郁症、精神官能症、候群疾病的人或自杀的人。那不是空穴来风,那都是有理由的,都是有因缘的。

我们要很细心地自我观察,我们自己在行、住、坐、卧及与他人互动当中,我们是抱着怎么样的念头?我们有没有抱着不善的念头而不自觉?看别人好,我们会眼红,然后我们就会想把他拖下来,拖下来让他下地狱。他怎么可以活在天堂,因为我现在活在地狱里面呀!

"他怎么可以活在天堂,所以我要把他拖下来。"当你产生这样念头的时候，即使你还没有产生行动，你已经在造心业了；你已经准备要造成别人不快乐的动机出现的时候，你的不快乐一定会加强好几倍。

而你在已经产生实际行动的时候，你就会有更大强度的空虚寂寞的不快乐，或者你过去生、今生的伤口会一直被强化出来，你不想想的事情会一直跑出来。你非常想逃避而不想去看的伤口、那种内心的伤口，比如曾经被始乱终弃，或曾经被恩将仇报，或曾经被侮辱，或者挫折感，会莫名其妙地一直来找你，一遍一遍地像潮水般地扑向你的心海里面，让你无路可逃。

你为了躲避这种空虚的感觉及痛苦的感觉反扑，你就要积极地去追求快乐，或者追求自我实现，把你快乐的规划，填了满满的行程，过着劳神伤财的生活。

白天工作已经够忙了，晚上还要上夜店去找快乐，礼拜六、礼拜天还有聚会要参加，凡人这样生活。他们怕独处的时候，去面对那个不快乐的反扑，那一种伤口、痛苦的反扑。

你知道这些反扑是怎么来的吗？是你自己故意或过失所造成他人的伤口、不快乐的果报。这就是因果报应，你不需要等到来世才能看到因果报应，你现在就可以看到这些现象——自己内心的痛苦现象，这种现象真的很可怕。

现在心理医师生意很好，算命先生生意也很好，为什么？因为有太多人都有病，肉体的病、心理的病，他们在摧毁别人的幸福，摧毁别人的快乐，而让自己加强了不快乐的强度而不自觉。

人家已经买了几只股票，然后就有人说：“你怎么敢买呀？好可怕哦！好可怕哦！现在这种政经局势你怎么敢买呀？”其实自己讲这句话的时候，早已经先买好多只股票了，他在创造人家的紧张、不安的心情。

看到人家在股票市场赚钱的时候，就有人在后面讲了："小心呀！以前我也这个样，结果我亏了一大堆的钱。你还有几只股票没有脱手呀？你要注意这个赚的后面就是准备大赔了。"这些人永远是在挑起别人一些很负面的情绪，让人家紧张、害怕。

你知道吗？这就是魔鬼的心态。何谓魔鬼的心态？很魔鬼的人，内心就有魔鬼在凌虐他，活得好痛苦。所以他也要变成魔鬼，来凌虐别人而减少他自己的痛苦。

慈悲的人，他自己曾经很痛苦，或现在仍处于痛苦状态，所以他知道、体谅别人在身受其害时候的痛苦，能安慰、帮助人家。

般若之三

做了坏事早晚要偿还，而且要连本带利

当下回报的因果律法则是：一个创造别人负性情绪的人，因果律会让他自己劳神伤财。一直注外去追求充实快乐是因为内心有相当强度的空虚感凌虐，这些负性情绪的报应在心理层面已经是够苦了。自己活得够苦就必须要注外地去跟人家互动，借此追求快乐或追求自我实现，这样跟外境人、事、物就有互动，因果报应就会出现你身上。

你会碰到有人用你前世今生伤害人家的手段，甚至以更大的强度来伤害你，而他人来伤害你时，一定是打中你会很在乎而会痛苦的要害，而且你绝对无路可逃。

老师是一个比较空性的人，如果有人在现在或未来可能会毁谤我的名誉，或在后面搬弄是非，我一点都不受干扰，这对我没有任何意义。因为我不求好名声，我不求人家爱我，我也不求人家尊敬我，我一无所求。

有人因为在跟老师互动当中有所求，而老师没有满足他的自我，

让他产生了嗔心来对老师产生报复；或者在未来因缘流动当中，有人在法脉的流通当中，产生了非常强烈的不安，因嫉妒的心而产生了攻击性行动。当他产生了伤害性行为的时候，他的因果报应，也就是他对老师的所作所为，都会回到他的身上，别人会来伤害他。

他伤害老师的名誉、名声，老师不在乎，但是他所做伤害行为的果报会显露在他很在乎的痛处，且他一定无路可逃、动弹不得而忍受痛苦的肆虐。如果你不跟人家互动，你就不会内心得失心产生的因缘；但是你跟外界互动，你有自我你就会有得失，除非你的自我已经融解了。

当你的自我融解了，得失就跟你无关了；得失跟你无关，你当然就不会受伤了；你不会受伤，你就不会不快乐呀！你不会不快乐，你就不会去创造别人的不快乐。

创造别人不快乐，又回报到自己身上，让自己更不快乐或者更痛苦。因果报应就是这样不断地循环，就好像瘟疫一样。众生的世界好苦，像瘟疫一样，自己痛苦就要去撕裂别人的伤口，而撕裂别人的伤口反弹的力量又来撕裂他的伤口，然后他又去撕裂别人的伤口，就这样冤冤相报，一直沉沦，永远没有解脱的宁日。

如果自我永远那么强，伤口永远存在，那因果轮回就存在。因果轮回是因为"报仇"而来的，不用到来世才得到报应，我们现世就可以看到这样痛苦的心境产生的报应。

所以如何治疗自己的忧郁症？如何治疗自己的空虚感？如何治疗自己爱花钱的毛病？如何治疗自己生活得很无趣的痛苦？

那是因为我们在今生还有过去生创造别人的不快乐或伤口的反弹力道都回到我们身上。我们能做的就是忏悔。

在昨天或者刚刚，我是不是做了一些让人家痛苦的事情；我是不是在讲人家是非；或者我上厕所，是不是把公用马桶弄得很脏，让下一个使用者要忍受那个恶心的感觉。我已经造成别人的痛苦了，还不自觉。

或者有时候我们要坐电梯下楼出去外面，我们出了家门口，却按着电梯不让电梯下去，因为要等我的家人，一等就是两分钟。而下层在等电梯的人在那边愤怒、生气，因为人家赶着出去。那我想说："反正你也不知道是谁在按住电梯嘛！"

只有老天和我知道，大家都不知道，没有问题呀！我就让人家等呀！你要知道别人对我们的诅咒、别人受的苦都会回报到我们身上，那个受伤害的人或许不知道谁加害他，但是老天爷知道，那个能量马上就会回到我们身上。

我们倒车的时候，不小心把人家车子的车门撞歪了或者撞凹进去了，我们以为没有人知道，想快点跑，否则还要赔钱，多麻烦呀！可是你知道那个被你撞到车子的车主的心里多恨呀！多痛呀！我告诉你，这样的念头很快就报应到你的身上了。

你会开始不快乐，你会更空虚、更寂寞难耐，会很想死或觉得生命很无趣。而且因缘到了，受伤害者的苦果都会回报到你身上，不用这个车主等到来生，现在就回报你。还会有别的负性能量来对付你的，让你同样遭到非常恨的苦果，同样求助无门，陷入想报复也无门的痛苦窘境。

这是宇宙在运作的一个很奇妙的因果镜的法则。对于我们不论是故意还是过失所造成别人的麻烦或痛苦，我们绝对要忏悔。如果我们已经做了，我们要想办法去弥补。如果我们想要让自己快乐，一定要用尽一切的方式来自我反省，绝对不要因为你的故意或过失而造成人家不快乐，或者痛苦，或者愤恨。否则那些果报马上就报应到你的念头里面，回到你的心、你的身上了。

　　做了伤害他人的事，你还不自觉，还沾沾自喜。因果镜报应到你心上的时候，你会觉得很难过的。那种感觉你有没有体会过？早上起床真的很不想爬起来，会觉得要醒过来、要爬起来好痛苦，觉得生命很无力、很无助、很低潮。可是以你现在的际遇，你又没什么挫折刺激，没有什么道理会让你这个样子呀！可能你事业也蛮顺的呀！但是那种活得很无力、很无奈、很空虚、很低潮的感觉很强耶！

　　夜深人静想睡觉的时候，又觉得生命很无聊，活得很不耐烦，却没有任何理由。我告诉你这就是心业。

　　我们不要做亏心事，不要做造成人家不快乐或痛苦的事情。否则，点点滴滴都会更大强度地回报到加害者身上，附加数倍利息地回报到你身上，很可怕的。那真的是高利贷，作恶一分回报到自己身上的恶果，可能是十分，甚至是一百分。

般若之四

想解脱，就得放下身段，放下面子

所以凡人创造别人的痛苦，搬弄是非，或者在行、住、坐、卧之中常常为了自己的方便而不在乎别人不舒服、痛苦的感觉，自私自利而造成别人的愤怒、痛苦、受害、有苦难言，这些都会回报到自己的身上、自己的心上。与因果报应法则相对应，还有另外一面的法则，那就是菩萨法则——快乐的法则。

为什么要当菩萨？因为菩萨很快乐，不需要理由，不需要任何条件的实现就会快乐，快乐不需要往外求，而是常常充满喜乐。这就是菩萨的法则。你可以当凡人或可以当恶魔，你也可以选择当菩萨。

生命中最幸福的是你可以当菩萨。因为当菩萨是最聪明的，最自在的！一个人，他只要诚心地去创造别人的快乐，或者把别人的不快乐拔除掉，给人家一分幸福、快乐，一样就会以复利的方式回报到自己的身上。你给别人一分的快乐，或者拔别人的痛苦一分，你自己的痛苦就可以减少一百分。

你给人家一分幸福，马上减少你自己的痛苦心境一百分，甚至更大强度，一千分、一万分，所以有忧郁、有躁郁、寂寞难耐，或花钱又花得很痛、不花钱又很难过之类的心病是来自于我们创造太多人的不快乐。我们作恶业了，去看心理医生也没有用的。

我们只有从内心开始反省，从内心开始来调整。当魔鬼或当凡人太苦了，当菩萨就可以治心病，而在生活、生存时可以让我们获得趋吉避凶、离苦得乐的好运。

换句话说，当你下定决心当菩萨的时候，你已经开始跟存在联结了。存在就是你最佳的守护神，因缘中或许对你有考验，但是都能使你逢凶化吉，又能增长你的智能。

所以当别人很痛苦的时候，我们要想办法进入他内心的世界，体谅他，用善巧方便的方式来引导他走出苦海。这就是给别人快乐，或替人家拔除痛苦。你知道吗？你的痛苦，你的空虚，你的不快乐，你觉得生活少了生趣，这样的感觉要怎么样才能消失呢？那就是拔别人的苦，或者给别人快乐，想办法给别人快乐，让别人离苦得乐。

如果你造成别人的痛苦，但是你的动机是要让他快乐的，这还是给别人快乐。因为你的出发点是慈悲的，我告诉你那个回报到自己身心上的强度是很强的你会身心安泰、宁静、喜乐。

我们能善巧方便，能看到最深层的点，然后当别人有求助我们的时候，我能以最严厉的方式得到最大的效果。或许这种严厉的方式看起来是很残忍的，可是效果却是可以帮助人得到慈悲救度、离苦得乐。

这还是拔别人的苦给别人快乐，那这样的发心，纵使当事人误会你了，别人痛恨你了，但是老天爷都知道，存在都知道。它知道你这样的善念，就会让你的痛苦急速地消失，或者让你清净的光明显露出来。

你如何才能往内看而不作恶业？你不要再创造别人的痛苦，才有可能有往内看的因缘，或者往内看的大门才会敞开，或者渐渐俱有根器，也就是观照。

如果你时时刻刻都还是在搬弄是非，在创造别人的痛苦，或讲人是非，说长道短，或者很嫉妒、很邪曲，都在创造别人的痛苦，你怎么可能会有智慧呢？你怎么会有观照的能力呢？你怎么会有光明的路可以走呢？我们要善用菩萨的法则去观照、行事。

就像有些小姐对老师有邪念，亲近老师，她只是来跟老师聊天，听老师讲一些事实上不是她需要的，她只想要和老师有互动的机会。

她已经有这样的念头的时候，如果说我因为她在迷恋我不忍心伤害她，我为了满足我的自我不要把她戳破，事实上我是在作恶业。事实上我是个很自私的家伙，我只是在创造别人的痛苦。

为什么？因为我放任她的色心，她的迷恋不断地变大，事实上我是在创造别人的痛苦，我根本不是在创造别人的快乐。如果老师是这样自我自私的人，那我今天就没有能力在这个地方跟大家分享空性的东西。

所以当我看清楚她的迷恋的幻梦，我只有一针见血去戳破，不给有幻想的机会。她或许会恨我，但是我的起心动念是慈悲的，因为要早点戳破她的幻梦，她受伤比较少。

所以我要分享一个菩萨的法则就是这样：纵使他创造别人的痛苦那也是假象，因为他的动机是纯善、是慈悲的。这样的话，你的功德力会有多大？你内心的宁静会有多强？你观照自我的能力会有多强？你要成道的力量有多强？你的空性要出来的能量有多强？

可是凡人很少做得到这样，因为自我。自我是怎么运作的？满足我们自我的人、肯定我们自我的人、支持我们的人、说我们爱听的话的人、对我们言听计从的人、挺我们的人，就是我们的朋友；刺伤我们的自尊、不能满足我们自我的人，甚至戳破我们自我的人，就是我们的敌人。

　　这就是凡人自我的运作模式。所以凡人真的很苦。一个人如果没有办法那么深度地观察自己，他怎么可能可以观察到外境的真相？所以一个人观照自我能力有多强，他观察别人的能力就有多强，不需要学面相学而去观察他人的行为举止。

般若之五

疼惜众生自会有人疼惜你

当你下定决心从现在开始不再创造他人一丝的痛苦的时候，这就是真正的忏悔。你也要为你过去的故意或过失而造成别人痛苦的行为尽可能去补偿。那你的病还有救，你的心病还有救，你的歹命、歹运才会改变，才有走好运的可能性。

否则常常会在一些你最在乎的人、事、物上面，发生令你痛苦的事。更积极地去拔除跟你有缘的众生的痛苦，哪怕它只是一条狗。去拔除他的苦，给他快乐，常常要体谅人，常常要心存慈爱，常常要衷心地善巧方便，去帮助和你有缘互动的人，不需要在乎别人对你重不重视，别人有没有给你面子，别人有没有伤到你的面子。这些是不重要的，重要的是你是不是对他人真的有帮助。

我只是与大家分享一些老师在因缘中显露的一个方便法，如果我是一个很自我的人，那我会对挺我的人特别地关爱，而对于反对我的人，特别地想要去修理他。

一个更慈悲的人，他是看到更感恩的事。挺我的人，我们会感激他。

但是我们不应该因为他挺我而去满足他的自我，因为他挺我，我也要满足他的自我，把他捧上天，而他开始要的愈来愈多，或者是要权柄，或者是要名，或者还有另外的动机。

我们的自我得到满足，所以我们把他当朋友，而且我们也全方位地去满足他的自我。这个社会、这个世界都是这样在运作，然后大家一起沉沦，大家一起作恶业。他自我越来越强，我们自我也越来越强，那是不是大家一起沉沦，一起造业？

等到有一天发现他的自我已经强大到我已经没办法制住他了，我再把他摧毁掉，那我是不是也在作恶业，在创造他更大的不快乐？

所以老师常分享，在这个地方只有平等，只有一切的慈悲，我会善巧方便。病得很深的人，我们更不能给他任何糖吃，否则只是加强他的自我，让他一直往下沉沦。

我只跟大家分享，你要深度地观照，你是不是有那种心存仁厚，你的自我都消融了的意境。如果是的话，那你在做的每一件事情常常都是为对方着想的，而且看到事情的全貌，而产生最深层的慈悲处理的智慧！

古人说严师出高徒，严师的弟子对严师有时候是很愤怒的、很恨的。可是严师的动机是希望弟子有成就，而不在乎弟子是不是恨他或者误解他，这都不重要。你知道这样的慈悲，这样造成别人的快乐，或者让对方可以离苦得乐的功德有多大吗？

我们越来越自在，越来越跟存在联结，我们的心就越来越宁静，我们的心就越来越清净，我们的心就会跟那个一刻也不得闲、那一种空虚寂寞难耐远离了，我们内心就没有不满足了。所以我们也不再往外要去追求一切的快乐，或者追求自我实现，或追求生命的充实、有意义了。

你要心存仁厚，你要当一个天使，你要做一个菩萨。你虽然过去生或这辈子作了很多的恶业，你在当下诚心地忏悔而下决心这样做的时候，你已经跟你的过去立即断了这个联结的线。你下得了这样的决心吗？

当你能立刻下这样的决心的时候，你的心就会渐渐地显露出它原来的宁静，你就不再需要到夜店去了，你也不需要每个礼拜或每一次放假就出国，或者从南玩到北，从北玩到南，从东玩到西，从西玩到东，从地球的一端跑到另外一端，或者如果还有外星球那也要去玩。否则永远是那么的寂寞难耐，那么的空虚，那么的痛苦。

你需要的男人或女人一个不够，两个也不够，你永远在追求无止境的喜新厌旧，那个淫欲难耐多苦呀！时常碰到人家来斗我们，殊不知我们时时刻刻也都在斗人家，才会遇到人家伤害我们，我们时时刻刻也在伤害人家而不自觉。

当个魔鬼，当个凡人真是好痛苦，只有愚蠢的人才要停留在这个六道轮回的世界里面，在这个六道里面跑不出来。

只有当菩萨是最快乐的，那一种宁静不是凡人或魔鬼可以想象的、体会的。他什么地方都不用去，他时时刻刻都很喜乐，他不需要礼拜天到来才得到快乐，不需要有男朋友或女朋友才能快乐，不需要赚了好多的钱才能快乐，不需要当董事长才能快乐，也不需要开宝马520或者宝马730才能快乐。因为他没有不快乐，所以他时时刻刻都是快乐的。

你是个会疼惜自己的人吗？如果你真的会疼惜你自己，那你一定会先疼惜众生。哪怕一只狗，你都不要去创造它不快乐，你不要用石头丢它，你不要用你的脚来踢它，不管因为你当下多愤怒，或者由于它是癫痫狗而瞧不起它。你所作所为的负性的起心动念跟行动都在创造你内心的灾祸，你内心的痛苦，你内心的不快乐。

　　白天有很多事情要做，到晚上的时候好累，但是睡不着，你知道那是多痛苦吗？那真是人生的地狱耶！不用到死亡才下地狱，活着的时候就在地狱里受苦，你知道有多少人是这样吗？这些都是自己的果报，他们创造了众生的不快乐或是伤口，这些都会回报到自己的身心上。

　　所以你要睡好就要先让别人睡好，疼惜自己最有效的方法就是疼惜众生。去创造众生的痛苦不快乐或伤痕，那你的伤口只会加大，而且还会有新的伤口不断地产生。现在的报应都很快，你在当下一定就能看到老师所说的。在瞬间或一阵子，你所作为的都会回报到你身上，你给别人的恶害也会回报到你身上，你给别人的善行也会回报到你身上。

般若之六

给别人带来快乐，自己也会快乐

> 疼惜他人是生命自由自在的唯一法则，疼惜自己的伤口而去创造别人的伤口是下地狱唯一的法则。

第一个法则是佛菩萨的法则；第二个法则是凡人或六道众生、魔鬼的法则。佛菩萨法则就是自由自在法则，也就是疼惜他人法则。那如何疼惜他人而得到疼惜自己最大的效果呢？

那就是我们在疼惜他人的时候，我们要警觉自己有没有贪求。最大的效果就是没有丝毫所求时，那种功德力是非常殊胜的。也就是你在疼惜他人的时候，你真的能有无一丝的求回报的心，你的心就会很容易得到宁静，得到莫名的快乐。快乐不需要理由就是莫名的快乐。凡人的快乐都是需要理由的，没有理由而能快乐，有可能吗？

我赚到一亿元了，所以我很快乐；我签到乐透了，所以我很快乐；我追求到了某个靓妹或帅哥，所以我很快乐；我考上了第一名，所以我很快乐；我拿到奥斯卡金像奖了，所以我很快乐。凡人的快乐都需要理由。

当然有时候我们会起那个有所求的念头，但是如果我们看到、观照到了，它自然会渐渐减少。或者我们看到这种念头的时候，我们就把它放一边，渐渐地与我们互动的众生，哪怕它是一只狗、一只猫、一只老鼠、一只蟑螂，或者人，我们都会尽力想办法能让其得到幸福。

　　我不需要他感激我，甚至他恨我我也不在乎，我只要真正为他好，而不是自以为是自己给自己脸上贴金，充满了掌控的欲求。

　　比方说一个人受了感情的创伤，被她的男朋友抛弃了，如果我真正是从慈悲出来的体谅的心，那我可能会想办法来跟她说："你被男朋友抛弃了却只是哭泣，我真的佩服你。你知道吗？我曾经割腕三次耶！我这一生中曾经被三个男朋友抛弃过，但是我还是很坚强地活下去，我曾经好想死，我自己割腕，但是我自己又跑去医院止血。那你比我还幸福耶！我是被甩掉的！而你那男朋友是因为爱他妈妈胜过爱你，因为他妈妈反对你们交往而抛弃你。你要比我更坚强，你知道吗？像我这么脆弱的人都能做到这样子。"

　　事实上我讲的是谎话，因为我从来没有被抛弃过。但是我善巧方便，我只有一份慈悲心，自我强的人就不会这样子做！

　　有人说："老师！我这样讲自己，不是很没面子吗？我这一生只有我甩人家的份，哪里有人甩过我。我要自贬身价去帮助人，多丢脸呀！"你是不是真的能疼惜他人，而放掉你自己的自我、你的自尊心？

　　如果你能警觉自己的自我、自己的计较、自己的计算而一无所求地去疼惜跟你有缘的众生，你心境的空虚感会很快地就融解掉了，你那种寂寞难耐、一刻也不得闲、不快乐，你那曾经被人家移情别恋伤害过的伤口就莫名其妙地都消失了。

　　你不需要去研究怎么样疗伤止痛，你只要去治疗别人的伤口。去疼惜别人的伤口，去愈合别人的伤口。当你一无所求，不计较这样会不会伤到自己的面子的时候，这就是菩萨法则，你的观照能量会非常强。

如果你没有在实践菩萨法则，那你来听老师讲观照都是白听了，观照对你一点都没有用处，你根本没办法体会怎么样才是真正的观照，你也没办法体会那个观照的穿透力，那你怎么会让你的生命有离苦得乐的契机呢？

我常常在论事当中，都要给人家决定方向的建议，人家的命运我没有不敢讲的，我只有一份慈悲心。但是我如果一天到晚都在盘算，那我可能就不敢讲了。

比方说一个人要去一个机关面试，可能他在原来的工作已经到了一个很大的瓶颈，所以他要到另外一个工作单位去面试。如果说这个面试没有成功，那他可能就要断了一条线，因为他目前只能有两条路可以走，但是我必须给他决定方向的建议。

我跟他说："你去谈，你会成功！""真的吗？我可能吗？"我要跟他说会成功，我是从慈悲心出发的，我一点点都没有盘算自己的得失。如果我盘算，那我讲这话干什么呀？而万一他面试没过怎么办？那我不是很丢脸吗？或者我怕人家来找我算账。

我如果一天到晚都在盘算自己的利益，那我可能有完整的慈悲吗？我先计较、计算自己的利益，然后再来跟别人谈建议。

所以，如果你们找算命先生算命，他们讲话大都是非常保留的模棱两可，因为他没有承担力，因为他怕死，他顾虑到自己的利益。《心经》的前几个字是"观自在菩萨"，你如果没有菩萨心肠，你怎么可能有观照自我的能力？你没办法观照自我，你怎么可能得到自在？

观照等于自在，观照是得到你内心自在的不二法门。

观照到最后就变成自在，菩萨没有盘算自己的利益，只有一份慈悲心去疼惜跟我们有缘互动的众生的利益、伤口。这是离苦得乐，创造自己快乐，创造自己幸运，让存在派遣守护神来守护我们的不二法门。

我们要时时刻刻观照，我们有没有在故意或无意中伤害别人的心、别人的生命？如果你有伤害别人的心、别人的生命、动物的生命的行径，你要知道，你也是在伤害自己的心跟自己的命运。

当然伤害别人的心，通常都是从伤害别人所拥有的开始，或者造成别人的痛苦、悲伤。这些行为，结果都会回报到我们自己的身上，我们的身心也会因此而受伤。

然而疼惜他人的一切，疼惜他人的财产，疼惜他人的幸福，或者去创造他人的幸福，拔除人家的痛苦，这些善果也都会立即或者在未来的因缘中回报到我们的心、我们的身上。

我们要观照自己习惯的运作模式，在我们的起心动念、行住坐卧、与他人互动当中、与外境互动当中，把创造别人痛苦的因子的行为模式一一地对照而揪出来看。

而更积极的是，要觉知要反省，我们在与人互动当中，如何能更有效率地去创造别人的幸福及拔除别人的痛苦？先把自己放空，忘掉自己的利益，忘掉自己的面子，忘掉自己的名声，忘掉别人需要感激我们，忘掉别人需要知道我们的存在，忘掉重视我们的存在的感觉。

而以这种心态去疼惜跟我们有缘互动的众生，不论他是动物还是人，我们诚心地发慈悲心一分，我们的痛苦就会减少一百分。这是一个非常有效率的让我们离苦得乐的投资，我们何乐不为呢？

这个法门是很殊胜的，今天在这个因缘之下，老师把宇宙之间这个让我们可以离苦得乐的、让自己幸福的微妙真理发布出来，愿普天之下有缘的众生能好好地珍惜摄受这个法，让自己离苦得乐，找回回乡的路，脱离六道轮回。

第十一章
心量决定命运

问：为什么脊椎最容易出现病变？

答：天、地与人是通过脊椎联结的。脊椎是空性的反映，心量不足的人缺乏正能量，也会影响他身体的一举一动，所以就会出现脊椎的病变。

·讲座纲要·

　　心量狭小而易生报复心甚至产生报复行动者，会产生脊椎不正的一切病变而受苦，群医束手无策。脊椎乃生命的能量中枢，滋养身心舒畅安泰之源。心念不正导致滋养身心的正直能量减少甚至消失，必致脊椎病变而受苦。

心咒之一

当心量大到如天空，就没有什么可以伤害你

我们看看天空，在天空的底下有乌云有太阳，也有月亮，有贫瘠的土地，也有丰富茂密的流水、草原、花草、树木及一切的生物、动物；还有各种包罗万象的景观，如黑暗、光明，都在天空的底下，没有天空就没有底下的这一切现象。万物都是因为有这个天空才能滋长，人是万物之灵，是在天空底下比较高等的动物，而人的智力也比其他生物的更高超。

我们有没有有意识地警觉过天空化育了万物包括我们，而我们感觉到它的重要性了吗？天空让我们知道它的重要性了吗？天空会讲话吗？它会提醒说"我很重要，你们要知道我的存在，没有我你们是没办法活下去吗"？

我们有空气，我们拥有我们所需要活下去的生存资材的条件，在天空底下万物都得到了必要的生存因素的满足。

但是凡人知道天空对这些现象及生物的重要性吗？大部分的人都不知道，因为天空没有讲，天空不会讲话。大道无言，天空就是大道

显露的一种现象。

　　人们享受到天空对我们滋养的好处而不自觉，甚至还在碰到心情不愉快的时候，或者生命困顿的时候，会怨天尤人。古人还把天空拟人化了，所以骂这个老天无眼，让你这样的人受到这么不好的运气，骂天道不公。

　　天空给我们恩惠，但是它无言，我们都感受不了它的存在，甚至我们还会辱骂天空。可是天空并没有受到一丝的伤害，我们可以用大炮或者用核弹来攻击土地，但是我们没有办法用大炮或者核弹，或任何武器来攻击到天空。因为天空有无限大的容量，所以没有任何的人、事、物可以攻击到它。

　　天空跟人生命的本质那个空性是同源的，人的生命本质像天空一样的无限有能量，无限地自由自在，那没有任何人、事、物可以损伤到他。

　　然而凡人的自我一出现，空性就会被自我的阴霾给掩盖住了，而再也无法显露出如天空那般的自由自在本质。

　　天空包容万物，滋养万物，而万物不知道它的存在，不知道它的重要性。甚或万物攻击它，都不能损伤到它。人的空性，也就是生命的根源有无限大的心量，而人的心量可能会跟无限大的心量有落差。那个落差就是我们今天要谈到的狭窄的心量。

　　狭窄的心量就是自我，就是习性，就是生死轮回的根源，就是痛苦的轮回，就是计较，就是算计，就是仇恨，就是报复心，就是造成人与人之间不快乐的根源。

　　空虚，一刻都不得闲，求自我实现，求别人来需要我的感觉，希望别人尊敬我们，希望我们可以拥有好名声，希望别人对我们歌功颂德，希望别人重视我们的存在，希望别人来爱我们，希望我是受肯定的、受重视的、受尊重的及不平凡的，这一切习性是我们沉沦在欲海里面无法解脱的因素，让我生活在万里无云的天空底下，却看不到蔚蓝无边际的天空那么的开阔，那么的清净，那么的舒畅，那么的愉悦的感受。

而只看到阴天、乌云密布，或者暴风雨。而这些乌云密布，或者暴风雨，或者阴霾，都是我们的习性——我们的自我、我们的痛苦、我们不快乐的根源，得忧郁症、躁郁症、身体的病变、心理的病变的根源，活得很阴霾、活得很不自在、看不到蔚蓝无边际的晴空的根源。

事实上蔚蓝无际的晴空早就存在我们生命的本质里面。

只是因为我们这些好恶、邪曲、不善、气量狭小的心，像那个暴风雨，像那个乌云，像那个阴霾盖住了清净蔚蓝、无边际、万里无云的晴空。

在乌云密布的天底下，心情就不开朗，不知道什么时候才能让蔚蓝无边际的晴空显露出来，才能得到身心清净愉快，却不知道蔚蓝无边际的晴空早就存在乌云的上面。而这个乌云是我们自己造成的。我们紧抓乌云不放，却想要看到万里无云、蔚蓝无边际的晴空，这是一件非常愚蠢的事情。

可是这是所有凡人都在做的事情。这个乌云，这个阴霾，这个暴风雨，就是痛苦，就是六道轮回，就是活得很不自在，活得很不快乐，活得很空虚，活得很不甘心。

在这个单元老师讲的心量狭小，是以天空为标准，来看看我们的心量跟天空心量的落差。只要有一丝的落差，都是心量狭小。你落差愈大就愈痛苦，你的落差愈小你就愈来愈自在，你完全没有落差。就已经看到你内心无限量的天空，蔚蓝无边际的心量，那你已经回到家了。

老师今天要先跟你分享你原来的家是怎么样的，我要给你地图，

第十一章　心量决定命运　229

我要告诉你怎么走才能回到你的家,但是要不要走那是你的事情,就不是我的事情了。

研究过医学、生理学的知识的人就可以了解,脊椎是身体能量的根源。如果你身体要健康,你脊椎一定要健康,而且要很正直。那脊椎怎么样才能正直呢?就是要抬头挺胸,顶天立地。脊椎只要正直,你的万病都很容易消除;脊椎如果不正直,就会产生病变,那你这个身体要健康也不容易。

脊椎是生命的能量中心,是联结你身心正常活络到健康身体的根源。如果你很注重养生,你以各种方式来挺拔它、扶正它、保养它,以企求你的脊椎会变得正直,顶天立地地挺直。

心咒之二

心量的大小决定脊椎的健康程度

心量不足的情绪、思维、行动不断地在运作,也就是放纵你的心量狭小的思绪而去行动,那你就是在造业。造什么业呢?伤害自己,伤害别人的恶业。

比方说你的亲人或者你的部属,做事情很没有效率,或者做事情很愚蠢,而让你的完美主义,你有效率的工作要求,受到了一些挫败;或者让你看得很不顺眼,然后你就要处罚、修理、整顿这个很愚蠢的人,而你的动机不是因为你想要训练他让他更有效率,而是要惩罚他,而是发泄你的怨气。这就是心量不足了!

或者你的小孩个性很粗糙、很粗心大意,而不小心把你放置在桌上的杯子打破,那个杯子价值两千块,然后你就拿着皮鞭或者棍条把他打得全身是伤,让他去挂急诊,来发泄你的怨气。这个也是心量不足哦!

甚至你在开车的时候,突然有一部车从路边冲向你正在走的正向而造成你紧急刹车,造成你差点儿发生车祸,让你因此受到惊吓。然后你就咒骂他"去死",或者诅咒他发生车祸,或者马上把他拦下来,拿着棍棒或铁条准备扁他一顿，或者开车到他的面前去羞辱他、咒骂他，用各种方式来发泄你的不满情绪。这个都是心量不足。

在我们生命中，我们要静下心来观照心量不足的地方，到底有多少，藏在哪里？比如我们很爱干净，而我们身边的人，那么的乱七八糟，不能物归原位，因此造成我们非常大的不舒服，而一直辱骂他们。

我们做事情都喜欢预先计划、预先规划，比如跟我们亲爱的先生约定星期天要去哪里玩。这一次我就相信我先生，我让他去规划，没有想到到星期天早晨我问我先生有没有规划，他说："我都没有规划。"且他又说："随便呀！你想去哪里就去哪里！"我喜欢预先规划，而他竟然这么随性。我就开始抓狂，我要修理他，我要让他整天都不快乐，因为我非常不快乐，这些都是我们心量不足的地方。

我们有心量，但是我们瞧不起那个没有心量的人；我们做事情很有效率，但是我们瞧不起那个做事没有效率的人；我们很善良，但是我们鄙视那个不善良的人；我们讲真话，但是我们很鄙视那个喜欢说谎话的人。我们瞧不起我们看不顺眼的人、事、物，这都是我们心量不足的地方。我们心量不足的地方有多宽、有多深，我们脊椎的病变就会有多严重，不管你用多少、最先进的物理、养生方法来保养你的脊椎。人算不如天算，因为你的脊椎跟你的心量是相通的，你的心量显露出来就是你的脊椎的正直度。

所以你可能脊椎外表看起来很挺拔，但是你还是生病，因为你的脊椎还是不正，还有侧弯，还有很多偏颇之点。这是一个很奇妙的宇宙真理，脊椎是要跟我们的空性、天空、大地连成一起的，天、地还有人是透过脊椎来连在一起的。

如果你心不正、心邪曲、心不善、心批判、心看不顺眼、心量狭小，你的脊椎是没有办法顶天立地的，不管你使用何种手段去保养你的脊椎，你的脊椎一定还是会产生病变的。

产生病变，你的脊椎就会痛，纵使你挺直了它一样会出状况，因为你的脊椎没办法把宇宙的能量很平衡地输送到你身体的每一个部位。有医学知识的人就可以去研究、去认知脊椎对我们生命有多重要，所有的自律神经、中枢神经，还有一切腺体的运作都是以脊椎为主干的。

所以如果你脊椎常常很痛，如果你气血循环很差，甚至你的尾椎很痛，甚至你胸闷郁结，甚至你常脑压很重，甚至你头很痛，甚至你耳鸣，甚至你脖子很僵硬，甚至你的眼睛常常酸痛、白内障，你的脊椎上好像有一把剑这样直接插到你的坐骨神经，你要知道那是因为你的心量不足所致。

你说："老师！我不觉得是这样的原因，那是因为我很忙。"那我可以跟大家分享，忙的人生病也是短暂的，只要他休息、放松，他就会恢复健康。

可是不健康的人，纵使他不忙，他身体一样都在痛，消化系统、头痛、心脏、肝脏、大腿、小腿、臀部都有可能产生各种可能性的病变。所以很忙的人不见得容易生病；生病的人也不见得很忙；很忙的人纵使生病，他只要休养就会很快恢复正常。

所以，我们现在静下心来扪心自问，以天空的标准来看看你自己的心量跟天空的心量有没有落差。落差愈大，你的身体、你的脊椎想要正直，愈不容易的。

如果要依照骨科的标准来看，你身体有病变，是因为你的骨骼有很多地方都不正的，都是弯曲的，可是如果你的心量愈来愈大，大到跟天空一样，你的脊椎看起来或许会有一点弯曲，有一点驼背，但是你脊椎的源头是正直的，你不会生病的。那个正直不会生病的脊椎灵

第十一章　心量决定命运　233

魂就可以让你身心各部位得到完全的滋养，而让你不容易生病，纵使生病也很容易就痊愈。

所以真正要让我们身心安泰、滋养能量唯一有效的方法，就是增大你的心量。

让你的心量跟天空的心量来比较看看，你要观照那个落差，你要去警觉那个落差，警觉它一次，就减少一分；你永远不警觉，那你的身体，你的心永远都是痛苦的，你的日子都是笼罩在乌云密布或是在暴风雨之下，你永远看不到你内心蔚蓝无边际的天空的。

心咒之三

心量够大身体就无负担，病痛都会不药而愈

今天这一堂课，事实上它是唯一究竟的养生学，它不只是在谈心灵，它也在谈肉体。老师要谈的是正直的脊椎，那是脊椎的灵魂。纵使你的姿势不正，你的脊椎的灵魂还是正直的，外在的脊椎或许有一些偏差，或许因为日久没有办法去把它挺直矫正，但是它不会产生病变，即使产生病变也很小或很快就能痊愈。

你每天、每个礼拜都在整脊椎，把你的脊椎弄整齐、整直，但是你身体病变还是很多，你还是痛得半死，产生坐骨神经痛，或者一不小心就产生骨刺、脊椎侧弯等各种病变，那是因为你的心量不足。

可怜的众生会产生所有的病变，心理的病变、肉体的病变，那都是因为自己的心量狭隘不足所致。各种神经痛、消化系统的疾病、心脏病、高血压、低血压、头痛、耳鸣、鼻子过敏、扁桃腺发炎、长期的睡眠品质不良，或无法入睡，或者偏头痛，或者肾脏一切的毛病、肩膀脖子痛、未老先衰、自律神经失调、忧郁、躁郁、精神官能的病变，都来自于心量狭隘不足而产生了一切的邪曲心、不善心、体谅心不足，

而产生了一切的病变。

所以，如果你不能体谅别人，受苦的不是别人，而是你自己；你能体谅别人，你体谅万物，你就是在疼惜他人，疼惜万物，也就在疼惜你自己，这是让你延年益寿的法门。

你走到那个行运的时候，突然之间心思会很不宁，或者觉得很躁郁、忧郁，这是因果律在运作的结果。

我现在要跟你讲的是超越因果的方法，那就把你这辈子，你曾经想过的，你曾经做过的，心量不足、狭隘气度的心、还有行为全部揪出来看，反省、忏悔、警觉，你往内看的愈深，你看的宽度愈宽，你的心量就会愈来愈大，渐渐地，你的努力，会将你内心的那一片无边际蔚蓝的天空找到。

那是你灵性真正的家，找回来的过程就叫回家的路，你本来就住在那边，你从来就没有离开过那边，是因为你有那么多的乌云密布，而那么多的暴风雨，也就是这些心量不足的起心动念和行为障住了你内心那个晴朗无边际的宁静天空，而让你在虚幻的假象中受苦。

那个乌云是会变动的，它不是永远存在，只有天空是永远存在的，那才是生命的实相。这些乌云，这些暴风雨，都是流动的，都是变动的，都是虚幻不实的，而你却把这个虚幻不实的假象误认为真理、真相，你才会那么痛苦。它产生的根源就是你的心量不足。

你的钱给你自己的孩子用跟给众生用，在本质上是一样的。你的房子是几百平方米的豪宅，但是住在里面，你会使用的空间有多少？你睡觉的地方也不会超过两平方米，你看电视也只有电视机跟沙发椅的距离而已，你上厕所也是用这个马桶而已呀！

你最多还是一天吃三餐，如果你一天吃五六餐，那你一定是有病，因为你要少量多餐，因为你身体有病，可能是糖尿病，你不能一次吃得太多。所以你能吃的也很有限呀！

你为什么会心量不足地计较呢？钱用在自己孩子身上，纵使他是一个败家子，把财产败光了，自己也觉得心甘情愿。他给我败一千万，我们也没那么伤心，因为至少一千万是我的孩子用掉的；但是我施舍一万块，就觉得它好多，因为斤斤计较。

你的一万块对可怜的人来说，可能就像一千万，看透了你会发现这些分别、这些比较、这些没有心量只是让我们受苦，而没有一丝的意义。

别人辱骂我，我会少一块肉吗？别人肯定我，我会多长一块肉吗？别人爱我，我痛快什么？我会多一块肉吗？不会！可是我们一天到晚问孩子：你爱妈妈吗？你爱爸爸吗？问我的先生你爱我吗，问我的太太你爱我吗，问我的情人你爱我吗。问我们的学生，你觉得老师刚才那堂课讲得好不好？因为你需要肯定，这有意义吗？

如果这是因为你需要调整，从别人的眼中可以看到自己的不足，这是很美的。但是如果是因为我们要得别人的肯定，那是很愚蠢的，很没有意义的思维、行为，这是你心量不足的行为，那就是自我。

可是我们凡人都在追求那个东西，一个人只要赞美你，说你好帅，说你好美，那他就是你的朋友，你有好的机会就会与他一起分享；可是如果有一个人说你长得好丑哦，你怎么不保养一下你的皮肤呢，可能那个人是好意，但是他已经刺伤你的自我，所以他不是你的朋友，以后有机会你一定报复。这就是心量不足，凡人运作的模式，有意义吗？没有意义。

但是凡人就觉得很有意义，也就是因为这样，而产生了那么多的仇恨，产生了那么多的冤亲债主，产生永远不停的六道轮回。

老师在讲这些内容，并不是要你去做什么，去做有心量的人，去做很大方的人，不是要你去用你的头脑概念去作为，而是让你去观照，去分析，去看透心量不足的愚蠢与如何造成生命的痛楚。看透就会产生智慧；看破而没有看透，只会产生更深度的痛苦。

看破意味着你要不到，你就会放弃了。事实上，它对痛楚的解除一点都没有意义，那是凡人在面对痛苦的时候所选择的方式。以这个方式自我欺骗求不得的苦就叫放下，放下就是看破，那是很愚蠢的，那不是佛法，但是凡人却以为它是佛法。看破事实上是误解了佛法，误解如来的真实意思。

当你常常能观照自己的所思所言所行，把这些很没有意义的却自认为很有意义的这些思维或行动都揪出来看，这一些心量不足的思维、行为都揪出来看，然后你的心就会愈来愈宁静，你内心的蔚蓝无边际的天空就会渐渐地显露，你身心的病变、病痛，都会渐渐地消失，不药而愈。

你不用去做水疗养生，你也不用去做物理的放松动作，你不一定要去洗温泉、泡澡而得到暂时性的放松。而泡澡一出来，看到市区这些车水马龙的紧张，你的压力又回来了，开始又紧张了，好不容易才放松的状态在十分钟内全部又紧绷了，这就是凡人的运作模式。

凡人的运作模式造成他内心沉沦在地狱的痛苦，认为外在世界没有真正的天堂，往外去追逐、去计较、去比较，而产生的算计，而产生了心量不足的思维、行动。这些只是会让我们活在地狱里面，不必死后才下地狱，活着就在地狱里面。

心咒之四

心量不足人就会产生很多念头，劳神劳心毁健康

我们能警觉、观照自己这些心量不足的行为跟思维是没有丝毫意义而放下的时候，这些乌云密布、暴风雨自然就会消失了，而内心蔚蓝无边际的天空也就是法性就显露出来了，然后你的病变、冤亲债主也会被融解，被你内心的那个蔚蓝无边际的法性的天空融解。这是疼惜自己的不二法门。

你看上苍多疼惜众生呀！你可以在这天地之间随处地大小便，随处辱骂，但是天空不会伤害你。是你自己产生了破坏性的行为，破坏了这个地球的环境而伤了自己，天空从来没有伤害过我们，是人类自己作的恶业伤害了我们自己。

我们要以天空的心量为我们的标准，因为我们内心的法性跟天空是一体的。那些没有意义的事情，凡人却以为它很有意义，每天在争那个面子，争那个自尊，争那个不甘心，而产生了报复的行动或想要夺回的行动，在争那一口气，争谁有道理谁没有道理，争你爱我比较

多还是我爱你比较多。

还问自己爱的人说："你爱我吗？"然后你的爱人也问你说："你爱我吗？"那我就要说了："你先回答你爱我吗。如果你爱我，我就爱你；你不爱我，我就不爱你。"这是很没有意义的事情，很愚蠢的事情，这是一场很无聊的游戏；可是凡人却以为它真实不虚，每天在玩那个游戏。

天空它不需要你爱它，也不需要你重视它的存在，也不需要你尊敬它，也不需要你需要它的感觉，一切都不需要。你内心的天空和那个外在的天空是一样的，但是你的乌云掩盖了你内心晴朗的天空，所以你就痛苦了，你就生病了，你的心已经不健康了，你的身体也一样不健康。而最可怕的是我们这种不健康的身体、不健康的心情，我们却以为它是正常的；不正常的"心量不足"我们却以为它是正常的，那就没药可救了，堕落在地狱里面而不知苦。

心量不足，对你有什么好处？没有一丝的好处。心量不足只是让你误以为你失去什么，事实上你从来就没有需要什么。你失去什么，那是你心量不足所产生的幻影、假象，然后产生了不甘心、报复，而产生了冤亲债主、因果循环、六道轮回。

你的孩子跟你说："妈，你给我过来。"你开始就抓狂了，为什么？因为你心量不足而造成你的抓狂："我是妈妈，而你是我的女儿，你怎么能对我那么不客气呢？"当然你可以教导她。那是因为你的慈悲心而教育她，还是因为你抓狂，你被激怒了，你的自尊心受伤了，而你要惩罚她、修理她，你要扪心自问！

你要注意你的起心动念，你要去观照，你才对这些当下生起的心量不足的思维、行为、起心动念能很警觉地观察到，只要观察到就会渐渐减少心量不足的情结。

否则你吃了多少药，也都是治标不治本。那只是让你的肾脏几乎接近崩溃的边缘，吃了很多的药，吃到最后连那个治肾的药都要吃，因为你积了太多的毒素，产生了副作用。

你肩膀、脖子虽然很僵硬，可那是因为你紧绷，你心量不足，你不能容忍达不到你要的标准，所以你一定要想办法要让自己达到那个标准，达不到挫折感就跑出来了。那当然你肩膀、脖子就要紧绷了，你脑压当然就很重了。

你当然会偏头痛呀！甚至你消化系统会胀气呀！因为你看不起自己呀！你累积了满肚子的气呀！跟你互动的人都看不顺眼，觉得他们很可恶呀！其实他们会混是他们的自由，要不要混是你的自由，你不要去干涉别人的自由。

不要泛道德化。自己当君子要求别人也要当君子，那你就准备下地狱了。你不需要学君子，你也不需要做小人，你做事情只要诚心诚意就好了。

把自己心量不足的地方，产生的批判、看不顺眼、或者很急躁、害怕恐慌，恐慌达不到你要的成功，你要的结论，害怕那些损失，你都要一一揪出来看，那都是产生在人、事、物心量不足的地方。你本来就自由自在，是因为你的心量不足才变成不自由、不自在的。

因为你不自由、不自在，你才要往外去追求自由自在。那怎么往外去追求自由自在呢？每年或一季就要放个长假去呼吸新鲜的空气，去海边度假，电话都不接的，与世隔绝，求得自在。

因为你平时很不自在，你才要往外去追求那个自在，如果你内心心量不足的地方都一直揪出来看，那你就愈来愈自在，你不论在什么地方都很自在，你睡觉也很自在，不会睡不着，想睡就睡，你醒过来也很自在。

第十一章　心量决定命运

想睡又不甘心睡,因为事情还没有做好;睡足了已经醒过来了,还在那边赖床;想吃,又怕吃得很肥,不好看,可是不吃又嘴馋,多不自在呀!

还有人淫欲很重,看到一个美女、帅哥就目迎又目送,更不自在是心里面目迎目送,眼睛却直视前方,为什么?因为想装成君子。事实上你内心就是有这些欲望,却假装视若无睹,怕人家瞧不起而自我伪装,一分心不小心又踢到石头跌倒了,撞得满身伤。

你看看我们的心量不足就会产生了很多很多的念头,一刻都不得闲。淫欲、贪欲啦,都是这样来的。你把心量不足之处一一揪出来看的时候,你的身心就愈来愈健全了,你的需要就愈来愈少了,跟你的生理上真正需要的能合一,那你头脑中那些欲望的东西就会融解掉了。

心咒之五

"想要……"和"应该……"
会给我们造成相当的压力

> 跟着你的感觉走，而不是跟着你的欲望走，你自然就会吃的刚刚好，行住坐卧当中享受每一个片刻的境遇。

你会坦然接受生命每一种境遇、每一种遭遇、每一种处境，它不是头脑观念的作为让你去学自在。自在是不用学的，只要把不自在的地方一一揪出来看，你的生命的自由自在就会显露出来；你的身体就会渐渐好起来，你的脊椎的灵魂就会正直的，纵使你的脊椎已经由于常年累月不良姿势而弯曲，你的脊椎灵魂还是正直的。

所以，你可能用各种方式来挺拔你的脊椎，但是你身体还都是有病变，因为你的脊椎的灵魂是弯曲的；但是也有可能你的心量愈来愈大，你的本质愈来愈显露出来，纵使你以前的那个姿势不良造成你的脊椎不是很正，但是你的脊椎灵魂是正直的。会让那些脊椎医生看得满头雾水，为什么你脊椎有点侧弯，但是你为什么没有病？那是因为你善养浩然正气，你的心量跟天空一样大，也就是你的空性已经显露出来了。

治病、脱离六道轮回或者脱离痛苦的不二法门，就是对心量狭小、易生报复的那种思维和行动都要反省、忏悔。而在当下面对境遇产生这样心量不足心境的时候，我们能观照到，自我就愈来愈少。

然后你的心就愈来愈宽，你的空性就显露愈来愈多，你就愈来愈自在，你就愈来愈得到究竟的幸福，你的动根就愈来愈少，你就不会一刻也不得闲，而你内心的淫欲也会莫名其妙地消失。

你的内心只有一份的清净，你不用再需要那种五光十色的丰富生活了，不需要每天在那边追逐灯红酒绿的日子，你时时都能处于清凉自在。

我们在日常生活中，心胸狭小、心量不足是时时都存在的，因为那就是习性。你也可以自我观察一下，比如你很爱干净，可是你到你的家，或你的办公室，你觉得环境被人家弄得很乱的时候，你马上就会开始生气，那这也是你要警觉的，因为它会造成你身心的不平衡。

你内心里面有对不干净环境的不耐烦，我要把它整理得干净，而对造成不干净环境的人也产生了很不耐烦的心境。对环境及人产生的不耐烦就是心量不足的地方。

你爱干净有两种方式，如果你享受爱干净的过程，那你会把周围整理得很干净，而且在那个整理的过程中你会觉得很舒服。

你只是爱干净，可是你不想负责任，所以请外佣来帮你整理，但是没有办法的时候，只好自己整理，边整理边烦。那我们要知道，这是一种心量不足造成我们的痛苦。

你爱干净是你的需要，你就去享受你那个需要，而不是让那个需要来奴役你，否则就是你需要的奴才，那就是你心量不足的地方，你会痛苦。

你爱干净，那是你的需要；而有人就是习惯于很混乱，他就是喜欢这样乱中有序的生活，你一整理他会生气，因为他会找不到他的东西，他觉得他在乱中也很舒服呀！

换句话说，爱干净不是他的需要，他这样乱中有序是他自己的需要，但是你不能容忍一丝别人造成的不干净那是你心量不足。因此造成你自己的痛苦，在你心结开始爆发的时候，你开始批判那个人，或者在整理的时候还边骂。这就是你的心量不足的地方，你造成了自己的痛苦。

如果人家不理你，你痛苦；人家要理你，人家也很痛苦。他觉得那样就很好了，这样的人喜欢乱中有序的生活。他就是喜欢那种感觉呀！太整齐的环境会造成他的压力，有人就是喜欢这种方式而感觉自由自在，每一个人想法是不一样的。

心量不足只会造成你的痛苦。比如今天急急忙忙地要赶着一场生意，你一定要赢得这个生意，赢得生意以后呢？如果赢得这生意，你可能多赚个五万块。可是这五万块对你有这么必要吗？你没有这五万块真的不行吗？

如果你没有这五万块不行，那就是你真正的需要。如果不是说你没有这五万块不行，而你又不是只能得不能失，只是你头脑想要，那是你心量不足呀！

你想想看，你每天生活需要有多少。是否有很多是由于你的虚荣心或者你想要跟人家比较的心？比方说，你的衣服都要烫得很干净、很整齐，为了走出去有面子。

所以，你每天下班以后，你的衣服都要送到洗衣店去洗烫，因为你自己没有时间洗，送去洗衣店洗，帮你烫得很整齐。一件可要多一二百块哦！事实上一件品质比较好的衬衫可能才六百块，你两天要洗一次。这都是你的需要吗？还是只是由于你好面子？

第十一章　心量决定命运

或许那是我工作上需要，否则多没面子，大家都穿西装，而且那么挺，那我不穿这样多没面子。你是靠你面子在上班的吗？还是靠你的工作实力上班？

漂亮妹妹多看我一下，我会很开心，开心有什么好处，那妹妹是你的吗？你追上她了吗？没有呀！你在享受那个虚荣、被重视的感觉。我们内心有很多很多的虚荣，不是我们真正的需要，而是自我想要的东西，会造成我们压力很大。

心咒之六

心量不足让我们拒不承认自己的错误而一错再错

> 我们要静下心来跟自己对话，把自己的起心动念、所思所言所行都揪出来看，对自己、对别人心量不足的地方都要观察。

比如你今天去一个超市买东西，然后回来发票一对，发现那个人多算了一百块，但是超市离你们家有六公里路程，你为了这一百块就是不甘心，然后就要开车去讨回，开到那边要差不多二十分钟，油钱、时间都还不算，值不值得？但是找他要回就是觉得很痛快呀！

因为我没有让别人占到我便宜呀！事实上是因为你的心量不足造成你的烦恼，你已经损失一百块了，你再怎么样做，都无济于事了。可是不跟他拿回这一百块就是很不甘心。可是拿了呢？你为了拿这一百块，你损失了多少你可以休息的时间、你的油钱，还有你的讨回过程所花费的工夫？

我们头脑里面认为有意义的事情，事实上大都是我们心量不足所产生的幻影，我们没有去看清楚，才会做那些心量不足而没有任何意义的事。

我们每天都很昏沉地在做类似的这些事情。大家静下心来吧！好好把你认为的真理，或天经地义，或者你的惯性，心量不足的藏身处，或你不能接受自己的挫败，这些都要拿出来看。

然后你跟你身边的人在互动，有缘的人在互动，不仅是身边人，你可以看电视上的那些政客、演艺人员、新闻都揪出来看，从不满意到看不顺眼、批判、诅咒他们等，这些都是你心量不足的地方。

如果你骂你身边的人有用，你骂一次就好了，如果你骂没有用，第二次、第三次也没有用。那只是代表你心量不足。如果你骂有用，是因为你善巧方便的应机手段，因为你真正地能体谅。

比方说，你的女朋友今天身体不舒服，然后你就跟她说："你为什么不去看医生呀！我不是叫你去看医生吗？你为什么不去，活该！现在发烧了哦！活该！两三天前你就应该要去看医生了。"她说："我工作很忙呀！没办法去看医生。""怎么没办法？你吃饭就有办法呀！"那是你心量不足，因为你生气啊！

如果你真正地能体谅她，真正爱她，你真的心量像天空的时候，你就要想想看，我是不是应该替她想办法，而不是按照你既定模式——永远只是动口不动手。

你从来没有很诚心地去忏悔、去反省你自己的思维模式，而认假为真，以你自己的习性为真理，从来都不反省，所以与他人的冲突永远都存在，而你一直说人家给你压力，事实上你给人家压力自己都不知道。如果你真正地能够自我反省，你那个内心晴空就显露出来了，你就知道怎么做了。

或许因为她天性就是比较会拖，那我要帮她约医生，甚至我会带她去看医生。这就是真爱，这就是事实胜于雄辩。你的子女也会学你样子，你可以教子女说："你在外面不要跟人家吵架哦！"子女回到家，看到爸爸妈妈每天在吵架,那他到外面当然还是跟人家吵架呀!

然后你就骂:"你怎么那么笨?你为什么喜欢跟人家吵架,我在外面都不会跟人家吵架,爸爸妈妈在外面人缘都很好,都不会跟人家吵架。"可是子女说:"我没有看到你在外面的情形呀!可是我看到的是你在家的情形啊!你跟爸爸都在吵架。"

如果我们爱我们身边的人,我们自己好好想想,我们是否有太多没有意义的口头禅、行动的惯性,或者我们的理想、我们的标准,我们一直以为它是天经地义,从来都不反省,我们的心量不足却习以为常之处我们都要揪出来看,你看的越多,你的心量就越来越大,最后你只有一份慈悲的爱,你已经没有标准了。

你可以适应每一个人的标准,能善巧方便利用他的模式而引导他走出他的模式,这对他才真正有帮助。

有人是喜欢人家讲好听的话,那我们就讲好听的话来引导他;有人他心很软,但他就是懒,我们最好的方式,就是做给他看,而且我们不讲,只默默为他做而让他感动,让他惭愧,这就是能善巧方便。

可是凡人都是动口不动手——这是我观察来的——只会说,叫身边的人去做,自己就是不做呀!

还有的人动口又动手,要怨又要做,要做又要怨,那些阿嬷、妈妈常常就有这种现象。"我真的很倒霉,嫁了你爸爸已经够倒霉了,还生了你这样的孩子,我就是黄脸婆啦!我活该倒霉啦!我洗碗,你们也不帮忙,你们洗也洗不干净,所以我自己洗。"你要洗就不要说;要说你就不要洗。你要知道,这些都是心量不足、心胸狭隘的人,你怎么能期待你身边会有那种好品质的人受你感动呢?

你心量不足才会想掌控,期待你身边的人依照你订定的规则走!如有的人虽然符合你要求但不是受你感动,是被强迫出来的,他的好品质是跑不出来的。

心量不足、气度狭隘的人、凡人，你要接受一切的不同：习性的不同，人种的不同；还有生活条件的不同、成长背景的不同；还有这世界每一个人习性都不同；每个人都是独一无二的。

每一个人的个性都不一样，如果我们能接受别人跟我们看法、想法的不同，这就是心量。

人的自我要说"是"或"对"是那么的不容易，但是说"不对"或"不"那几乎是不假思索。要说"好"或"对"那都是好大的挣扎，一定要死到临头才说："好吧！我错了。"你不说错，太太要跟你离婚了。"好吧！我跪下来，太太我错了。"凡人都是这样的。

但是一个心量开阔的人，会把自己心量不足的地方揪出来看。当你接受你的错，你就会成长；当你不接受你的错，你永远不会成长。如果你为你的错误找借口甚至还要攻击那个说你错的人，请问那些思绪及行为有意义吗？

你诚心说你错，接受你的错，会损失一块肉吗？不会！你只会增加你的智慧；但是你不承认你的错，就会永远愚蠢，你的智慧永远不会产生出来。

凡人要接受自己的错是不容易的，他要说"好"也不容易，他要说别人对也不容易，他说"不对"或"不好""不要""我不是这个样哦"，那很容易，都不假思索。

凡人就是很叛逆，承认自己错，血压会升高。

可是，你能接受自己错误的时候，你的心真的会宁静下来，因为那是生命要蜕变的过渡时期。

真诚地接纳别人对你的批评，不要那么快反驳。如果你太太说你很愚蠢，你不要马上恼羞成怒反驳说"你才愚蠢"或"谁愚蠢"。你先静下心来想想，我真的有做愚蠢的行为吗？如果你认为我真的很愚蠢，是哪里愚蠢，请你告诉我。在你能接纳你的愚蠢的时候，你的愚蠢就消失了，这就是真正的心量。

凡人不是这样，他一定要硬拗到底，"好吧！我现在不讲，人家会说我没有修养，有一天我一定要证明那一件事情不是我错了，是你错了！你自己搞错了！"事实上这样没有意义。凡人心量不足，要说"对"，要说"好"，要说"他人对"，是那么的困难，要赞美人家更困难。

除非这个人是小人，赞美人家是要得到人家的好感，达到某种目的，否则要赞叹人家很不容易的。

可是一个空性的人，他赞叹是真心的，他真的看到人家的好，他真的是很赞叹，他诚心地赞叹，会让这个世界愈来愈相爱，也会让受到赞叹的人愈来愈成长。

第十二章
你给世界带来什么，
世界就回报你什么

问：为什么一天到晚忙东忙西，心里还是有空虚、失落的感觉？

答：不快乐的人才会忙东忙西寻找快乐。你消融不掉的自我，你的批评与感受，才是究竟的痛苦根源。

・讲座纲要・

　　搬弄是非的心念及行动开启他人间的争端或导致他人有心结，或破坏他人名誉，或造成他人痛苦者，会造成自己运势坎坷、波折横生，或常遇突发灾祸，极为痛苦。

　　发射出去的是负性能量，回来必是负性能量，而且还会加利息地回报到自己身上；发射出去是正性能量，回来必是正性能量，而且也会加利息回到自己身上。这就是因果镜的法则——因果律。

正道之一

你要怎么收获，就要怎么栽

有人说这个世界很不公平，有人说这个世界很不合理。事实上因果津就是这个世界赖以存在的栋梁跟支柱，因果津就是这世界上的天秤，因果津是这个世界最究竟的公平。

有时候我们看到一些事情很不合理很不公平，比如父母那么的疼爱他的孩子，而他的孩子竟然对他那么的不孝，殊不知这只是从一个断面来看，从这辈子来判断而没有看到更宽阔的过去。

换句话说，这个孩子的不孝，我们觉得很不合理，我们觉得很不应该，但是如果我们超越时空来看，上辈子这个不孝的孩子很有可能就是父母，他们只是这辈子身份位置颠倒过来：前世不孝顺父母的逆子，这一生他当父母了；过去生被他忤逆不孝的父母，这一生的现在变成不孝子的孩子来回报他。

那我们怎么能仗义执言而当一个裁判者呢？没有人有权柄，可以当这个世界的裁判者，只有因果律是这个世界唯一公平的裁判者。

一分耕耘一分收获，这就是因果律。天下没有白吃的午餐，这也是因果律。如果这个因果律不存在，这个世界会毁灭。这个世界支撑的根在哪里？在因果律，这是现象界存在的基础。

下雨了是因，那果呢？就是大地受到雨水的滋润，加之很多的因素就产生了绿洲，或者变成泥石流。绿意盎然会让这个世界有生机，泥石流会让这个世界有毁灭的作用，创造及毁灭这两种对等的作用让这现象界产生平衡。

这世界是很平衡的，如果不平衡这世界的现象都会消失。没有光明怎么会有黑暗，黑暗跟光明是一体两面；没有生怎么会有灭，没有灭怎么会有生，生、灭是这个现象界存在的基础，也就是因果律。

因果律是这个世界现象存在的基础，因果律也是世界上唯一的究竟公平。所以，我们所思、所说、所行，无论是善念或恶念，绝对会回到你自己的身上，这是现象界唯一绝对的公平。

我们现在所接受的或者遭遇的一切境遇，都是我们自己今生及前世所播种的因在因缘成熟的时候回报到我们的身上。

胡适博士曾经说过："你要怎么收获，你就要怎么栽。"这绝对不是老生常谈，或者是唱高调，这是现象界的真理。老师要在这个因缘之下，很细腻地来剖析这个因果律运作的过程。

你的世界包括你的肉体，还有你的际遇，都是你的起心动念及行为所造成的。

如果你常常愤怒，常常很恐慌、很害怕，常常很紧张，都会造成你肉体的创伤。

你在愤怒当中，心脏的功能会不断地衰弱，血液循环会愈来愈差；如果你常常焦虑、紧张，那你的消化系统、你的肠胃、你的精神、你的神经都会愈来愈紧绷而出状况；如果你常常很悲伤，那会影响到你的肾脏，进而影响到你的脊椎、影响你的泌尿系统，或生殖器官，影响到你的眼睛，也影响到你的皮肤，影响到你排毒的功能。

你身体不健康是你自己的这些负性情绪所造成的，那负性的情绪就是造成你身体不健康的"因"，从而得到身体不健康的"果"。

你常常内心里面很不满，你常常看很多事，或很多人、物不顺眼，那你常常就会很累，你常常会很郁结，你肝功能就会很差，然后你会常常头痛，甚至会常常耳鸣。

你如果把你的不满化成行动或话语的时候，你常常就造成别人的压力，而别人也会瞧不起你。你的不满、你的看不顺眼，你一大堆这些负性的心念就会去吸引负性的事情发生在你身上。

比如可能你昨天整个晚上的情绪在睡觉前是很低潮的，焦虑、忧郁，感觉生命活得好无奈、很无力、很无趣、很空虚、很没有味道，真希望一躺下去就不要醒来。

当你早上突然醒过来的时候，你又要面对这漫长的一天，心绪还是那么的低潮，真的不想再过这样的生活但是却又必须过这样的生活，循环往复。

带着这样死气沉沉的心境，而去面对你必须要很紧绷地、很专注地处理的事情，你的心境是那么的混乱、那么的低潮！在这样的心境之下就是因，就会吸引负面事情发生，而碰到很多很不顺心的事情又让你情绪更加低潮。

你的情况就会像屋漏又偏逢连夜雨，明明看起来很顺的事情，怎么突然又不顺了呢？看起来应该很顺的事情，怎么会突发状况这么多呢？然后你就会更低潮，你就会更紧张，你压力就更大，你又以很颓废、很灰色的心情去处理你整天所要面对的事情，你会发现事情越来越不顺。

事情的不顺又会让你觉得生不如死，在晚上睡觉的时候，会觉得生命活得好痛苦，真希望这一睡就不要再醒过来。

可是又会怕死，有时候又摸摸自己的皮肤，拧自己一下，证明自己还有感觉，还活着。将面对死亡的感觉，又会让自己很恐怖、很恐慌，我们甚至用牙齿咬自己的皮肤，让它痛一下，证明还有感觉，这种感觉很痛苦，但是很真实。

感觉我还活着、我还有神经，然后就睡了，勉强睡着了。在三更半夜的时候，突然想上洗手间，就又醒过来，然后在黑暗、孤单、万籁俱寂中，激发了生命更深度的无奈。

上完洗手间再躺在床上就睡不着了，甚至垂泪到天明。天亮了而整个晚上都没睡好，肩膀脖子好僵硬，活得好痛苦。可是我又要面对太阳升起来的新的一天，我很怕天亮，可是它又来了，情绪只会更加地低潮，比昨天还低潮，接着又碰到很多事情的不顺。这就是生活，这就是痛苦的生命。

这就是因为我们的负性心境吸引了外缘——不顺的缘，然后产生了不顺的果；不顺的果又造成我更负性心境的因。而这负性心境的因又去吸引不顺的缘，又造成不顺的果，周而复始，这就是悲惨的生命，这就是因果链，负性的因果链。

正道之二

恶魔没有疗伤止痛的能力，所以他只能去撕裂别人的伤口

这样的心境，我们在座的诸位师兄师姐，每一个人都曾有过。换句话说，这个世界的普罗众生，每一个人都有经历过这种苦，你一定要等死后才下地狱吗？你作了很多的恶业，要死了的时候才下十八层地狱吗？

不需要！事实上这个世界的众生每天都活在地狱里面，时时刻刻都在地狱里面受苦的轮回、苦的循环。

凡人怕苦却活得那么苦，又那么的怕死，怕死怕苦到极限就自杀了。因为日子过得那么的无奈，期待期待通过自杀找到解脱的方法，这就是自杀的人自杀唯一的理由。

任何一个自杀的人都是因为这个理由而自杀，因为他怕死怕苦到极限，所以他在寻找可以让他生命有生机的一个方法。

然而我们又听到，某些宗教的教义说"自杀而死亡是要下地狱的"，本来想通过自杀找到一条光明的路，现在又听说"自杀是要下地狱的"，这下自杀路又封死了。

事实上不知道这个道理的人活得还比较愉快一点，知道这个道理真是生不如死，可是想死又怕死。这样的心境是怎么产生的？一个人为什么会活得那么的空洞？

因为他邪曲的心，他不善良的心，慈悲心不足的心，见不得别人的好而嫉妒别人，攻击别人，毁谤别人，让别人受伤。被害者或许不知道他是加害的人，可是存在知道，老天爷知道。所以，当他起这样的心想要去破坏别人，伤害别人的时候，当下他就会觉得他的生命很无力，活得很空洞，而造成他自己更深度的痛楚。

如果他故意想伤害他人而且产生了行动，则造成自己痛楚的强度就会比昏沉、无意识去伤害别人加强千百倍。

因果律可不可怕？一个可怜的人，是因为他在前世或今生中作了许多的恶业，才会导致这一生这么的可怜；而一个很可恶的人，我们可以看到他未来或现在就要成为可怜的人。

可恶的人，内心有很大的痛苦，他慈悲心不足，他根本没有疗伤止痛的能力，所以他只有去创造别人的伤口，去撕裂别人的伤口。

让别人痛苦，会让他的痛苦感觉不会那么的深。所以恶魔是宇宙之间最可怜的人，恶魔是一个慈悲心不足的人，他根本没有疗伤止痛的能力，所以他只有去撕裂别人的伤口，创造别人的伤口，想着独苦不如众苦。看到别人拥有而他自己没有拥有，所以他非常地痛苦、嫉妒、愤怒，所以他要毁灭。

或许我们偶尔也有这样的心境，可是我们有一颗善良的心，我们会有罪恶感，感觉这是不应该的，而能把这个念头做某种程度的融解。

但是一个人如果他的慈悲心隐藏了，他就没有这样的罪恶感，他会肆无忌惮地放纵这些不善的心、邪曲的心去运作，结果只是他内心的伤口更深，活得更痛苦。所以他就要去撕裂别人的伤口来减少自己伤口的痛楚，殊不知他撕裂别人的伤口，只会加强他伤口的深度及宽度。

这就是恶的循环，可怕的因果的循环。恶魔是最不会疼惜自己的人，是最愚蠢的人。

他的痛苦伤口会停留，但是他不愿下决心把他的慈悲心开发出来，他一直跟他自己的不慈悲、邪恶认同，所以他几乎是没有疗伤止痛的能力。他唯一可做的就是去伤害别人，去创造别人的伤口，去造业，然后让自己更痛苦，独苦不如众苦。

我们谈因果镜那么多堂课了，在这个课程的尾声，我们必须要检视自己，如果我们内心里面有魔鬼的心态，我们就要忏悔。

我们要下决心不再跟自己的魔鬼心态做一丝的认同，我们不跟这个魔鬼心态认同，这是离苦得乐唯一的法门，没有第二条路可走。也就是你必须要很细腻地去把魔鬼心态揪出来看，把自己邪曲不善的心揪出来看，忏悔，下决心不再跟它认同。

跟它认同，吃亏的就是我们自己，我们永远没有疗伤止痛的能力，伤口产生的就是怨恨情结。

我们很容易产生怨恨，怨恨造成我们身心的病变，造成我们很想报复，造成我们见不得别人的幸福。

殊不知当我起这样的念头的时候，我的不快乐的强度只会更加深，我做了伤害人的行动事实上我就跟厄运、跟过去的冤亲债主打招呼了，让它可以来攻击我们。伤人者人恒伤之；疼惜别人者人恒疼惜之，存在也会疼惜你的。

你疼惜别人一分，你伤口自然就愈合十分到一百分。你知道那种寂寞难耐，那种活着缺少生趣，对死又很害怕很恐惧的心境吗？可以愈合的唯一有效的方法，不是吃什么镇静剂，或靠意志力去治疗自己的忧郁症。

所以有忧郁症、躁郁症的人，他不可能痊愈的，他怕死，他靠意志力在歹活。

正道之三

邪曲的心境只会让自己不停地受苦

一个法门可以让你愈合，那就是去疼惜众生，疼惜有缘和你互动的人，常常要把自己不诚的心、邪曲的心、不善的心、心量不足的心揪出来看。比方我们上完厕所就把灯关起来，这就是一念的慈悲心，不是做给任何人看，也不是做给老天爷看。

用完厕所再看看有没有冲干净，会不会让下一个使用者产生不舒服的感觉。我绝对不要创造人家的不舒服，甚至要解决造成人家产生不舒服的因缘。

可能上一个洗手间的使用人比较粗心大意，或者是真的比较自我、自私，水龙头也没有关得很紧，那我就把它关紧。那个厕所使用得好脏哦！那个卫生纸乱丢呀！那个粪便也没有清干净！那我就来把它清干净。

又比方说我在停车的时候会考虑到，后面的那一部车要开出去的时候怎么样比较方便，我应该停在什么样的距离。你知道吗？这就是把自己的慈悲心开发出来。

如果我以前不是这样做，这就是我以前慈悲心不足的地方，我要把它检视出来，我自然就会有这样的慈悲心流露出来。

比方说我们以前停车的时候要在车的前后留个空位，要让我的车子比较好出去，不要让停在我车子前面的车或后面的车跟我保持太近。我只想到自己的车子好不好出去，而不是想到别人的车要开出去时好不好出去，这就是自私，这就是自我，这就是慈悲心不足的凡人。

殊不知这样的心境你一直认同它，受苦的、吃亏的就是你自己，而不是别人。你的心会感觉很空虚、很无力，会很容易得忧郁症、躁郁症、精神官能的疾病，身心的病变都很容易产生。你怎么对待别人，人家就怎么对待你。

所以，如果你常常碰到很自私的人来欺侮你，那你要记住你必须要检视你自己的心境，那是你自己邪曲的心产生了因，然后吸引这样不善的缘来对付你。你不要怪老天爷对你太残忍了，你不要怪你的八字不好，你不要怪爸爸妈妈把你生错地方；你要怪你自己，你是一个自私的人，只是别人的自私是表面化的，而你的自私是放在心里面一直在计算，一直在计较，你心量绝对不足。

如果你常常碰到善待你的人而很感恩，事实上你要感恩的是你自己的心量，所以你才能看到别人对你那么好，你都看得很清楚而发自内心地感激、感动。

你的心就是因呀！会吸引那个因果的缘呀！你的命运就是果。

你身体很差吗？那你的内心一定有很多的负性情绪，因为你的身体是你内心境界的成绩单。

或者你常常犯小人，事实上你外在不一定有对他人做出伤害性的行动，但是你内心一定是很会计较、很会计算，只是你没有显露出来或产生很具体的行动没让人家发现而已。否则你怎么会常犯小人？

你内心一定有很多你看不顺眼的事情、很不甘心的事情、你批判的事情，所以你犯小人的情况会特别严重。你内心的心就是你的因，那个邪曲的心、不善的心，吸引了这些不好的缘来跟你遭遇，碰到不好的果。

老师曾经说过，每一个人的世界都是不一样的，虽然我们现在同处这个空间，但我的世界跟你的世界是不一样的。如果你的心很宁静、很慈善、很质朴、很会体谅，你常碰到的都是会体谅你的人、质朴的人、很纯净的人、很单纯的人、很直心的人、很善良的人。

我常常在自我观照，我有没有产生了这些邪曲的心——我需要人家爱我，我需要人家尊敬我，我需要人家需要我，我需要人家体谅我，我想改变跟我有缘互动的人的想法。

如果有这些邪曲的心，我观照到就把它放下。我体谅别人，但是我不需要人家体谅我；我爱跟我有缘互动的众生，不管他是好人还是坏人，正人还是邪人，但是我不需要他爱我；我尊敬跟我有缘的众生，不管他是一条狗，还是人，但是我不需要他尊敬我；我赞叹他的善，但是我不需要他赞叹我；我不批判他，连"不"的念头都没有。

"不批判"，事实上我内心还有批判的杂质，连这个心我都要拿出来看。

我没有批判他人的心，但是我很在乎他人对我的批判，如果我有过错一定要改正。

如果我没有过错，我也很感激他，因为他的批判，可以让自我观照我的怨恨、愤怒，如果会的话，那代表我内心里面还有不足的地方，还有自我的种子存在，这是需要我去观照的。

你不要说，老师那是好高的境界，我做不到。如果你做不到，你永远沉沦在苦海里面。我不是要你一下子达到那样子的境界。但是，你可以不断地检视自我有没有这些邪曲的心，你的邪曲的心由于你的观照而会愈来愈少。

你不去观照，或你不愿意去观照，那你邪曲的心永远都存在，而且永远那么多，就会吸引恶因缘来缠身。

如果你常常碰到很自大的人，那是你内心的自大心所吸引来的，你一定是个很自大的人。

如果你常常碰到讲你是非的人的几率很大，那你一定常常在你的内心里对人家产生很多的批判。或许你没有讲出口，但是这是你自己播种的因。

如果你血压很高，那你一定常常生气；如果你消化系统、肠胃常常很不舒服，那你一定是常常有很多看不顺眼的地方；如果你常常被骂，你一定常常做了该被骂的事情。你不反省，所以你永远要被骂，而且那骂你的人是你无力抗拒的人，或许是你的长辈、你的上司。

你不自我反省或观照，你永远只有沉沦在苦海里面，你永远没有蜕变自己生命的空间。那样你身体怎么会好？你的命运怎么会改变？

正道之四

小我藏在左脑里；右脑发展直觉

你可以好好地自我检视你到底想过怎么样的生活，是天堂的生活还是炼狱的生活。

如果你不努力，你现在就在地狱里面。你要往天堂之路走就要努力就是把自己邪曲不善的习惯揪出来看，逆着自己的习惯，才有往自在、幸福之路走的空间出现。

你要沉沦很容易，你不需要努力，你就一直沉沦下去。但是你要蜕变，要得到内心真正的极乐，一定要努力，不是去追求名利，追求别人的肯定，而是努力地看到这些你在追求名利，追求别人的肯定，满足自我之类的邪曲的心。因为你的自我得不到满足，所以去伤害别人，去撕裂别人的伤口，或创造别人的伤口，这些都是你要努力地去一一检视的，你内心才有真正的宁静空间出现的可能。

你的内心有那么多的幻梦，那么多的理想，那么大的梦想，那么多的标准、尺度，那么多的"应该怎么样才对"。这些东西是你痛苦的根源，这些东西就是你的自我，是你的不善心，是你的邪曲心，这些东西产生你对一切事物的批判，你的不平不满，你的不甘心，你的因果轮回。这些东西造成你的生命活得很空洞，很空虚，很无力，生不如死，又很怕死。这些东西就是因果轮回的根。

如果你过去生真的是一个曾经供养过诸佛的人，你就真的是有福德的人。所谓供养诸佛，是指你过去生在佛法或佛出世的时候，你曾经去挺他，去护持那个法，让众生依靠佛法可以离苦得乐。你真的做过这样的事情，那你会福分。也就是老师在分享空性的宁静心境，你当下就能体会，那种空性清净出来的时候，让你好感动、好清净、好清凉，但是它瞬间就消失了，你不知道怎样才能去捕捉得到它。

空性本来就存在在你内心里面，我们在这里分享或谈解脱的法，只是要让你内心的宁静显露出来，让变成真正的圣者，活得自由自在，活在每一个片刻。

它不是靠意志力说："我要活在现在，我要活在当下。"

"我要活在当下"，当你起这样的意念时，你早就错过了当下的每一片刻。因为你根本没办法可以活在当下，你才要告诉自己要活在当下；因为不能活在当下是很痛苦的，所以告诉自己我要活在当下。如果你没有未来心，没有过去心，那你还要告诉自己要活在当下吗？

左脑是那么的没有安全感，产生了那么多的逻辑观念，那么多的计算，那么多的盘算，那么多的精确的评估，吸收一大堆的知识，或者让自己在吸收知识当中得到充实的感觉。

我是借用这个左右脑的理论来说明自我与空性。脑在控制你的时候，你永远没有办法活在当下，因为你每天都要盘算，你每件事情都要计算，而你现在在这边听老师说法的时候，其实你的心已经跑掉了。

因为你在看时间。或许你四点还有事情要去做，老师讲到三点五十分，通常还有十分钟让我们发问，那你待会儿就要利用那个空当准备一些与人会谈的提要，因为你待会儿要跟人家谈生意。

那你可知道，我今天跟你讲的东西，对你来说并没有任何意义，因为你还在做很没有意义的事情，准备那些东西并不会增加你对事情的掌控，它只是让你愈错乱，你准备得愈多，你愈缺少灵活应机的本事。

我们这里面有一个很厉害的业务高手，是个先生，他本来都是准备了一大堆东西去跟人家谈，后来他发现他准备那么多东西只会让他愈紧张。于是他下定决心不准备了，他就见招拆招，可是没有想到见招拆招的效果竟然那么好，从那个时候开始，他不准备了。

"准备"会让你说错话，因为"准备"是用你的左脑办事情，你一直在记忆很多东西，你一直在练习很多东西，而你没办法很灵活地应付当下的情况，因为你与存在联结的种子已经断了。可是你们常常来这个地方听课，你看到老师准备了吗？我只是随心所欲地说。我每一字每一句都是从空性本质出来，我不准备。

如果我有准备，那我就跟世俗的演讲家一样，你们是在听一个人讲很多的道理。可是这些道理是你可以在书上看到的，他收集很多资料，要演讲的时候，他就把他计算机里的数据拿出来研究一下，复习一下、背诵一下，排列组合之后就是一篇文章。可是我是依靠右脑来跟你分享。右脑意味着直觉，意味着活在当下，意味着不准备，意味着它没有自我。因为没有自我，所以我根本没有想说服你们任何一个人，或改变你们任何的观念，我只是提出很多观点，让你有机会去思考一些问题。

你们也许有人心里想"老师我觉得你很可怕"，或者有人说："你能知道人家的心，那你有可能是天使，也有可能是撒旦。"那只是你的意念，我绝对尊重你的看法，我没有必要跟你理论。

如果你说我是魔鬼，我就要证明我是天使，那就是自我，左脑才有这样的东西。你说我是一个恶魔，我说对；你说我是个天使也对。

你说我是怎么样的人都对，因为我有左脑在运作的时候。左脑永远都很自我，永远都要自我实现，永远都是喜欢说"不"，左脑是造成你生命痛苦的根源。

我跟你辩赢了，对我来说没有任何意义！比方你说我是魔鬼，我跟你说我是天使，有意义吗？没有意义，对我来说没有意义。只是对左脑来说很有意义，它会得到成就感，它要赢得人家的尊敬。

所以要全然地臣服于存在，全然地跟着因缘在走，全然地不准备，全然地变成存在的通路，全然地让空无显露。我不是要刻意做这些事情，否则那还是自我，还是在受左脑支配！

听老师一讲，你说要跟着右脑走，你一产生这个想跟右脑走的想法，事实上那还是你的左脑在运作。那就是有为法呀！那是自我意志力在运作呀！那是你的梦呀！那是你的期待呀！那是你的追求呀！

你只要把你左脑运作的一些痕迹都揪出来看，看一次它的能量就减少一分，看两次就减少两分，在持续的观照当中它就融解了，右脑中你的空性、直觉就自然开始运作。

正道之五

好运是靠善行累积出的福报，不能被计算出来

事实上你还没有到达你要去的地方，已经自我设定因缘变动的无限可能性了，你左脑中习惯性地图都全部出来了，你脑海中只有那个停车场的停车位，而没有其他的停车位。

以前你去那个停车场时，那边很空，有很多停车位，可是这次去那停车场有可能车子是停得满满的。如果你能警觉你的左脑在惯性运作，你的右脑就运转了，你靠着直觉，让方向盘去运作，或许你绕了好几圈，突然之间车位就空出来了，你就可以停车了。

你不需要批判，你不需再以你的自我计较的左脑说："哎呀！早知道我就停到那个大的停车场去了，你看绕那么多圈才找到停车位。"你要知道，因缘运作有它的道理，不要用你的自我去计较计算，不要以你的左脑去评估、去介入计较。

可能表面上看起来，你浪费了比较多的时间，可是你今天如果是要去谈生意，有可能就是因为你去的时间慢，你的那个客户才有时间好好跟你谈；你太早去，你很准时去，也许你的客户刚好有事情，而

他的情绪刚好很急躁,可能你谈的东西他并不能接受,因为他的心根本没有沉静下来。所以因缘是不可思议的,你不要用你的左脑来思考。你是不是全然臣服于存在,臣服于空性,臣服于右脑?臣服于右脑只有一个原因,你没有未来心,你自我融解掉了,你没有梦,你可以享受每一个片刻,你没有得失心,你自由自在。

得失显露在最明显的地方,就是生与死。生是痛快,死是痛苦;你得到很愉快,失去就会很失落、很悲伤。

生命的现象就是生、灭,而在生灭现象里面有一个不生不灭的本质,那就是空性,那就是法性,那就是法身,那就是存在。那会超越因果,那是吸引最好运的引子,会有守护神来守护你,因为你是存在的通路,存在要通过你来实现因缘所要实现的慈悲救度。

你用左脑计算出来的好运,当你得运的时候,你过去的福气会让你判断得很精确,你的直觉力变得很强;当你运气用完的时候,你的直觉力就不准了,你的点子也不见了。

但是如果说一个人他全然地臣服于存在,那他的直觉力是无限地信手拈来,因为他是存在的通路,存在要透过他来实现因缘所该实现的事情,即使是凶也不是真正的凶,只是让他生命可以成长、蜕变、磨炼的契机而已,他是真正的有好运气的人。

他的好运气,不是为他自己,因为他没有让左脑在掌控、在计较、在计算。人算不如天算,让存在来盘算就好了,我们不再以小心眼来盘算、计算。

有多大的心量就有多大的福气,有多大的心量就有多大跟存在联结的空间,大到无限的时候,那你就完全成道了,你就自在了,你就不在生死轮回、六道轮回里面流转。我可以跟你保证,除非你是外伤,或者是残废了,你身心的病痛都会渐渐消失,你是存在要来这个世界布椿的椿啦！

那个布椿是什么？要布施有因缘的众生，所以你的福气是无限的，不只是富可敌国。你需要的愈少你的福分愈大；你需要的愈多，你的福分愈小愈有限。

所以我们要善用因果律，去创造了让我们得到善的种子，也就是我们不再与邪曲心、不善心认同，而尽量时时体谅，心存仁厚。你的运势自然会渐渐好转，你的身体病痛，你的内心伤口都会渐渐地痊愈。等你的邪曲心和不善心完全地消融的时候，你就超越因果律了，因果律不能束缚你，因为你已经完全成为存在的化身，你内心时时刻刻都是宁静的、满足的、自在的，你时时刻刻都在享受着。而且享受是无止境的，如果享受有止境的话，那享受的结束就是痛苦的开始，这是相辅相成的。

一个人如果想要超越因果律束缚，那就先要把邪曲、不善的心因看出来，不再与它认同，直到邪曲、不善的因都不见的时候，你的自我也融解了，空无就在那个地方出现。

那一种宁静，那一种清凉、清净，那一种喜悦，那一种享受是无止境的。那时候，你也不会再说，在天堂里面觉得快乐得很无聊，所以就要来人间吃点苦，来让自己蜕变；而在人间又觉得生命历程很苦，又想到天堂去。

所以，当你能远离你的头脑想要（左脑掌控你），而你会发现你什么也不需要！你什么都不需要的时候，你真的很会享受！你不想拥有什么，拥有会觉得好美，失去了也很平静。

但是当你想拥有了你会舍不得放下，你会希望更多更多；得不到你就痛苦。

你想要什么就是你痛苦的根源，放弃了是因为你要不到。

但是如果你能通过这样的观照，把你的一切"要"都看透，看透它没有意义的时候，你的"要"自然会消失，那你就超越了，超越因果、三界、生死轮回，超越苦乐轮回。

凡人的喜乐的另外一面是痛苦，那一种喜乐是虚幻的，那不是真正的喜乐，那是包着糖衣的痛苦。

正道之六

向内心邪曲开刀，会让你更快修得福报

> 每一次你要出去玩，期待的心情是那么的快乐，而时间到了，真要搭上那班飞机的时候，突然之间那一种快乐的心情已经减少一半了；或许刚开始玩的时候，可以得到某种程度的快乐，可是五天的行程到了第三天心情已经很低潮了，想回家了，或者怕假期过得那么快就要回家了，都是不快乐的。

那种快乐是那么虚幻，因为你内心有那么多的不快乐，所以才一直想要放假。在放假中，只有把自己填得满满的，才会觉得充实、快乐、有意义。

因为你内心充满空虚、无奈、无聊，所以你才会追求生命要活得有意义，追求充实，追求生命要有价值。那都是你的自我——你的邪曲心造成你痛苦的缘故。

透过我们在所处世界的境遇，可以看到我们内心自我的种子，然后我们可以把我们自我的种子观照。等到它融解了，我们的世界就会开始不一样。

当你的心愈来愈喜乐，愈来愈祥和，愈来愈清净，愈来愈容易体谅他人，你的世界就会变得吉祥、清净。你对自我深度开刀的决心有多大，你的世界蜕变成吉祥、清净的速度就会多快。

那样的话，以前伤害你的人会因为你内心品质的转换，将恶缘转换成善缘，恶人对别人很邪恶，可是对待你就很祥和，因为是你内心的品质影响着你外在世界的环境。

因此，你不需要学很多的卡耐基训练课程，学怎么样去讲话，要包着糖衣或者要用钓鱼的方式。那都是治标不治本，那都是在耍权弄势，耍那些手法可以骗到人家一时，可是骗不了他人一辈子。

纵使你用那些手法很有效果，事实上也只是你好运势运作的一部分，等你好运势都没的时候，那些东西、成效也会不见。

我跟你分享的是，如何让你的命运从不好转到好，如何能超越命运好坏变化，如何获得绝对的永恒不变的好命运。

你必须一步一步地往你的内心去开刀，让自己内心中自我的品质真正地融解，不要再跟这些不善、邪曲的品质认同。

老师以前是一个很自大的人，虽然我外表很谦虚，但是那谦虚是要赢得别人的尊敬。老师这个教室成立以来已经几年了，以前的门徒事实上自大的人居多，可是当我自我还没有完全融解时候，我看不到原来这都是因为我内心的自大吸引他们而来。

但是我知道现在有蛮多品质很好的门徒在这个地方，因为我的自大已经融解了，所以他们品质也都很好，他们能敞开心来印证老师所说的法。

我们要从外境，以我们遭遇的境遇来检点自己内心的品质。我们要转祸为福，最有效的法门就是对内心的自我开刀，而不是积极造福。积极造福是外道，且是效果极为有限的方法，与空性一点都无关联。

不管你造了多少的福气，可能只是在创造你造恶业的机会。当一个人当运的时候，是很容易作恶业的；然而一个人在运气很背的时候，才会想去造福。这是凡人的思维、行为的运作模式。

运气很背的时候才会去造福，有福气的时候就容易去作恶业，这些都是修福不修慧的自我凡夫的行径，对生命的蜕变与解脱没有一丝的意义，在老师看起来，这是邪魔外道，这跟本性一点都无关。

可是如果你能真正从内心的自我去开刀，则你时时刻刻都在积福，你不需要积极造福，你不需要刻意积福，你只要常常扪心自问待人接物时你有没有邪曲不善的心在运作，你有没有体谅心不足的地方，有没有心量不足的地方。时时检视、警觉、改过，也就有无限量的遍布虚空的福气。

这样的话，你的孩子本来对你很不孝顺的也会开始孝顺。因为你的慈悲能量会转恶业变成善缘，过去的冤亲债主会受你慈悲能量的感召而感动，而对你的态度开始转化了。这是生命真正得到自在、幸福的不二法门。

我说它是可以穿天透地、超出三界、悠游自在的不二法门，且是跟邪魔外道相比最好的法门。你积极靠你意志力积极地行善，还不如靠你意志力积极地观照，你积极行善是在行外道，跟本性一点都无关。

所谓外道，就是积极往外追求生命的福气的贪婪之道，而不往内心自我开刀，是邪魔、沉沦六道之道。

但是你积极地把不善、邪曲的心拿出来看，而转变你的行为，则你时时刻刻都在积福，而且是福慧双修。你积福行为里面就有无限的智慧，无限的智慧里面就有无量福气。

福慧是一体的，真正的福是从慧出来的，是从慈悲心出来的，是从没有计较的这个地方出来的。

那虚妄的、有限的福气都是从计算、计较出来的——我做了多少的福气，我做了多少的好事，那我功德是不是一样了，所以说我是有所求的。

我捐了一千万，那你捐了多少？才捐一百万，小菜一碟，你怎么跟我比？所以我走路都比你要有威风，我是大善人，你是小善人，你跟我比什么？左脑永远都在比较、在计算、计较，这种行径跟你生命的蜕变一点关系都没有，你永远都还是六道轮回的众生。

正道之七

反复的算计、计较，也算不来幸福自在

你必须注你右脑部分去下工夫。而注右脑下工夫要靠对左脑运作的警觉，把左脑那部分运作的痕迹都揪出来看，右脑显露就会愈来愈多了。

你左脑虽然存在，但左脑的记忆、信息都是给右脑用的，就像老师要跟大家分享法脉时，我都是从空无本性里来应用左脑储存的这些东西，以右脑来驾驭左脑的数据、记忆。

我在人世间所看到，凡人根本没有让右脑作用的空间，也就是完全被左脑掌控，完全被左脑的不安全感、计较、计算盖得非常的严密，而无一点点的漏洞，而无右脑运作的空间，即无空性运作的空间！

自我、左脑运作的方式极为痛苦！每天都在想明天会怎么样、要怎么样，而错过了每一个今天、每一个片刻。

别人跟我们谈什么道理，我们就要改变他的道理，我觉得他的道理没有道理，只有我的道理才是真理，这有意义吗？

每一个人都有他的道理，空性会尊重每一个人的道理，可是自我永远都要否定别人的道理，影响别人的道理，来顺从自己的道理。这就是我们的左脑在运作，所以才有那么多的争端。

家人、朋友、社会、国家、国与国之间，都只会在争论当中产生了恨，产生了毁灭，产生了互相的伤害，产生了斗争，产生了不甘心，产生了作恶业，产生了生死轮回。生死轮回的根是恶业反扑出来的报复、复仇，没有意义，凡人却一直以为它很有意义。

所以，你只要开启了这些恶业可以来反扑你的大门，也就是你的邪曲跟不善的心不断地在运作，你就容易得到忧郁症、躁郁症或精神官能疾病，或是晚上睡不好，睡不着。那都是你内心有太多太多邪曲、不善心的种子——自私、自利、自我、计算、计较，都在你左脑中运作。

这些种子造成别人的伤害，然后因果报应再反扑回报到你的身上，你竟然还认为你很善良，从来没有伤害过任何人。

事实上你可能时时刻刻都在伤害人，你还不自觉。比方说，你可能在这个跟你有缘互动的同事或朋友一直炫耀你的幸福，炫耀你的快乐，炫耀你的自在，炫耀你的财富给他人看，炫耀你的好运气。你要知道，没有几个人会跟你同样的心境去赞叹你的幸福、快乐；人家是在诅咒。

如果你很快乐，你可以独自去享受你的快乐，最好在不快乐的人面前显露出你快乐的样子；对那个不幸福的人，你不要显露出很幸福的样子。否则你是在作恶业，你体谅心真的是不足。

你造成别人更大的不快乐，人家当然要嫉妒你，那是你咎由自取创造的恶因缘，你还怪别人说："这些人很烂，我又没有得罪他，他们为什么要嫉妒我？"你要知道，这是你创造的恶因缘，你却把问题归咎于别人。

要知道这是六道轮回的世界，凡人都充满了自我，大家都在计算、都在计较、都在比较；大家都不快乐，都很空虚、很苦。而你竟然在这个痛苦的地方显露出你的快乐，那你是不是要创造别人来对付你，让别人来嫉妒你？让别人有痛苦的恶因缘，那你怎么能快乐？

当你在秀你的快乐、幸福的时候，你的快乐、幸福就会减少，因为有人受伤了。

你不要说："我很善良，我也没有伤害人，我为什么会得忧郁症、躁郁症？我怎么会犯小人？"其实那是你自己昏沉、无意识、体谅心不足造成的，你已经在作恶业了。

你说："老师，请问以后你会不会犯小人？"会！因为我是存在通过我来运作的光明的化身，我会让黑暗的力量震动，所以这黑暗力量一定会反扑。我会激起他们的反扑是因为我的慈悲，光明的化身，我不是故意要刺激他们。

可是没有办法，存在要我这样做，我就要这样做。我内心里面没有盘算、没有计较成分！可是凡人是在盘算、计较，内心里面都有爱秀的成分存在，爱秀就是体谅心不足。

比方我向人说："我先生去香港，买这个戒指给我呀！这个戒指看起来那么小，可是你知道吗？要十几万耶！我还骂他怎么那么浪费！"其实，这就是内心自我在运作。你在秀你的快乐，你在炫耀你的幸福，你内心里面有杂质。其实说这话是没有任何意义的。

第十三章
自我净化是获得幸福的最终途径

问：怎样才能脱离六道轮回的束缚？

答：你要懂得体谅别人的难处，与人平等相处，学会感恩，并且信守承诺。

· 讲座纲要 ·

常觉知忏悔四非心而行四慈心，身体就会由弱转强、福寿绵延、百邪难侵、遇难呈祥，临终可以乘愿往生佛国，福神守护，而得究竟的喜乐静心。

把四非心——不感恩、不体谅、不平等、不守承诺，还有诸种邪曲的心一一检视，忏悔而行感恩、体谅、平等、守承诺四慈心，你自然能超越因果，而回到家，回到我们的空性。

凡人总是把自己的利益摆在第一位，把自己看得很重要，而跟他的利益抵触的人、事、物妨碍到他的利益的时候，就会产生这些想要毁灭它们的邪曲、不善的心，从而造了无量无边的罪业而沉沦在因果轮回里难以出离。这是生命六道轮回的根源，也是生命痛苦的根源。

究竟之一

慈悲心越大，造业的机会越小

当一个人的慈悲被他的自我、邪曲心、不善心等妄念掩盖住的时候，他就与存在断了线，没办法再联结上，他也没有观照的能力。纵使他听到老师所谈的很多很奥妙的心法、观照的法，对他来说也没有多大意义，他没办法体会法的奥妙，他没办法感受到内心空性的感动，他最多也只是觉得老师的法很棒。

他时时刻刻都在作恶业而不自知，自以为自己很善良，时时刻刻都在为自己着想，时时刻刻都在计算自己的利益，时时刻刻都在计算自己的自尊心，时时刻刻都在计算自己的面子，时时刻刻都在与他人比较。

计算自己的得与失，就会产生计较的心境，只要有计较的心境存在，就会受因果律的束缚，绝对逃不了的。

我可以说："我很善良呀！我把一只野狗——癫痫狗，全身长满皮肤病的狗带回家养，然后请医生来帮它治病，我买最好的狗食给它吃，所以我很善良呀！"没有错，这只是看起来很善良。如果你真正善良，你会时时刻刻都替人家着想，你会时时刻刻地在跟人家互动当中想到自己说的每一句话、自己做的每一件事情会不会造成别人的负面影响。

有人可能要来问我们说："唉！你看我可以活到几岁。"而我刚好有学到一些占星术，或者紫微斗数，或八字。如果我只是为了秀出我的本事，秀出我自己的一个专长，就依照我所学的理论推理，然后跟那个人直说："你这个人只能活到四十岁，你寿命只能活到四十岁耶！"

你看起来很直，你却已经在造业了，为什么？那个人现在已经三十五岁了，而你说他可以活到四十岁，你讲这句话的时候，是不是在判他的死刑？他未来的五年要怎么样过？他如果相信你的推理判断，他整个生命就失去了光泽。你讲对了，你只是证明你的算命功夫很好，对他有什么好处？没有任何好处，你只是在造业。

但是你如果是一个真正有慈悲心、体谅心的人，那你会非常谨慎，非常小心。你看到他的命运，依你的判断他只能活到四十岁，那你不敢乱讲，因为你有可能讲错。你应该思量，这样讲是不是会让他活得压力很大？这种体谅心是本性具足的，它不需要学什么理论呀！或者说你今天听到老师讲道理，你才想到呀！

有慈悲心的人说话就会非常小心，例如你只能说："我可能功力比较不足，所以我看不太出来。"如果说你是一个不愿意讲谎话的人，而讲真话又会伤到那个人，你可以体会讲真话造成当事人痛楚的感受，所以不敢讲。如果说你真的能有这样会体谅人的心境，你养那个野狗，那你真的是有慈悲心的人。

如果说你是很直接地讲你推理的话，完全不假思索，完全不能体会讲真话造成人家痛楚的感觉，那我告诉你，你是个没有慈悲心的人，你已经在造业了。

你把野狗带回来养，是因为你前世欠了那一条狗的债。或者说你欠很多狗的债，所以你这一生中，你看到狗的时候，就会非常热心，想帮助它们，很想救助它们。也就是你的爱心只集中在跟你有缘互动的狗，但是对人你产生不了这样的爱心、慈悲心、体谅心。

如果你已知道你是一个慈悲心很不足的人，那你一定要警觉，你一定要面对你慈悲心的不足，那你才有蜕变生命的空间，你才有让慈悲心显露出来的因缘，你必须要这么深度地来检视自己。

否则你真的时时刻刻都在造业，而你自己都不知道，这是一件很可怕的事情。这就是没有慈悲心的人运作的方式。

比如他说："我从来不害人呀！我很善良呀！"事实上，他不了解他是一个慈悲心不足的人，那是很可怕的。如果我真的了解我慈悲心不足，我就会很惭愧，我会很害怕，然后我会把慈悲心不足的地方揪出来看。事实上当你真心要去面对你慈悲心不足的时候，你的慈悲心显露的因缘就到了，当你慈悲心显露的时候，你造业的几率就会减少。

你慈悲心愈大，你造业的机会愈小，因为你时时刻刻都在体谅别人。你只要会体谅别人，体谅众生，你要造业是不容易的。那你可能会问："老师你有时候会不会对一个人说他什么时候会死？"我说："有可能哦！但是我这样讲是方便法，善巧方便。"

因为这个人真的是寿命很短，可是他有一些过去生所积的福德，所以要善巧方便让他知道他的危机，让他有危机意识产生，而有生命蜕变成长的空间。老师在讲他的寿命给他听的时候，出发点是不一样的，是从慈悲心出来的。

究竟之二

心怀邪曲，无论藏得多深，
都会给自己带来痛苦

> 今天你的慈悲心愈大，你造业机会就愈小；你慈悲心愈小，你造业的机会就愈大；你没有慈悲心，你时时刻刻都在造业而不自知，那是最可怕的。

纵使我用很多的戒律来跟大家分享，来提醒说："这些戒律可能会是让你造业的地雷，你要小心地走过去。"可是事实上，戒律都是类举性的，还是没办法抓到避免造业及离苦得乐真正的根源。真正的根源就是要面对自己，了解自己，不要欺骗自己，也不要欺骗别人。这样我们才能让自己的身心渐渐地有一个疗伤止痛的空间，让我们的身心有蜕变的空间，让我们身心有愈来愈健康的机会。

你如果是个魔鬼，你真的要下决心去蜕变，但是你要知道你是一个魔鬼，你才有蜕变的空间。如果你自己以为你自己是一个菩萨，是个天使，那真的很可怕，你会错过你生命可以蜕变的空间。

因为自己知道自己是魔鬼的时候，自己知道自己慈悲心不足的时候，那真的是有机会蜕变的。只要你自己愿意拿着手术刀，把自己的魔鬼的邪曲不善的心挖出来就可以了，你天使的本性就在那个地方。

如果自己还在那个地方装模作样，隐藏自己不善、邪曲的面目，那会错过生命成长的机缘。这世界的人，六道轮回的众生，每一个人都在演戏，演戏是他们的看家本领。

比方说，你在老师面前可能说："老师我从你传的法中摄受到好多好多的法益，所以我得到很大的蜕变的空间。"

这句话讲出来，我们就要开始自我检视，你跟老师讲这句话的时候，你有没有演戏的成分？如果你在演戏，那你对老师应该有杂染的心、有企图心、有所求，或者你要我肯定你，或者还有另外的一些不清净的念头，否则你不需要演戏。

有可能你在演戏，但你自己都不知道，那就更可怕了。你认为你有成长、有蜕变，但是你的体谅心、慈悲心都没有出来，你还是时时刻刻在造业而不自觉，可能随时都有可能讲谎话而不自知。

魔道众生讲谎话是惯性，他们几乎是不会脸红、不假思索，而且他们讲谎话不是出于慈悲的动机，而是由于惯性。甚至是没有道理、没有理由本能反应：或是隐藏自己的恶，扬自己的善；或者是搬弄别人的是非，窥人家的隐私，用一些话来试探人家，想要知道人家心里的状态和现在的境遇。这是什么？这是六道轮回的众生，很喜欢演戏而不自知。

我们一直在谈这个因果镜的原理，就是让我们看到自己因为有所求所以演戏。求是什么呢？为自己的利益在求取。比方说你明明对那个人很痛恨，但是你碰到她的时候，你还跟她非常亲热，还说她是你最好的姐妹，这不是魔鬼的行径是什么？

我可以告诉你，佛菩萨也会演戏，可是佛菩萨只有在一种情况下演戏，善巧方便为了一份慈悲，不是为了他的利益在演戏，是为了众生的利益在演戏；可是凡人及沉沦更深的魔鬼，演戏已经变成理所当然了，完全不假思索，他们内心没有真的东西，只有一大堆的面具，随时都在戴面具，随时都在演戏。

他可以跟老师说："老师你的法好棒哦！我真的好摄受哦！"然后转头说："才怪！"在老师面前非常地恭敬，可是背地把老师批评得半死，"哎呀！这个也是凡人啦！"这些邪曲、不善的东西，我们要来真正地面对，如果我们想蜕变自己的生命，我们必须把自己戴的面具一个一个地揪出来看。这些面具就是邪曲的心，不善的心！

我曾经把这个世界的人分做三种，也就是善良的人；不善良但也不是太坏的人；还有魔鬼——就是很邪恶的人。

邪恶的人演戏，那真的是他的本来面目，他随时都在演戏，那他们显露出来的样子就是两种类型。一种是真小人，你一看就知道他是小人了，马屁拍得很恶心，尖酸刻薄的话也可以讲得出来。另外一种呢？是伪君子，道貌岸然，看起来很有修养，在人家面前时时谈修行，事实上他内心里面充满了邪曲的心、不善的心、嗔恨的心。世界上最可怜的人是魔鬼，他时时刻刻都在造业，而又会报应到他自己的身上，他就更痛苦，而痛苦最主要的方式是怎么样显露，你知道吗？恨！

魔鬼是以恨为他的食粮，恨会让他活得很充实，让他觉得生命很有力量。恨，就要产生报复，产生攻击。魔鬼没有疗伤止痛的能力，魔鬼只会恨，他随时随地都可能会恨人。恨要消失很不容易，要产生却非常的容易。

他完全没办法观照，他也完全没办法真正体谅他人，没有这样的能力！愈大的魔鬼，他的心量愈狭小。

魔鬼事实上是很可怜。如果我们之中有人是这样的心境，那老师完全没有一丝谴责的意思，我只有一份慈悲心跟体谅心，请你不要跟自己的魔性认同，因为真的很苦，几乎没办法蜕变，纵使有各种解脱法门，善巧方便，各种正法传布都没办法摄受的。为什么？因为魔鬼的本性就是黑暗的，他是没办法见到光的。盖住空性光明的是铜墙铁壁，也就是魔鬼的本性，光明很难穿透的，魔鬼真的很可怜。

要恨一个人是那么的容易，要恨一件事情是那么的容易，要恨一只动物是那么的容易；可是要化解自己的恨是完全没有门路的，只有报复，才有可能出那一口气。这是生命最大的悲哀。

那要怎样生命才有蜕变到光明的空间？就是把邪曲的心一一揪出来看，这是不二法门。

究竟之三

检查自己是否存有邪曲，
要像做外科手术一样仔细

魔鬼也会积福，但是魔鬼非常的贪婪，所以有的魔鬼积福的能量也很强，而积福是有限的。比方说建庙他愿意护持；做好事可以扬名立万，他也都愿意护持；甚至种种有益人家而可以得到美名的事，他都愿意护持。那他做这样的动机是因为要积福，希望能逢凶化吉，他的动机不纯净。

魔鬼总是很积极地去要他所要的，所以我们会发现有些人人品那么的烂，结果命运那么的好。我知道你们内心有这样疑问过，老师回答你："就是因为魔鬼的攻击性很强，他要什么都很积极，他要报复也很积极，他要行善也很积极去做，可是事实上那都是有限的福德，跟空性一点都没有关系。"

老师谈到静心之路，要检视诸种邪曲的心那就需要《金刚经》，也就是老师来这个世界所传的第一部经典。第二部经典就是现在就在谈的因果镜，即《因果经》。我们真的要用生命去检视，不要再过以前的日子，不要过现在在地狱、炼狱中沉沦的日子而永无出头之日。

一个魔鬼，他很容易向他人显露自己是菩萨；可是一个真正的菩萨，你说他是菩萨，他会很惶恐不安，他会觉得他根本不够格称得上是菩萨。因为他会观照自己，他会觉得自己有很多毛病、缺点或慈悲心不足的地方；可是魔鬼完全没有观照的能力，他会觉得自己很善良。

所以，在此时此刻，自己觉得自己是非常善良的人或者是不坏的人，而且还会讲给别人听，那我告诉你，你铁定是个魔鬼，或者你是一个不怎么善良的人。

真正很善良的人，他并不觉得他自己很善良，他觉得自己没有你讲的那么好。我告诉你，这个人比较接近天使的本性，这个人得救的机会很大。

今天已经讲到因果镜的最后阶段了。所以老师把因果镜原理做一次重点整合，就是我们要静下心来看看自己有没有老师说的这些邪曲、不善的心，如果有的话，你铁定是凡人，也就是不怎么好的人，甚至是很坏的人。

你一定要相信，只有面对自己的不善心，你才有机会蜕变，你才能脱离六道轮回和因果轮回的束缚。

我们首先从"体谅心"来谈起。当别人很痛苦，他几乎快得到忧郁症了，他的生活已经碰到绝境了，他几乎没办法生存下去了，或者他感情碰到很大的创伤跟痛苦时，他讲给你听的时候，请问你是用怎么样的心境在听？

如果你只会骂他笨，说："你怎么那么想不开，像我就不会这样，我只有甩人的份呀！哪有被甩的份？"如果你这样去回答，我告诉你，你绝对不是一个慈悲的人，你一定要自我检视，因为你体谅心不足。

你只要有一丝的慈悲心，你会体谅他的苦，跟他说："你一定要坚强，你一定要走下去，人生不如意事十之八九，我知道你很痛苦，可是你要坚强，我怎么样给你帮助？请你告诉我，或许我能力不够，我会请比我聪明、有智慧的人来帮助你，可是你一定要忍得住哦！你不要想不开哦！"

如果你能有这样的心境，我告诉你，你已经是一个接近天使的人了，你听老师的正法是很容易摄受的。

但是如果你体谅心不足，看到别人遭遇到困境、痛苦时，还一味地要表现出自己的自由自在、智慧高明，或者说："我当时就跟你讲呀！那个男孩子根本是个烂货嘛！你偏不听，活该！现在知道苦了！"

我告诉你，如果说你以这样的心态去处理他人的痛苦、困境，那你体谅心是一丝都没有的，看起来好像是疾恶如仇、仗义执言。你疾什么恶？你仗什么义？你是在看他人的笑话，你根本不能体谅别人的苦，因为你自己就是魔鬼，你自己内心早就充满了伤口。

自己苦，你怎么能看到别人太快乐呢？你要把他人拖下水来。事实上你那样说的时候，你内心是一点都不会痛的。"他痛苦是他的事情，我顺便再骂他一番，因为谁叫他不听我的话，以前就是不听我的，活该！"那是你的体谅心不足。

这是一个很有意思的检测方法。我谈到的《金刚经》，也就是检视自己所有邪曲的心，你应该看不到自己邪曲不善的心，如果你没办法那么深入观察自己，但是你要用你的生命，强迫自己彻底将邪心揪出来看，你才有蜕变的空间。

再来说说平等心。你如果是一个"外貌协会"的会长的话，或者是会员，你只喜欢跟漂亮的人在一起或做朋友，那我可以告诉你，你也可能没有什么慈悲心。

你长得很漂亮，你看到那个长相丑陋的人会觉得很不屑，不想跟她太亲近，你要与她保持距离，你要让人家看到你是"外貌协会"的会员而感觉很有面子。

所以你会把自己打扮得很漂亮。保养头发、皮肤，甚至连腿毛都要保养，连腋毛也要保养，时时看看自己有没有黑眼圈，皮肤有没有老化。你身边的人都是长得漂亮的朋友，你鄙视那些长得丑陋的朋友，你可以自称是"外貌协会"的会长或会员。

那我告诉你，你一点都没有慈悲心。如果你是有慈悲心的人，即使你爱漂亮，你也能体谅别人长相的丑陋，你会完全没有分别心、"大小眼"。

人的念头是那么的微细，你在上班的时候，只要你看到主管的时候，眼神就开始变得很柔软，声音开始变得很客气，低着头很谦虚的样子，非常的有礼貌，非常的热心；可是跟同辈及下面人在一起，分别心马上就出来了，"大小眼"就出来了，马上就变成另外一个样子。

对上面的人拍尽马屁，对下面的人作威作福、耍权弄术。那我可以告诉你，你是个魔鬼，你绝对没有爱心，绝对没有慈悲心，你是"大小眼"，你没有一丝的平等心。你要这样自我检视。

究竟之四

没有感恩和慈悲，
已有的福报也会很快用完

第三要说的是感恩的心。你要检视你有没有感恩的心，你有没有看到别人对你的好；当你有困难的时候，你很悲伤的时候，你的朋友他可能陪你整个晚上，可能安慰你，甚至你回到家，他每隔一个小时就打电话来问候你心情有没有好一点。我请问你，你有没有感觉到这个朋友真的对你很好，你有没有感恩心？

你有没有想过在你最困难的时候、走投无路的时候，是谁借给你钱，你本来就没有多少朋友，而他一知道你的困难，他就马上慷慨解囊来帮你。

你竟然说："他很有钱呀！借我一万块没有什么。"如果你说这样的话，你就是一个不会感恩的人。你要知道自己有没有感恩心，你可以扪心自问，有空气可以呼吸，你有没有感恩？老师很直接地刺穿你自我邪曲心的时候，是为了一分慈悲，而你心里却说："老师，你瞧不起我，你是在修理我。"

魔鬼永远看到的是人家在修理他；一个比较有慈悲心的人，他会看到别人对他善意的动机，慈悲心愈强，他愈会看到光明面，感恩心会愈强。

纵使一个人对我不好，我都还要感激他，因为他让我学到好多为人处世的经验，让我看到我不会做人才会造成人家对我不好，所以我还要感激这个人，感激这些因缘。

如果你的慈悲心愈来愈大，这些清净、光明的看法不用老师教你，你自然会这样；可是你如果慈悲心很小，你就没办法这样。如果你一点慈悲心都没有的话，那你永远不会感恩，你只会碰到你的冤亲债主才会感恩，你过去生欠他的，他这一生来跟你讨债，那你就会对他感恩。

比如你是个孝子或孝女，但是你只是对你的父母很孝顺，而你对你配偶的父母不孝顺。这样的话，你只是在还债，对你的父母还债，你父母纵使对你不是很好，你还是一直死心塌地对他们很好，你的配偶就抱怨说："你为什么要这样，太不公平了，我的爸爸妈妈他们对我们那么好，你为什么都不照顾他们，还怕我把钱拿回家给他们。"

你为什么会有分别心，你知道吗？那是因为父母是你的冤亲债主，所以你会讲："爸爸妈妈养我长大呀！我要感激他。"

但是我告诉你，如果你没有慈悲心，你是不会感恩的，你只对你的冤亲债主会感恩，其他人怎么对你好，你都不会感恩。

第四要说的是守承诺的心。你今天跟人家约好什么时候要去吃饭，突然之间你爽约了，连电话也没有打给约定的人，而那个人在傻傻地等你。

你在耍人家，你不守承诺。

我告诉你，如果你是一个有慈悲心的人，你一定会守承诺。如果你真的有事情不能准时赴约，你会怕人家浪费时间等你，你会先打个电话跟他说:"我很想去,对不起,我临时有事。"这是守承诺的心。

那你又说:"老师我都很守承诺的。"我请问你,你会对谁守承诺?对老板呀!因为他是对你有利益的人,可是对于那个没有利害关系的人,你就很率性了,所以守承诺是你的手段。

今天我谈到感恩谈到体谅,谈到守承诺,这都是要从慈悲心出发,以平等心对待一切人、事、物,对敌人也一样守承诺,对敌人一样感恩,对敌人一样体谅。很善良的人能体谅他的敌人或伤害他的人的心境、处境而原谅人家。

如果你有这样的境界,那你听到老师分享的所有法,几乎都是在印证的那一种感动,那一种很深层的摄受。这不是那种没有慈悲心的人可以体会的。

今天你不要听到老师这样讲就抱持体谅心,抱持平等心,抱持感恩心,抱持守承诺心。那是什么?是作为,就是根基不稳却还要往上爬,房子的地基都没有盖好就要盖很高的大楼,那是完全没有用的。

所以我才说积极的行善,对生命的蜕变、脱离六道轮循环的束缚没有什么用的,那都是有限的功德,你必须要很积极地往内心去看你自己慈悲心不足的地方,也就是你体谅心不足、感恩心不足、守承诺心不足、平等心不足的地方都揪出来看。

比如你虽然很疼惜自己养的狗,可是看到外面那些野狗,你是对它们一点都没有爱心,没有同情心;你会买最好的东西给你的狗吃,可是外面的野狗你有买过一颗蛋给它吃吗?没有!

那代表你这个人一点都没有慈悲心,一点都没有体谅心,你一定要这样——揪出来看。你不要说:"我看到狗就怕!"不要欺骗自己,不要替自己慈悲心不足找借口,如此你生命才有蜕变的空间。把你邪曲的心,还有体谅心不足、感恩心不足、守承诺心不足、平等心不足之处都揪出来看，忏悔，不再跟它们认同，你的慈悲心就会显露出来。

你的空性，它本来就存在。你无限的慈悲本来就藏在内心里面，只是被你的自我、这些不善的心掩盖了。今天你不从这个痛苦的根源去下工夫的话，你听了老师的课没有一点好处，你来这个地方是在玩，或者跟姐妹在聊天，在那边交际应酬。或者说在听老师讲一场很优美的演讲，反正也不用花钱，听外面的演讲还要花钱。因此来这里听课对你生命蜕变一点好处都没有，你只是在浪费你自己的时间，你还不如去学那个开发潜能的课程，去上上催眠的课程比较有意义，比较实际。

你今天所遭遇的处境，都是你过去生或你这一辈子招来的。你能接受你的命运，你能全然地对它臣服，你生命就有蜕变的空间，你也就往自由自在的路上走了。

疼惜你自己的根本方法，不是吃很多补品，也不只是每天去做运动让自己身体可以减少病痛，也不是做各种高科技的保养。事实上那都是治标不治本的方法，你要让自己得到真正的幸福、不变的幸福就要有真正的慈悲心，体谅心、感恩的心、守承诺的心、平等的心。

究竟之五

有福德才会幸运

你唯一的办法就是下定决心不再跟自己的邪曲、不善的心认同，下决心要远离它们，然后全然接受命运。因为命运是源自于过去生所作的因，而你这一生必须要面对那个果。

当你能接纳命运和因缘的变动、流动的时候，你内心的痛苦也会消失。你不能接纳又跑不掉，那就是动弹不得的苦呀！

冤亲债主来对付你时就是这个样，动弹不得，你对命运其实是没有选择权，但你还想选择；你已经无处可逃了，你还想逃。那这就是你痛苦的根源。

你的孩子对你很不孝，可是你没办法，因为他是你的冤亲债主，你还是很疼他呀！除非你真的发出了你自己内心的空性光芒，你就可能融解他对你的嗔心，你可能可以化恶缘为善缘。

宇宙之间只有空性才能真正化恶缘为善缘。事实上老师来这个世界，就是要给有缘的人指一条回乡的路；但是我抛出救援的绳子，要不要抓取那救援的绳子而爬回空性的故乡，是你们的事，跟我无关。

你们长不长进跟我都无关，我一点都不关心，我只负责分享如何离苦得乐、解脱的正法而已，我才不会想掌控任何人，我也没有想要说服任何人的欲望。

所以，你如果用心倾听老师的分享，你会发现，我只是在分析生命痛苦的根源，我怎么可能想要掌控你的思想，那我不是太愚蠢了吗？

如果你听我的法我就很痛快，你不听我的法我就很痛苦，那我就没有资格在这个地方和你分享正法。

你成长得怎么样，或者你境遇怎么样都跟我无关；你生命要不要蜕变，跟我也无关。我只是伸救度之手给跟我有缘的人、有福德的人，他需要老师这个救援的手，他求援的手已经伸出来了，所以我轻轻地一提他就上来了，我在寻找那一种人。这也是他们过去生所累积的福德。

但是如果你不是这样的人，你真的不要浪费时间在这个地方听课，这对你一点都没有好处，还可能留在此地会作恶业。这个地方是非常清净的地方，现在未来都是，我不会主动把人家逐出师门，但是如果有作奸犯科的证据被我发现到，我会请他离开这个清净的地方。

我只是在帮他，如果他在这个地方得不到任何好处，他应该早早离去，不要在这个地方造业。他影响不了老师，也影响不了这整个团体，但是他造的恶业他自己要承担。我是出于一份体谅心请他远离这个清净之地，而没有一丝的嗔心。

但是如果一个有福德的人，他下定决心要跟他过去的习性斩断，那他只要按照老师的建议做下去，用他全然的生命去自我检讨、反省、观照，那他已经走上了回家的路，已经渐渐可以让存在跟他联结了。

他过去可能命运不是很好，人生坎坷起伏很大，但是存在会化成守护神来守护他，会派遣福神来帮助他。因为他不是为他自己的利益在奋斗，他是为了众生的福祉在奋斗，他已经变成存在的通路。

老师虽然是平凡的人，但是因为我跟存在联结了，所以存在在因缘具足的时候，就会用各种方式来让这个法流动，所以自然遇难能呈祥，逢凶能化吉，不求逢凶化吉，自然能逢凶化吉；不求遇难呈祥，自然能遇难呈祥。

看起来好的事，因某些阴错阳差的机缘，而令它看起来错过了，结果后来才发现错过的好事不是真正好的事，是很可怕的事情；看起来是不好的事，可是既然面对了，他就承担下来，结果那里面竟然有无限的宝藏。这是不可思议的，因缘真的不可思议！

我说存在是用现在比较新的观念来谈，如果以比较旧的观念来说明就叫法身。我常常说，我完全臣服于存在，我已经是存在的化身，事实上我也是完全臣服于因缘，存在就是因缘，因缘就是命运，就是我该面对什么事情就随它来，我完全不掌控，让命运自然去流动，让因缘自己去流动，我完全臣服。

我没有什么路要选择，我没有什么地方要去，我也没有什么理想要实现，我完全是空无的化身，随因缘而动，存在要通过我这个躯体，也就是法身要透过我这个色身、报身来分享它的慈悲，我只是完全完全地臣服，完全没有二念。

当你没有什么地方要去，你怎么会紧张？你没有什么梦要实现，没有什么要去得到，那你怎么会紧张？

我们的紧张已经变成惯性了，我们每天都那么急，为什么？因为我们的欲望已经变成惯性了。如果你是急性子，你就会有欲望。而其实要让事情完成是要积极地做，跟急躁、着急一点关系都没有。

急是贪欲显露出来的最表面的现象。面对命运，面对因缘，你只有行动，凭着静心的感觉去面对它。我在前面章节已经做了一些基础的分析，我借用《脑内革命》那本书的内容，谈到人有左脑跟右脑，左脑功能是分析、归纳、记忆、整合，而右脑功能是直觉，这是两种不同的范畴。

究竟之六

左脑模仿而右脑创作，
被左脑掌控是我们痛苦的根源

事实上当左脑掌控了我们，那就是生命痛苦的根源。左脑一直在吸收知识，一直在准备、评估、计算。因为它怕挫败，所以左脑只要得不要失。它一直在逻辑地归纳，它是生命的不安全感的来源，每天都在盘算，每一件事情都要计算，一直地演练，一直地准备。

比方说我今天要演讲，我要准备好多的稿子，我要背得很熟很熟，因为我要得到别人的肯定，得到掌声。那就是左脑在运作的方式。我背了很多东西，或数据已经讲得很熟练了。

所以在跟人家分享的时候，在讲道理的时候，或在演讲的时候，事实上只是把记住的那些数据掏出来，像录音机播放录音一样。凡人嘴巴动得比较快，而脑筋转得比较慢，一直在想下一句要讲什么，所以常常会讲错话。

我们左脑就是数据的搜寻、归纳、演绎、推理的地方。老师以前在说法还是有这些现象，但是现在我已经不准备再讲了。我很少讲错话，我已经不再让左脑掌控我了。右脑就是空性的通路，是直觉，右脑里面没有盘算；左脑才有盘算才有计算，盘算该怎么做才安全，计算怎么做就很危险，充满着利弊得失的恐慌、害怕、焦虑及反复选择。

可是右脑呢？它只有空无透过它显露出来的千变万化的创造力。如果我是靠背一大堆数据来说法的话，那你们会觉得好无聊。"老师你讲的都是这个样，在书本上我也曾经看过。"

事实上我在讲空性的东西，我用很多很多的角度，但是我准备资料、演讲稿了吗？没有。我不准备，我只是到这个教室现场，然后念一下纲要，静心下来，让存在透过我的嘴巴来流露出法音，来应众生的机。

右脑无所不知，比方说我刚才讲的这些东西，我们之中有人犯了很严重的这些错误，有好几个人，你们心里明白，不用我赶你走，你们不要在这里浪费时间，除非你愿意拿刀把你内心里面的这些邪曲、不善的毒瘤切除掉。老师说法怎么能对你的心理状态一针见血地应机呢？有缘、有福德听到法的人，会觉得很感动而能摄受！这就是右脑运作的方式。

我也会整合一些数据，但是我是用右脑掌控来整合左脑的数据。可是凡人他根本没有让右脑运作的能力，他是让左脑来掌控他。左脑就是我常说的自我，里面充满计算、计较，做任何事情都在求自己的利益，要彰显自己的能力而得到他人的肯定。

左脑一直想要不平凡，想要受到人家重视，受到人家的关爱会觉得非常的痛快。事实上那一点都没有意义。一天到晚在追求没有意义的东西却自以为很有意义，这就是凡夫俗子生死轮回的根源，因此得忧郁症、躁郁症，还有身体一大堆的病痛。

可是右脑没有这些东西，老师那么的宁静，那么的清净，那么的清凉，每一个片刻都活在当下，我在跟大家说法时，我自己也在听，因为一字一句都是从当下出来的，从空无、空性中出来的，我的耳朵也在听，我不是靠记忆系统去整合那些数据，在背诵那些数据，像录音机般播放出那些数据，而是要展现我的空性。

所以，对照《脑内革命》的那本书对左脑跟右脑的分析理论，你要去分清楚，你的痛苦根源是因为左脑掌控了你。

佛陀的自在，成道的人的自在，是因为右脑掌控一切，也就是空性，虽不准备而去面对生活的每一片刻的境遇，却是千变万化而妙用无穷。

一个成道的师父通过不同的方式，来这个世界教化众生，所显露的无限的创造力，这是很有意思的，老师借这个因缘在这个地方分享。

积极地去行善，事实上它的功德是很有限的，好像你用一支箭射向虚空，那力量有用尽的时候，那跟自己内心的品质——要往回乡的路走，一点都没有帮助。

我们要找回自己内心的空性，能做的就是往内积极地把自己邪曲、不善心，也就是不能体谅心、不平等心、不感恩心、不守承诺心这样的习性都揪出来看，下定决心永不再犯，时时刻刻地观照，尽量地去观照，然后产生的行为就渐渐可以显露出天性，显露出慈悲。

一念无所求之纯净的慈悲而显露出来的，哪怕只是一句话，它的功德都是无量的，就跟宇宙虚空一样大。所以老师说："既然人算不如天算，那你就把一切交给上天去算了，你就不要再算计了！"就是自己对左脑运作的方式都警觉了。

警觉左脑运作的空间，因为左脑只有模仿的能力，没有任何一丝的创造力，右脑才有创造力。你今天听老师分享的道理，然后你把它背下来，变成你的话语去讲给人家听，这就是模仿，但是如果你把老师的话语消化吸收了、忘了，你就能千变万化、应机，很灵活地分享给跟你有缘互动的每一个众生。

有些很聪明的女孩子，她跟她男朋友刚开始交往时以为他很聪明，可是现在已经觉得他很笨，因为她男朋友讲的话都可以被她估计得到，他讲的就是重复那些话，因为他背了很多有智慧的内容、数据，可是他是从左脑记忆模仿出来的。所以刚开始她觉得他好有智慧，因为这些话她都没有听过，后来才发现他像录音机一样不断重复地讲同样的话语，事实上这不是真正的智慧。

妙智慧是来自于右脑的。这些邪曲的心、不善的心是怎么运作的？它藏在左脑，你要觉知它的运作而不跟它认同，你才有生命蜕变、走向光明自在的空间，你才有可能疗伤止痛。你的忧郁症，你的躁郁症，你的消化系统疾病，你的妇科的毛病，全身酸痛或头痛，失眠等，才会逐渐痊愈。

究竟之七

生命最大的伤口就是仇恨

完全让左脑来掌控、主宰我们，这就是昏沉的众生。

　　放开来，让因缘自己去流动，不选择，而随顺因缘而动。事实上空性的运作就是这个样，所以我说不选择，完全臣服于因缘，因缘怎么样来，我就怎样坦然地面对它，去接纳它，去享受它，甚至连接纳、享受的观念都没有！

　　或许我说得不完全正确，但是不说，你们没办法去抓到空性自由自在的蛛丝马迹，你要达到你自己内心空性那种品质，也就是你的空性要显露，你总是要下工夫呀！

　　要怎么下工夫？老师已经从天上放下了梯子，但是你要不要往天上爬，也只有你自己可以决定。你如果不爬，你只是在那边赞叹正法仰之弥高、钻之弥坚，对你一丝都没有帮助，你在玩，你在浪费你的时间。

　　要爬就要下定决心脱胎换骨，要把自己的面具拿掉，不再演戏。这世界上每一个人都在演戏，这些事情每天都在发生，所以他们是在六道轮回里面沉沦的众生，永远在仇怨里报来报去的，然后一辈子接一辈子这样子永无了时地轮回。

每天都有人出生，每天也都有人死亡。你现在几岁？你还有几年好活？时间过得好快，纵使你伤害人家很痛快，那你就准备接受更大的痛苦的因果镜回报。只要你起邪曲、不善的心化成行动，你的痛苦就随之而来了，让你焦躁不安、空虚无聊，活得很无力，业力马上就回报到自身。

现在是快节奏的时代了，所作的善恶业力都回报得很快。所以邪曲不善行为是最没有效率的算盘，还要算计吗？那一点都没有意义。

可是凡人却以为计算、计较、耍手段很有意义，才会那么的昏沉，才会招惹生命痛楚。我们要让自己生命走向真正的坦途，找到自己生命真正的幸福，只有依照老师分享这样的方式去实践，否则不管你持多少咒语、念诵多少经文都没有太大意义。

当你的心很宁静，你就会发现，原来这就是生命最幸福的一件事情，你时时刻刻都是很幸福，你时时刻刻都很宁静，你时时刻刻都不受任何境遇的干扰，你的得失心也消失了，你心量跟虚空一样大。

而你心量愈狭小，你就愈痛苦。魔鬼真的没有疗伤止痛的能力，你生命最大的伤口就是仇恨，你必须要把魔鬼的面具拿掉，才有蜕变而走向喜乐光明之路的空间，你的慈悲心、体谅心、平等心、守承诺的心才有出来的契机，否则你真的就错过了你这一生可以接触到正法而蜕变生命的因缘。

从如何检视邪曲的心，而进入静心之路的主题说法因缘开始，老师才开始完全成熟了，完全让右脑运作，也就是完全让空无透过我在流动。老师以前说法还有左脑的杂质，所以所说的法不够周全，会产生漏洞，而因此有让人家误会走偏了的可能性，或易让人家断章取义。

究竟之八

庄圆师父自述其成就之路

> 你们可能只是跟老师这样一路走来，听老师分享法，对老师成长背景可能不是非常了解。

事实上从我懂事以来，我就知道我来这个世界是要传法给有因缘的人，来帮助他们离苦得乐的。

虽然大家跟老师在一起听老师说法也很多年了，可是我跟你们并没有私下很深度地接触，因为我觉得没有需要，我只是来传法。我不像是那些世俗的大师，与门徒共聚一堂联谊、吃饭、汇集群力去扩大组织的力量，去推动教团的扩张……那些对我来说，一丝一毫都没有意义，我想你们很了解，不需我再重述。

从小我就知道，我来这个世界是传法的，可是我真的不知道我要传什么。我在初中的时候，常到庙里去，庙里的经书我都会拿回去看，而且读得津津有味。

我在小时候，我就知道我自己这一生的志愿，我最景仰的是观世音菩萨，我曾对她许愿，我把我的心愿用诗写下来："观世音菩萨请你让我成为你慈悲的化身，在有苦难的地方让我播下幸福！在有黑暗的地方，让我播下光明！在有混乱的地方，让我播下解脱的方法！在有恨的地方，让我播下爱意！"

到了高中的时候，我读到中国文化的精髓，那时候我要考大学，我读得最熟的是《论语》，我几乎把它变成我生活的座右铭，"非礼勿视、非礼勿言、非礼勿听、非礼勿动"。我对里面的内容非常熟悉，因为我很喜欢那里面的内容，"君子喻以义，小人喻以利"。

我个性非常刚烈，我要当君子，我绝对不当小人，所以我从读初中、高中开始，我就常常得罪很多人。我像清教徒，像个圣人一样，尤其我在读大学的时候，我是学法律的，我本来第一志愿是要当法官，我非常希望圣洁，你知道吗？

我是不参加舞会的，我只有一次去参加舞会，看到有些女孩子坐在那边等人家邀请她跳舞，我会觉得她们好像雏妓一样，很没水准。

我非常刚正不阿，我同学有些人现在在当主任检察官的，有些人在当律师，以前我那些好同学想参加学校的社团都不敢，除非我也参加，因为我的圣洁会让他们觉得他很污秽。因为参加社团的目的是在玩及交异性朋友，在我看来动机是不纯净的。所以他们要带我去参加社团，我参加社团他们才参加。

我读大学的时候，我是非常想当圣人，想当君子，但是我有好多的挫折感，因为我觉得我常常违反了《论语》的戒律跟教条，我觉得我真的好差好差，我罪恶感好重哦！

所以我又想出那种时效中断的方法。时效中断的意思就是说，假设你债务的时效是两年，你可以跟债务人请求，以前那个支票是两年请求权，剩下一年九个月的时候，你对债务人催告一下，你的时效就开始重新起算，也就是重新延期到两年的请求权，或者是普通债权十五年期间的请求时效。

第十三章 自我净化是获得幸福的最终途径

我就以时效中断观念发明了一个方法，我立志七天之内要当圣人，要当君子，一点都不能犯错。如果随便瞄一下女孩子或讲是非批评人，我就觉得我是一个罪人，我又不能当君子了，我又在"非礼勿看、非礼勿言"中犯戒了，那我非常痛苦。

我就先只做连续完整七天的圣人，如果在中间有一天，可能是第五天，我又犯戒了，我又重新开始起算七天，结果那七天圣人的期间是永无止境的七天。因为到第五天我又犯戒了，我又重新起算，我挫折感很重，我罪恶感很重，我放弃掉了那个七天圣人计划，我不再看那些书了。

我觉得我再看下去我没办法活下去，我开始凭着我的感觉在生活，我也会去体会生活的各种层面，但是我不违背良心。我不想再看那些东西，因为它造成我很大的痛苦，我也去各种有缘遇到的寺庙去寻法，因为我想传法助人，也寻法自我修炼。

遇到一些寺庙我也去看看，但是感觉那些师父讲的法好像也不是我想要的，只觉得不太应机，我不知道我要的法在哪里，我到底要传什么法。直到有一天，差不多是我三十八岁的时候，我突然之间开始清醒了，我知道我的前世、我的今生，我是为了传法而来这个世界的，然后我开始有神通了，但是那时候我的自我很强，会有误差，有时候准，有时候不准。

我想我是不是被鬼附身了，我为什么会有这种神通？真的很可怕耶！所以我也跑到台北行天宫去抽签，问我是不是被鬼附身了，我怎么会有这种神通力。我也知道我的前世。可是我不相信，我觉得那有可能是我的自我暗示，我潜意识的暗示，我是不是发疯了，我是不是大有问题？我很感激我的家人陪我一路走来。

我再回头看以前那段过渡岁月，那真的是有一点混乱。我甚至还跑到那个神坛去点了六千块的光明灯，然后问那个神坛的坛主玄天上帝我是不是被鬼附身了。"没有！"玄天上帝说。

渐渐地我开始沉淀，已经十年了，一路上我走过众生的路，因为我的自我很强，我连一个凡夫、众生的邪曲的心都有。但我本性还是蛮善良的。

说实话，一直以来我左脑很发达、很聪明，渐渐地到最近，差不多已经都融解掉了，我知道因缘成熟了，法船要开了。

我高中的时候，自我在作祟，我有一次有因缘去桃园地方法院，我看到那个法官坐在法庭上面好威风哦！判案真的很威风！所以我下定决心，我第一志愿就是考法律系，就这样我考上法律系了。

毕业的时候，我从事的是法官的工作，我开始害怕了，我觉得那个工作不是我要的，我没有上帝的智慧，但是却有上帝的权柄，我根本没办法知道这个人到底有没有做过坏事，我也没有学过刑事侦查学，最可怕的是警察他们也不知道，然后要我来做这样终极裁判，我做不下去。

我知道，这个方向已不是我要走的路。我有一个大学同学，他现在还在台北地方法院当主任检察官，我也曾经跟他谈过这个问题。我那时候是有点鄙视他的，为什么？

因为他学佛，他心地很善良，他当检察官很辛苦，可是他打死也不当法官，因为他说："我知道我一定有可能判断错误，但是我当检察官只负责起诉，我不用做终极的裁判，我不用承担那个业力。"

我当时只是觉得我这个同学真的很没勇气，他很善良，可是他真的放不下，他有太多的包袱。后来我放弃了，但我造成我的家人很大的失望，尤其我母亲，我应该是去当法官、当律师的料，我是很会讲话的人，能言善辩，口才很棒的，我竟然没有走那一条路。

第十三章　自我净化是获得幸福的最终途径　313

我现在才知道，原来我的能言善道是为了分享、传法，不是为了跟人家争辩。一路走过来，我也很庆幸我没有当法官或当律师，因为那真的会造恶业，我感激老天爷给我这样的因缘，让我走过一切，走过众生的路。你们可能会心里想："老师你讲的法为什么那么应机？"因为我走过众生的路了，我就是众生，所以我非常了解众生头脑运作的方式。

在自我净化的过程中我碰到过很邪曲的人，吃了很多的亏，虽然我不在乎，在这种过程中，这些邪曲的人也让我能看到自己的自我，看到为什么我会误判，还有我自己的一些昏沉，所以我非常了解我自己。

事实上我不会面相学，我不像有些人很厉害，他们看人家的眼神就能知道这是好人或坏人，事实上我很钝，我看不太出来。我也不太会看面相。实际上我只有心眼，我只有完全变成存在的化身，完全臣服于存在，该我要分享的我就分享，该要处理的问题我会处理，为了一份慈悲，没有二念。

有些师姐、师兄跟随老师的时间比较久，有些是最近才来，老师在这个地方做很简单的分享，我相信这一生自己是因缘而生来分享，传法于有缘有福德而在等待法水滋养的人。

存在透过我会生万法，这些法你们都可以从佛经印证，或者各种正法经典，但是法要应机，万法因缘生，佛在当下很灵活地，跟这些有缘的众生联结，很快地能让他们接受、摄受，这样对他们生命的蜕变才有帮助。

每一个人都有他的因缘，也有他的福分，没有一种法可以度尽一切众生，法是要应机的。所以不要以为老师的法是独一无二的，否则那是你们的自我在运作。

我只是存在透过我来度跟这种法有缘的人。跟这个法有缘的人，他们累世所累积的因缘里，这个法比较应他们的机。而另外其他有一些正法，对某些人有应机。所以没有一个法可以度尽所有的人，要随缘，要应机。每一个人的因缘不一样。

所以，或者未来有缘来这个地方的朋友，如果说这个法不能应你的机，那就要快点去找寻其他应你机的法，不要浪费时间，因为时间过得很快，不要让自己生命可以蜕变的时间蹉跎了。应机最重要，应机也是来自于自己的福德。

庄圆师父开示

问：老师今天讲到，我们面对的所有的外境，都是我们内心的意识、概念、心境所引起的，那所有的果就是从因开始，也就是从心开始。之前老师谈过，如果我们观察到我们的自我已经成为一个习性或惯性的时候，就要逆习。

所谓的逆习是不是这样的？例如：一个人我本来不是很想理他，因为他让我不舒服。可是逆习是否就是通过这个观察，我转一个念，我换个方式，和他微笑一下，让我的心平静，去跟他互动一下？是不是可以通过这样的方式去转化这因果业力？

答：事实上我们的一切内心自我的种子，或者邪曲的种子、不善的种子，需要跟外境有接触的时候，它才会产生。比方说：我这个人势不势利，现不现实？

事实上，人会自我设定。"我这个人才不会现实呢！我才不会势利耶！"今天我看到一个大人物，他跟我在路上碰到，跟我握手，我马上非常恭敬，会自觉得有莫大的荣幸。而我看到一个老先生，是个很不起眼的糟老头，他跟我问路说："先生，请问我要去那边，要怎么走？""哦！好像是那边，唉！不知道耶！"

其实我知道，可是我懒得说。那我们是不是透过这样的境遇，看到我们有自我？自我就是分别心、势利眼的种子。

为什么我看到大人物眼睛会发亮，因为他是市长，是部长，他有权柄，他是不得了的人物耶！我拿到他发的那个红包就不一样耶！那个十块钱红包，应该会让我有好运气。

为什么我对一个糟老头的问路，却是那么的不热诚？那到底差别在哪里？所以重点不是我们要逆习，强迫我们自己去面对那个讨厌的人，我要强迫我自己要对他好，而是我们这样的感受的时候，我们要去观察，我为什么会那么讨厌他。为什么？哦！我看到了，因为我讲的话他都完全看不在眼里，我讲的话别人都说好棒，别人对我都很尊重，说我很有智慧，那他却给我吐槽，现在我还要强迫自己去对他好！我心里就是有一大堆不愿意的声音，这样强迫自己对他好是治标并没有治本呀！

说实话，我们如果能诚心忏悔，我能意识到他讲的话是有道理的，他讲的是真心话，他才是我真正的好朋友。"友直，友谅，友多闻。"有些朋友知识很丰富，他会给我建议；有些朋友是很直接的，那是我的益友。逆耳讲真话的，那种人我很讨厌他，因为他伤了我的自尊。可是我现在想想，他讲的话真有道理呀！他才是我真正的好朋友。那些对我歌功颂德的人，都是酒肉朋友耶！这样就能比较宁静，能看透事情的真相。

所以，当我们碰到外在的逆境的时候，当我们看到了很讨厌、很排斥的人、事、物的时候，我们就很深度地去观察，为什么我会讨厌这事情，我会排斥这事情。

因为我很懒嘛！我最怕麻烦了呀！所以，我能闪就闪，如果碰到了，又没办法逃了，只好硬着头皮去面对。可是硬着头皮是抗拒的感觉，我很讨厌，可是我不得不做，我不得不去面对！我看到痛苦根源是因为我很怕麻烦，而这事情就是很麻烦。哦！原来这事情的本质是无所谓麻烦或不麻烦，是我自己贴上了标签，因为我怕麻烦。

因为我把这事贴上很麻烦的标签，所以我就抗拒。然后抗拒以后呢？那现在我又不得不面对了。如果要我逆习，我就要强迫自己去面对很麻烦的事情。事实上这都是在表皮的观察。

很深度地来观察就是因为我这人很懒啦！常常喜欢快捷方式啦！能坐着就不要站着，能躺着就不要坐着啦！根源是不是在我内心里面有太多惰性？我的麻烦在这个地方，而不是那件事情很麻烦。看透了以后，我就能坦然去面对它，这就是观照。

观照之后才去运作的，而不是强迫自己去做自己不爱做的事情。凡人都只做自己爱做的事情，不爱做的事情能闪就闪，真的没办法闪躲就硬着头皮去做，边做边念，边念边做，就是这样在运作呀！

所以我们要很深度地透过外境来看到自己很多的自我的种子，也就是惯性的种子。事实上是你的惯性让你产生痛苦的，如果你没有那些惯性，你就没有那些痛苦。

外境，外在的人、事、物跟你的惯性产生了逆向，你就产生很痛苦的感觉，你不接受又跑不掉，就得忍受，忍受就叫痛苦嘛！接受了就没有痛苦啦！如果你不接受，你能跑得掉，那你也很自在呀！

可是你没有这样的福气，这世界的凡人都是动弹不得的，通常你最讨厌的人、事、物就是你要面对的，你常常碰到你最讨厌的。这就是因果。你越怕，那邪曲的种子、自我的种子，就会把越怕的事情吸引到你面前；当你内心很宁静，所有愤怒的种子都消失了，那你的空性也显露了，而让你清净自在的外在世界也现形了。这就是因果镜运作的原理。

问：可不可以请老师再解释一下善业与恶业无法互相抵消的意思？

答：比如说，我对甲做过好事，在他很困难的时候我帮助他，布施他；但是我对乙，我为了成功，我陷害他，我想办法拖垮他。但事实上，我对甲、乙所作的业都会回报到我身上，他们都会来回报我，在未来生或这一生。对不同人造做的善恶业力是不能抵消的。有人做了亏心事，所以他做很多很多的好事，只是为了希望他做亏心事的恶害不要发生。事实上那是两码事，你所做的都会回到你的身上，只是等因缘。

问：为什么会有这个空性的鼓音？它的意义还有由来是什么？五音律是什么？它的妙用在哪里？

答：宇宙之间存在从空无化成万般的现象，从静到动是从震动开始的。鼓音是比较接近根源的震动，所以它比较容易让有缘的众生，透过耳根去联结他内心本来就存在的空性的能量。即鼓音是引导众生开启他内心与空性联结的一个很有效的方便法门。

事实上人的自我很容易运作，只要遭遇外境，可以让你抓到意义的时候，你就会分散你的注意力，你就会错过当下直觉的本质体会。比方说我们听歌，那歌如果单纯是旋律的时候，你比较容易去感受它的能量，但是如果加了歌词，你就错过感受能量的美感了。

就像这个五音律，你没办法去思考它的意思，因为它没有任何意义，所以它很容易把你内心的空性呼唤出来。

讲一个佛号"南无阿弥陀佛"或者"南无观世音菩萨"，你在念的时候，事实上概念就出来了，事实上你的头脑就开始运作，你的自我就开始出来了。

鼓音或者五音律是最原始的根源震动，五音律就是法身佛产生的一种能量，或者叫存在，或者叫空性都可以，或者说生命的本来面目。

我们透过五音律，来跟内心的本来面目来做一些联结，那鼓音它能产生最简单的与空性的联结，事实上它就是最简单的一个鼓，加上一个鼓槌，它能产生千变万化。

最简单的也是最容易跟存在联结的；愈复杂愈错过了与存在联结的契机，因为它里面加上很多意义，它会让你联想意义。这是一个很殊胜的妙法，它完全是存在在运作的方式。

五音律它的妙用在哪里？五音律代表诸佛的佛号，你在念五音律，事实上你在呼唤宇宙之间所有的诸佛，或者存在。

存在产生万般的现象，五音律是万象的根源。

所以它是一切诸佛的根。它可以静心，也就是净化我们邪曲的心；它可以避邪；它可以放松我们的身心；它可以把我们的贪心，或者我们的嗔心，或我们的执着，或我们的自我，或者诸种的负性的情绪、情结，像熨斗一样烫平；它可以让我们平静，它可以让我们远离诸种恶害；它可以让我们渐渐地开启智慧；它可以让我们的身心渐渐地放松；可以让我们的身体慢慢得到健康，它是无上的咒语，它是法身佛的佛号。

你们不要去抓住那个意义，当你在工作中很紧张、压力很大、很害怕的时候，你就快点念五音律。

你是个老板，你今天准备开除你的员工，你讲出重话，事实上你有可能是宅心仁厚的人，所以你就开始非常害怕，甚至会激动，那你就念五音律。你情绪的乌云渐渐会散掉，然后你的空性会显露，你会说你该说的，你不会错过任何重点的话。或者待会儿你要去跟人家谈判，心情就好紧张，因为那个谈判好像非赢不可，那就念五音律。你初学开车也很紧张，要换一挡、二挡、三挡，生怕放错挡，生怕把油门当成刹车，刹车当成油门，那就快点念五音律。

你时时刻刻都在五音律当中，用五音律来观照你这一颗邪曲的心，邪曲的心渐渐会不见了，你的空性就在那个地方。

五音律就是用震动在呼唤自己的空性。如果你不知道自己到底有没有情绪在运作，有没有很兴奋，有没有很紧张，有没有愤恨，有没有很迷恋，有没有很错乱、很混乱，那很简单，你念五音律看看，你会看得很清楚。

在五音律当中，你会看到你的情绪，没有五音律这种空性的观照，你看不出你的情绪，你还以为自己没有情绪，你没有生气。

事实上你在生气，你在紧张。但是在五音律当中，你就可以看到超过五音律那部分的情绪。所以我把它称为"无上咒"，它可以让身心安泰、离苦得乐、趋吉避凶，可以让我们渐渐远离这些邪曲的心。

老师刚才讲到用五音律来观照我们很微妙的情绪，大家可以试试看。我们举个例子来说，当你在开车的时候，尤其在高速公路上开车，假如你今天喝了很多水，尿急而想上厕所，然而你离下一个休息站还有一段距离，还有一段距离的时候你还能忍，可是当你发现已经快到休息站的时候，你膀胱就快爆了，你已经快崩溃了，因为你意志力已经完全没有办法作用了。你已经看到了厕所在那边快到了，但是还没有到厕所，你就可能忍不住而尿出来了。

但是如果你在五音律当中，你会发现你的心还是那么宁静，你是不受尿急干扰的。

你在痛苦当中，五音律会抚平你的痛苦；你在身心的不安当中，你的情绪可依靠五音律把它净化。

你今天很累，情绪很不好，回到家对家人的脸色不是很好，语气也不是很好，甚至很容易被激怒，因为你内心很混乱、很累。你可以用五音律来静心，五音律就好像你合掌礼敬。

如果你脾气很不好，你真的受不了你自己的脾气，那你试试看，你现在合掌礼敬，你还可以骂人吗？你骂得出来吗？你最恨的人，你最气的人，你诚心合掌礼敬再骂这个人，骂得出来的人，请举手给老师看看。因为诚心地合掌就会进入空性，你可以看到空性里面的没有嗔心的宁静。

可是手一放下来你又变回众生了，那怎么办？用五音律。五音律就是空性，五音律也等于合掌礼敬。用五音律来修行，来净化我们这一颗邪曲的心。

出世法也就是要求解脱自我的束缚，解脱净化这颗邪曲的心；入世法让我们很宁静，很有智慧，碰到很紧急重大事情的时候临危不乱，身心安泰。

甚至消化系统很差的、很容易紧张的人，念五音律渐渐也能放松。念五音律不一定要出声，你心里默念也可以。你松弛地念，你肩膀也会松下来，你不一定要让人家捶背，去指压按摩才能放松。

你静下心来就念五音律，渐渐就放松了；你脑压很重，念五音律也会放松了；你累到想吐，你念一念五音律就会放松了。所以它是"无上咒"，老师分享这个无上法门，有福德的人能听到，福德更大的人能信受奉行。

问：平常我们有一些恐惧的心，比如说惧高症，还有怕看到血，这些是属于因果吗？还是无关于因果？

答：一个人他会有某种恐惧的事情，事实上大部分是跟他这一生或过去生的成长过程中某些境遇有关系,而这些境遇已经变成伤口的时候,就会产生恐惧。

我们前生有可能曾经从很高的山上或是从很高的地方掉下来,可能面临死亡将届的过程,或者死亡。这个过程已经变成我们梦魇的事情。

换句话说,它被留住而形成伤口,记忆不一定会造成伤口,可是记忆留住内心的伤痕。有害怕的情结、情绪就是我刚才说过得失的那个"失",失去生命所产生害怕的感觉可能深藏在潜意识里面,这个感受留住以后,我们看到高的地方就会害怕。

虽然我们不知道害怕的原因,但是我们就是害怕,这也会形成我们的惯性。我们只要到高的地方往下看,就会开始害怕,这个就是一个惯性。

有人就靠意志力来克服这个惯性,也就是逆自己的习性:害怕高,他就去面对那个高,从高处往下跳,他可能去玩高空弹跳。这个习性可以透过我们的意志力去克服而融解掉,不过这个害怕的习性被留着,是因伤口残留在潜意识里。

可是事实上,我们生命中有很多的惯性,我们必须要很细腻地去对照、观照,当我们观照出来的时候,你害怕的梦魇,你可以从觉知它,然后接纳它,甚至去享受它。

事实上,生命是在抓跟放之间摆荡,在执着跟放弃执着两边移动。因为执着太痛苦了,所以我们放弃执着,可是放弃执着还是在用力,但是没有办法,以为生命只有在两边摆荡的时候会让我们减少痛苦。

可是事实上真的减少过痛苦吗?不会,但是它是一种方便你逃过痛苦的自我欺骗的诡计,你当然要逃,但是在逃的时候要保持警觉,你是在逃避痛苦,渐渐地你逃的心也会融解掉。

所以,你不一定要很勇敢地去面对,只要保持警觉,你的惯性在那里，你尝试去接纳、享受它；如果准备还不足的时候，那你就允许自己准备不足，那你还是照逃，只是在逃避中你要保持警觉，觉知你是在逃。

凡人在逃，可是他根本不知道他在逃，他习惯性地求乐、求离苦。事实上他求乐就是逃避苦的一个手段。因为内心不快乐，所以他要追求快乐，可是当他内心不快乐的因子消失了，他还需要追求快乐吗？

不需要！他内心就是很宁静、很清凉。真正的快乐是不需要任何条件成就的喜乐，每天都可以很喜乐，阳光普照也快乐，暴风雨也快乐，不管处于任何境遇都很自在，都很宁静。这才是生命真正的快乐。

我们再说一说看到血会害怕。这也跟过去生的习性有关系，害怕的根源可能是很多种，我们无法一一列举。可能我们害怕死亡，或者我们害怕跟我们有缘互动的人或动物死亡，死亡时常常会出血。

看到血会让我们产生记忆深处的一个联想、一个恐慌跟害怕，但是我们已经忘了它是怎么样来的，其实这与死亡跟生离死别有关系。

我们来这个世界的时候，或者我们跟别人互动，比如我们养一个小孩，事实上我们已经给他跟我们生离死别的因缘了。可是人的自我永远只要得不要失，你怎么可能只要快乐而远离痛苦？如果你要得，你也一定会有失。当你不需要的时候，失也会融解掉；你有需要，你一定会有"得到"跟"失去"两种感觉产生。

所以生死是自然界一个本然的现象，但是因为我们有惯性，我们的惯性就是我们要生，不要死。那有可能，当你不求生也不惧生，你不求死也不惧死，那生死只是一种现象而已，它并没有任何实质的意义。是你将生命贴上了生死的标签，才让生命对生死产生了意义及得失的感受。

我跟大家分享，如果生命没有死亡，生命就失去了一切的乐趣，也失去了一切的生机。如果每个人的寿命都是无量的,那生离死别也失去了意义,你会快乐得无聊,然后你就不会快乐。

西方极乐世界,那是一个无量寿的世界,是无始无终的。我可以告诉你,如果你有惯性,你会在那个地方活得很无趣,你会活得一点都不快乐。因为生命过程就是那么的平静,那里面也没有白天,也没有夜晚,也没有生离,也没有死别。

因为有黑暗才能彰显出光明的存在,有光明才能彰显黑暗的存在,你怎么能只要光明不要黑暗?你把死丢弃了,也没有生的快乐了,你的生命只是无趣而已。

众生的痛苦是因为这个世界里有生离死别。生离死别,事实上是一个生命本然的状态,但是凡人自我意识、概念有分别,要这个不要那个,甚至追求永恒拥有,而造成对生死现象产生无边的痛楚与生死轮回。

如果只要拥有但是不想失去,事实上那个拥有也失去了乐趣。纵然你知道这些真理,但遭遇到那种离别或失去就是很痛苦。

所以,佛菩萨就用他的神通力,用他福德的力量,创造了佛国,让来这个地方的众生有一个梦想,往生后可以到那个佛国去。当在黑暗的地方时,你觉得光明很有趣;可是当把黑暗拿掉的时候,你纵使站在光明的地方,你会觉得很无趣。

所以我跟大家分享,有很多在极乐世界的佛子,都是去那边以后才发愿,要到人世间来成长、来蜕变。因为那个地方快乐得很无聊。当快乐得很无聊时,怎么会有快乐?你要知道,快乐是因为有痛苦的存在,才会彰显快乐的感觉。当把痛苦拿掉的时候,那个极乐世界有什么快乐?

你要知道,如果你的惯性都在,你到哪边都不会快乐的,可是当你

庄圆师父开示 325

求快乐的心都消失了的时候，你到哪边都是极乐世界。这就是人的本性、人的法性、人的空性，这也就是我在这个地方分享，或未来有因缘要不断地分享给其他有缘众生的方便法，也就是究竟的离苦得乐之道。

问：老师谈到低调的人有两种形式，刚刚谈到一个是成道的人他本然的低调，那请问另一种低调是以什么方式显露出来？

答：另外一种低调的人是很怕死。你知道他本来是想坐一部价值七八百万元的车子，但是他怕别人抢劫，所以他很低调。他很低调是因为他很怕死。他是很爱享受的，可是他发现这年头太危险了，保镖也不能保障他的安全，劫匪无所不在，很可怕的。所以他的低调是因为想获得安全，这跟空性一点都无关。

老师说低调有两种人：一种是往空性在走的人或空性的人；另一种是凡夫俗子为了他的不安全感而低调，那跟空性一点都无关。所以，如果你是低调的人，你也要扪心自问你是哪一种。

问：老师说左脑都是在计较、在盘算，且累积很多的知识，让我们跟着因缘走，跟着右脑走。但是我们在工作当中、生活当中很难不去用左脑。什么时候关掉左脑？什么该用左脑？什么时候该臣服因缘？什么时候该跟着因缘走？

答：一个人跟着因缘走，这是一个生命本然的样子。如果说我们没办法达到这样的一个心境，事实上就是我们内心有太多计算，太多害怕恐慌，只要得不要失，想要拥有不要失去。这样的一个理想，就变成一个很大的包袱，会让它就让我们常常都在昏沉的状态下生活而看不到事情的本质，我们很急功近利。

古人讲过这句话："人算不如天算。"换句话说，你不管怎么样盘算，你逃不过命运的安排。你自己观照一下，是不是内心里面有很多的结论取向，即一定要达到某种我要的"果实"，而且完全都没有任何弹性，我就是要得到那个结论。

换句话说，我还没有把事情来龙去脉看清楚的时候，我已经先预埋下立场，我就是要那个结论。比如说，我今天谈一笔生意，我就要赚一千万的利润。事实上不一定哦！因为它包含很多的客观环境的不确定性，材料进价，还有市场行情都有可能变动，但是你已经订立了这个你要的结论。

那再来谈谈我们的自我。它显现出来是在三个方面。一个方面是你很急躁，这是老师说的"急根"，这是最常显现出来的，事实上我们急，常常都会让我们误判事情。

第二个方面呢？就是我们的自我，也就是我一定要那个结果。我得不到那个结果，我会很懊恼，所以我会很怕得不到期待的结果的那个感觉。

那这种感觉，产生了第三个方面——让我感觉非常无助、害怕、恐慌。事实上这些东西都是让我们在面对事情、处理事情的时候，绑住自己的手脚，自废武功。

因为我们已经先预设立场，我们已经先有成见了，所以我们根本不灵活。我们为什么要准备？事实上是准备造成我们的不灵活，可是我们又以准备来面对还没有发生的事情。因为这准备里面是我要那个结论，以这个我要的结论来延伸出很多的方案。

可是人世间一切的现象都是活的，事实上"人算不如天算"，你能做的就是尽人事听天命，见招拆招。

比如说，你今天要去跟人家谈一桩生意，可是你之前因为有一件

庄圆师父开示

事情谈得比较晚，然而在赶路的时候又塞车了，除非坐直升机才能准时到达，你拼命地要去达到那个谈判的会场，可是事实上你迟到了。

你迟到，是因为很多因缘的不顺，很多因素会合在一起让你迟到了。可是在赶路的过程中，你的心境是很平静还是非常紧张？

当你很平静的时候，你就会知道该是你的就是你的，不该是你的就不会是你的，这也都是因缘的一部分。

如果你能接受因缘，你就能有平常心，你就能静心。你只尽力去面对因缘、命运给你的境遇，尽你当下最大的能力，凭你的感觉，凭你当下的大方向的评估，在当下做决断就可以了。

那个决断在短时间来看可能是损失，可是长时间来看却是赢的。我告诉你，这就是跟存在联结的方式。

可是凡人的方式有可能是杀鸡取卵，或者是因小失大。因缘是不可思议的。佛法说因缘不可思议，就是说空性在运作，不是凭你的左脑。

我们教室现在才有几个人，因为因缘就是这样。可是你可以想象因缘在流动的时候是怎么样吗？我没有任何左脑预先计划的推动，我也没有任何期待要推展法脉多大多广。但是如果我期待，我就没有办法那么灵活地来跟诸位分享应机的一切法，因为我要准备很多资料，我期待掌声，我希望你们去拉人来听我说法，跟老鼠会一样。

事实上这对我而言，一点都没有意义。可是对自我而言就有意义，我要行销，如果今天我把这个传法当做是我自家的产业，那我就要开始行销了，我要登广告什么的，我要一大堆计划去推动。

说实话我没有任何计划，我没有任何企图心，我见招拆招，走一步算一步，我全然臣服于存在。因为我知道，我分享这些法脉，根本不是我需要的，是因缘让我要去做这件事情，我没有一丝的贪念。所以我自由自在，我分享得很愉快，你们听得也会很宁静。

可是我如果有杂质的心的话，就要求你们要带人来听，然后你们大家要成立什么护法会，然后要怎么样去运作。

事实上这些就是世俗运作的方式，你在老师这里永远都看不到这些东西。因为我完全臣服于存在。我们左脑就不是这样的，我们的自我永远在计算、盘算。

你要知道没有永远的成功，因为头脑都会有限的，福气会有限的，精密地计算还不如你很静心，让空性、存在、因缘自然运作。

当你的急躁、你的不安、你的害怕出来的时候，那就是你的过去心和未来心。过去心的遗憾或不甘心要从未来来得到补偿，因此你很痛苦。你不甘心那一笔生意少赚了，所以你一定要从另外一个地方赢回来。你知道吗？你可能会错过了你眼前的每一个机会。

你一直在寻找那个天边的机会，因为贪婪会让我们变得很现实，很现实会让我们急躁，会让我们常常误判很多东西。也就是说，你赢了，你不能保证你下一个片刻也会赢。

所以，你只有让你自己的心比较平静，才会跟存在联结！

比方说你想买一批货，你怕它没有了，所以你就一定要快点去买，你很急，你认为这个很重要，可是事实上你目前根本没有财力把这批货买下来，但是你想尽办法，这时你的急躁就会跑出来，你并没有那么的宁静。

静心是一种宁静的感觉，是右脑出来的感觉。这东西买不到就算了，不会产生那种非要不可的情结，导致血压都升高起来，然后整个晚上都睡不着觉。

事实上你要知道，得不到那批货，那是你的运气哦！搞不好那批货看起来像能让你赚到，事实上等你买到以后你才知道你损失大了！

可是有一种感觉就不一样，也就是从你警觉、从你的宁静出来的

庄圆师父开示 329

感觉：得之我幸，不得我命。那因缘该是我的，自然会是我的，不该是我的也不用强求。

所以，我只是很静心地处理每一件事情，赶得上就赶得上，赶不上就算了，尽力去做就好。

事实上，让你事情完成的是那个因缘，跟压力、紧张一点都没有关系的。

可是我们都活在那种没有意义的压力里，就是紧张，一定要怎么样才可以！那种情结造成你血脉偾张，你的血压都快爆了，事实上那有助于解决事情吗？所以积极去面对每一件事情就好。事实上，你要盯住你的急根。急根是你的业力在运作，着急会中断你跟存在联结的通路，中断你跟右脑的联结。

今天老师跟你分享的过程中，你可以感觉老师有兴奋的感觉吗？你可以感觉我讲话有强烈的抑扬顿挫吗？让大家的情绪激昂吗？如果有的话，那是我的自我在运作，是我的左脑在运作。

事实上我每一字、每句说法，都是从生命源头出来的。我也不知道我下一句要讲什么，你们又怎能预先知道老师怎么说法？

在老师分享的这个片刻，你们就会有宁静的空间，因为你的左脑没办法运作，你逻辑没办法运作。因为你根本没办法用你的思维去了解我下一片刻要讲什么。

如果你知道老师大概要讲什么，那你的宁静空间是没办法产生的。老师说法中，下一句要讲什么我自己也不知道，所以在那个片刻，你们眼睛闭起来听会感觉好宁静，但是有些动根很强的人会受不了。

有些根器比较弱的人一听就走了，说："从来没有听过那么烂的演讲，不知道在讲什么，一个字跟一个字的空隙有时候怎么会拖那么长。"他是用他的左脑、他的逻辑在听老师说法，他跟他内心的空性根本没办法相应。

可是在老师这个地方常常会透过这个因缘来创造宁静的空间，你们眼睛闭起来，你们耳朵在听，你们也在静心，你们在上课，你们也在静心。

有人头脑很发达，他的得失心又出来了，他一直在记笔记，生怕哪一句没听清楚，所以还要录音，回去还要再重新誊一次笔记。那也错过了生命蜕变的片刻，我讲过那么多的法，只要应机就好了。你能听到是你的因缘，你不能听到也是因缘，法应机摄受就可以了。这样不是就很宁静吗？

做事业也是这样，你的急根出来的时候，它里面就有欲望显露出来的痕迹。急代表你内心有强大的欲望，你一定要得到什么或怕失去什么。否则你急什么？所以盯住你的急根，宁静就会出现，你的直觉力就有显露出来的空间。

修心课系列《心经修心课：不烦恼的活法》
当今世界讲得最好的心经

内容简介

《心经》是大乘佛教的核心经典，全文仅有270个字却道尽佛家真髓，读懂了《心经》，就掌握了大乘佛法的最高智慧。

濑户内寂听以身说法，运用自己半个多世纪的人生智慧，向读者娓娓道来生命中到底哪些才是真正的心灵依靠。全书文字简单优美易懂，字句之间渗透大乘佛法核心智慧，让我们获得当下智慧，拿得起、放得下人世间酒色财气。当内心苦恼、躁郁难平之时，我们可以通过持经、诵经、抄经来稳住心神，获得不被外界干扰的巨大能量。

心经修心课：不烦恼的活法
出版社：华文出版社
书　号：978-7-5075-4081-9
开　本：16开　定　价：38元
出版日期：2014-1

编辑推荐

★《心经修心课：不烦恼的活法》是当今世界讲得最好的心经，本书作者濑户内寂听是日本最具影响力的尼僧，中国美食大家蔡澜先生曾专门拜访濑户内寂听，抄写《心经》。

★国内第一本最通俗易懂的《心经》解读本！

★本书作者濑户内寂听是日本最具影响力的九十岁高龄僧尼，位居日本最高僧位——大僧正。本书是她历时一年亲自宣讲《心经》，结集而成，影响百万人！

★无论是持经、诵经还是抄经，都能助你平复内心，消除躁郁，获得正确判断事物的能力。本书随喜奉送乾隆皇帝《心经》珍藏手迹，并随书赠送精美的经文手抄本，方便随身携带。白话译文，全部标注拼音。